NTTデータ経営研究所
情報未来叢書
03

Active and Innovative
IT Strategy

攻めのIT戦略

NTTデータ経営研究所 編著

NTT出版

はじめに

ＩＴは企業を映す鏡のような存在だとよく考える。

企業の活動をそのまま映しとって、これをサポートする役割をＩＴは担っている。ＩＴが複雑過ぎ、組織全体で最適になっていない企業はよく見受けられるが、これもＩＴそのものが悪いというよりは、企業内の業務プロセスや情報の流れ自体が複雑で最適になっていないことが原因であるケースが多い。Ｍ＆Ａ等によるグローバル展開、他企業との戦略的提携によるバリューチェーンの拡大、持株会社を中心に、子会社全体の求心力を向上させるためのグループマネジメントの強化等、大きく企業活動が変化すれば、それに寄り添うようにＩＴも変化し拡大していく。そしてこれが可能になったのは、昨今の指数関数的な情報技術の進展によって圧倒的なコンピューティングパワーが驚くほど手軽に使えるようになったからであることは間違いない。

本書は、情報戦略、ＩＴマネジメントをテーマに我々がまとめた二冊目の本にあたる。前書である『ＣＩＯのＩＴマネジメント』を出版したころは、まだまだＣＩＯという役職の認知度も高くなかったが、今では多くの企業においてＣＩＯが任命され積極的なＩＴ活用がなされている。

民間に比べて情報化推進が遅れていた行政機関においても二〇一三年五月に政府ＣＩＯ法が施行され初代の内閣情報通信政策監（政府ＣＩＯ）として元リコーの遠藤紘一氏が任命され、電子政府の推進は加速しつつある。市場変化に呼応するために企業は変容し続けており、ＩＴもこれを追従する形でより新しい活用形態が続々と生まれているような状況にある。本書は、このような環境下で我々が実施してきた様々なコンサルティングや調査研究活動を通じて得られたエッセンスを、企業の情報システム部門やＩＴ子会社等の「ＩＴ組織」向けにまとめたものである。

本書では、現在そして近い将来に向けてＩＴ組織が取り組むべき大きな二つのテーマを提示している。

第Ｉ部は「経営に貢献するＩＴマネジメント」である。先に述べたことを踏まえるなら、ＩＴ部門が主体的かつ迅速に企業活動の変化に対応する鏡としての役割を果たし、経営への直接的な貢献を目指すことである。

第１章は、このテーマの総論として企業活動の拡大とともにＩＴ部門の役割が、業務部門からの要求を受けて対応する「保守型」ではなく、経営への貢献に向けてＩＴ活用を主導的に推進する「攻め型」へと変わりつつあることについて述べる。

以降の章では、経営に貢献するＩＴマネジメントに必要な四つの要素を整理していく。第２章では、経営戦略そのものと紐付き、全体最適視点と中期的視点を持つＩＴ戦略の策定について説明する。第３章では、攻め型への変革に向けたソーシング戦略やＩＴマネジメント施策を通じて実現すべきマネジメント態勢の構築について述べる。第4章では、企業内の経営層、業務部門等のステークホルダーに対するコミュニケーションの活性化についてまとめる。第5章においては、攻め型ＩＴ部門に必要となる人材像と育成方法について整理する。さらに続く第6章においては、昨今の経営戦略において大きなイシューとなっている企業の世界展開における「グローバル全体としてのＩＴマネジメント」について、我々独自のフレームワークを提示しつつ解説していく。

第Ⅱ部は「サービスを創造するＩＴイノベーション」がテーマとなる。

デジタルビジネス、あるいはデジタルエコノミーという言葉が聞こえ始めているとおり、ＩＴが企業活動を映す鏡という存在であることを超え、ＩＴそれ自体によって、ビジネスやサービスそのものが形成され始めている。この新しい領域にＩＴ組織は積極的に取り組むべきということがメッセージである。

第7章では、第Ⅱ部のテーマの総論として、従来のバックエンド業務を対象とし、省力化・効率化を目的としたＩＴ投資だけではなく、顧客に近いフロントエンド業務を対象とし、付加価値向上を目的とした新しいＩＴ投資を強化し、新しいサービスを創造すべきということについて述べていく。第8章では具体的にＩＴを活用してサービスを創り出していくために有効な手法である「デザイン思考」について説明していく。第9章では、複雑で多様な問題解決をＩＴ組織が行っていくための重要な観点となる、自組織・自社内に閉じず外部の知を積極的に取り込むこと、すなわち「オープンイノベーション」について解説する。最後の第10章では、ＩＴで顧客接点を高度化することに関する具体論を「ビッグデータ」、「ソーシャルネットワーク」、「オムニチャネル」等のキーワードを交えて述べていく。

まとめ直すなら、「IT組織自身が攻めの姿勢を持つこと」と「攻めのIT投資領域を活性化させること」ということ。二つの観点からの「攻め」がこれからのIT組織にとって重要であるということが本書のメッセージになる。そして、この二つのテーマは、決して背反するものでも、どちらか一方を選択するものでもなく、両方を同時に進めていくべきことなのである。

巻末には、一般社団法人日本情報システム・ユーザー協会（JUAS）専務理事の金修氏と、一般社団法人情報サービス産業協会（JISA）副会長・東京海上日動システムズ株式会社顧問の横塚裕志氏からお言葉をいただいた。両組織と我々は様々な場面でご一緒させていただいている。JUASとは、「イノベーション経営カレッジ」におけるCIO育成活動や、企業イノベーション研究を継続して実施してきている。JISAとは、IT業界に関する議論やIT政策に関する提言の取りまとめ等を行ってきた。両組織との濃密なディスカッションの中から、本書のエッセンスが生まれてきたのは間違いなく、この場を借りてお礼申し上げたい。併せてJUAS前専務理事の細川泰秀氏、JISA会長の浜口友一氏、日本たばこ産業株式会社IT部／部長の鹿島康由氏のお三方にも改めて感謝の意を表したい。奇しくもベンダー側団体とユーザー側団体が並ぶような形になった。両者がパートナーとして様々な議論を深めていくことはとても有意義なことだと思う。

本書が、CIOやIT組織に属している方々に少しでも お役に立てればとても嬉しい。そして、

ＩＴ組織がこれから巻き起こしていくイノベーティブな力の蓄積が、日本の国際競争力向上につながることを信じている。

二〇一五年一月

執筆者を代表して　三谷慶一郎

攻めのＩＴ戦略　目次

第5章 攻めに向けた人材を育成する

第I部

経営に貢献するＩＴマネジメント

第1章

攻め型への変革が求められるＩＴ部門

1 ＩＴに求められる役割の変化

ＩＴの役割は攻めのビジネス貢献へ

近年、ＩＴに求められる役割は、より高度なものとなってきている。従来からの自動化によるビジネスのＱＣＤ（Quality, Cost, Delivery）向上、すなわち業務の正確性向上、効率化、スピード向上への寄与だけではなく、情報活用による経営判断高度化のためのツールであったり、新しい事業や新しい商品／サービスなどのビジネスモデルの実現手段といったような、より高度なビジネス貢献を求められるようになってきている。

日本情報システム・ユーザー協会（ＪＵＡＳ）「企業ＩＴ動向調査報告書２０１４」では、現行のビジネスや業務の維持・運営のために要する情報システムの予算（守りのＩＴ投資）を「ラン・ザ・ビジネス予算」、事業拡大や新規事業を実現するために要する情報システムの予算（攻めのＩＴ投資）を「バリュー・アップ予算」と呼称して、その割合の現状と今後の目標を調査している（図表1－1）。

その調査によると、現状では「ラン・ザ・ビジネス予算」と「バリュー・アップ予算」の比率はおおよそ四：一で、ＩＴ投資の八割が現行ビジネスの維持・運営に割り振られており、事業拡大や新規事業実現のためのＩＴ投資がおろそかに見えなくもない。しかし、見方を変えると、二割と少ない割合ではあるものの一定の割合は事業拡大や新規事業実現のためのＩＴ投資が行われていることを示している。

そして、今後の投資配分の方向性の意向として回答された「ラン・ザ・ビジネス予算」と「バリュー・アップ予算」の割合の「今後の目標」は、おおよそ二：一になっており、明らかに「バリュー・アップ予算」にＩＴ投資の重心が移動している。つまり、世の企業の多くは、今後は事業拡大や新規事業実現のためにＩＴを活用しようという意向を持っていることが読み取れる。

図表1-1❖バリュー・アップ予算とラン・ザ・ビジネス予算の比率（現状と今後）

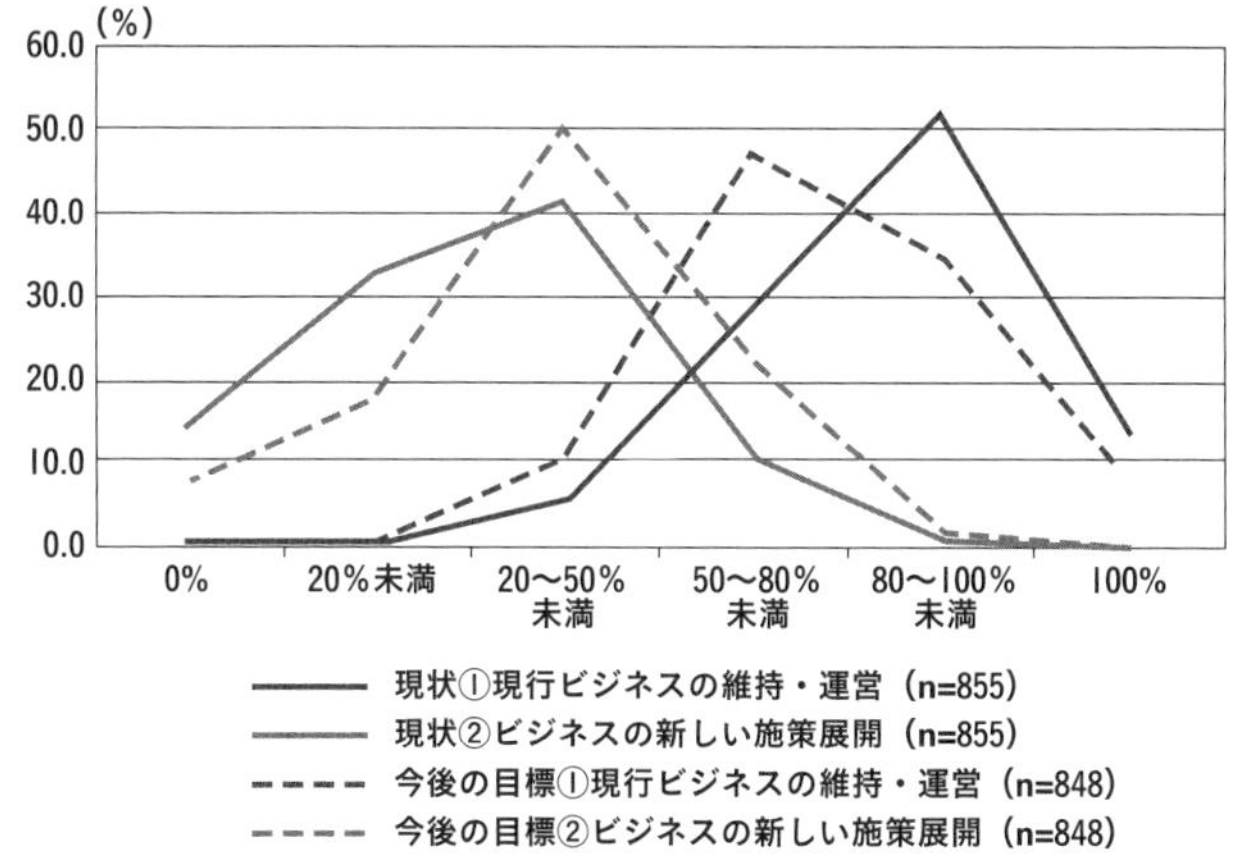

出典：日本情報システム・ユーザー協会「企業IT動向調査報告書2014」（2014年）

ボーダーレス化するIT活用

IT活用を検討する際、業務プロセス改革やIT化における検討スコープも拡大している。過去においては経理部門、工場別生産部門というような部門単位、経理・会計業務、生産管理業務というような業務プロセス単位であったが、現在では複数の業務プロセスにまたがってきている。さらには、グローバル単位、グループ会社単位へと検討スコープは大幅に拡大傾向にある（図表1-2）。

ITが企業で情報システムとして活用され始めた一九六〇年代〜一九八〇年代までは、IT化の検討スコープは、部門単位や業務プロセス単位であることが多かった。一九六〇年代はコンピュータが本格的にビジネス利用され始めた時代で、ネットワーク化されていないメインフレームを中心とした情報システムが主流であった。そのため、システム導入の単位は、例えば、「経理部門の経理・会計システムの導入」であったり、「A工場の生産管理システムの導入」、「B工場の生産管理システムの導入」といったような部門・業務プロセス単位であることが主流であった。そのためIT予算や維持運用なども、その単位で管理されていたことが多かったのではないかと推察される。

この時代は、そもそもIT以前に業務プロセスが部門単位、業務プロセス単位で最適化を志向していた「個別最適」の時代であった。しかし、一九八五年にマイケル・E・ポーターが著書『競争優位の戦略』で「バリューチェーン（価値連鎖）」という概念を提唱したことをきっかけに一気に

「全体最適」の必要性が認識され始めた。バリューチェーンとは、製品・サービスが原材料調達から顧客に販売・提供され、利益を生み出すまでの企業活動を、一連の価値（Value）の連鎖（Chain）として捉えた概念である。このバリューチェーンの提唱により、利益を高めるためには個別の活動だけではなくバリューチェーン全体を俯瞰し、全体の最適化が必要だということが認識され始めたように思われる。

一九九〇年代からはＩＴの世界での急速な技術革新によりコンピュータの小型化、高性能化、ネットワーク化が進展した。このころには「全体最適」という言葉が盛んに言われるようになり、全体最適を志向しようという機運が高まったように見える。この全体最適化の機運は、業務プロセスだけでなく、ＩＴでも同様になってきた。経理・会計システムと各工場の生産管理システムを

図表1-2❖ITトレンドに応じた検討スコープと調達方法の変遷

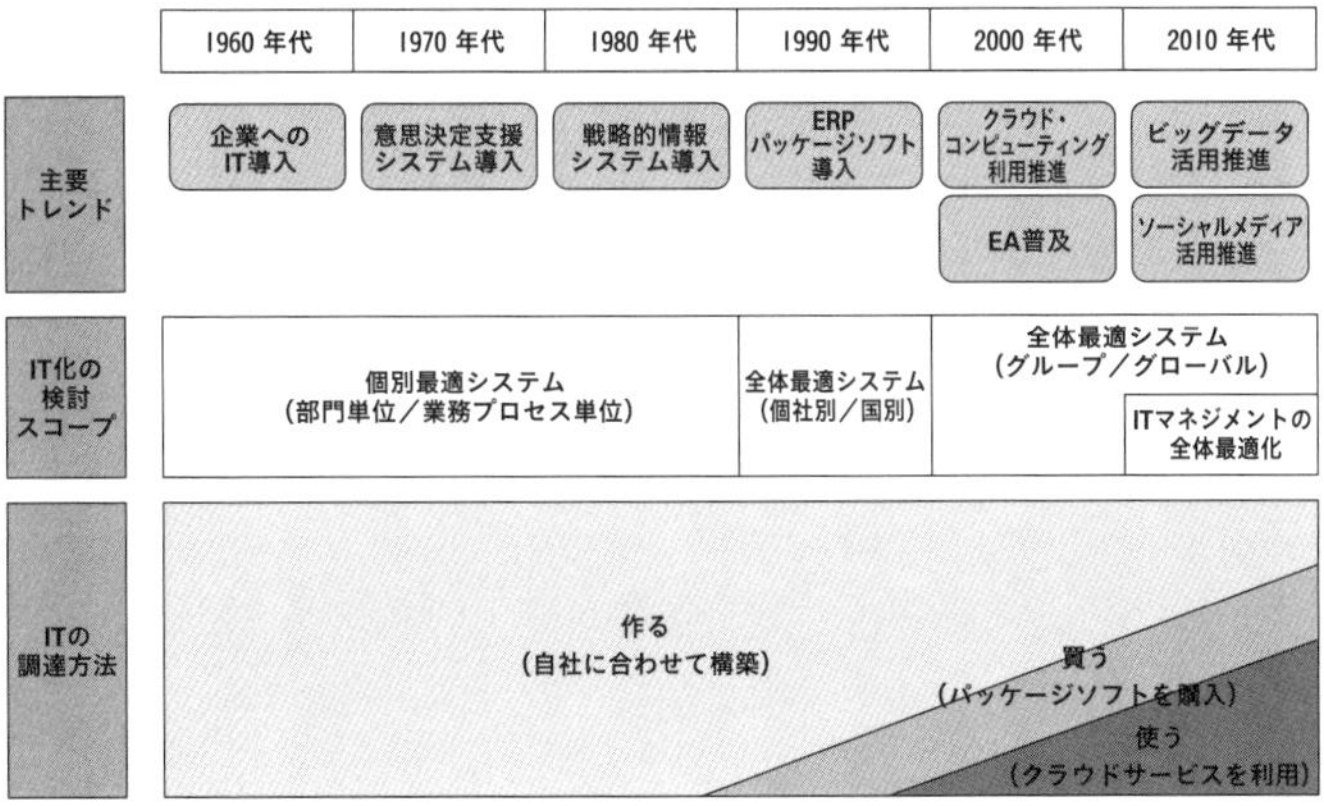

例にとると、「経理部門の経理・会計システムと生産管理システム、調達システム、販売管理システムなどの他の基幹システムとの連携（業務プロセス間システム連携）」や、「A工場、B工場の生産管理システムの統一（拠点間システム統一）」といったような部門横断、業務横断での最適化が志向されてきた。

また、このころは企業の主要業務（財務・管理会計、人事、生産、調達、在庫、販売など）を包括するERPパッケージソフト（ERPはEnterprise Resource Planningの略。統合業務パッケージソフト）も多く登場した時代であり、業務とITの全体最適化の機運が加速した時代である。

それ以前と比べるとずいぶんと視野の拡大が進展し、IT化の検討スコープは拡大してきたと思われる。ただし、海外拠点やグループ会社などとのシステム連携やシステム統一・統合といった、グローバル、企業横断まで視野に入れた本当の意味での「全体最適」はなかなか検討されてこなかった。個社、国別レベルであることが多かったように感じられる。

二〇〇〇年代に入ると、グループ会社・グローバルレベルでのシステム統合、データベース統合、システム間連携などが検討されるようになってきた。背景としては、いくつか考えられる。一つは多くの企業で経営統合や持株会社化が進んだことや、グローバル化が進んだことが挙げられよう。また、長引く不況による企業のコスト削減ニーズの高まりもグループ会社・グローバルレベルでのITのさらなるコスト削減に向けた取り組みの背景の一つであろう。そして、ITの世界でも、業務・情報システムの全体最適化のフレームワークである「EA（Enterprize Architecture）」の概念が本格的に普及し、業務プロセスおよび情報システムの全体最適化の重要性が広く浸透してきたこともあろう。ＥＡの本格的普及は、一九九九年に米国連邦政府の業務最適化指針である「ＦＥＡＦ（Federal Enterprize Architecture Framework）」が制定・公開されたことがきっかけとなっており、日本においても二〇〇三年に発表された「電子政府構築計画」で政府システムにＥＡの概念を取り入れて全体最適化を図ることが示されている。

また、このころになると多くの企業で個社、国内レベルでのＥＲＰパッケージソフトの導入がなされており、個社、国内レベルでは全体最適が実現し始めた。そのため、次なるステップとして、前述の背景を踏まえ、グループ会社・グローバルレベルでの全体最適化の検討が本格化してきたのではなかろうか。

さらにこのころからは、従来のように自社向けにハードウェア、ソフトウェアを購入するのではなく、ベンダーなどから提供されるサービスとして利用料金を支払ってハードウェア、ソフトウェアを利用する「クラウドコンピューティング」が改めて注目されてきたことにより企業横断のシステム統一化・共同化が進展し始めた。

現在、二〇一〇年代に入ると、二〇〇〇年代からの流れであったＥＲＰパッケージソフトの導入、クラウドコンピューティングの活用がさらに加速してきており、グループ会社・グローバルレベルでのシステム統合・連携をさらに推し進めようとしている企業が増えている。しかし、ＥＲＰパッケージソフトやクラウドコンピューティングの活用をするというだけでは、企業や国をまたがったグループ会社・グローバルレベルでの全体最適は難しいようである。

それはなぜだろうか。ＩＴ導入の前提になるＩＴ戦略、ＩＴ予算の策定が個社別最適化の時代と同様、個社単位で行われたままであったためである。このような状態ではいくらグループ会社や同じ企業の海外拠点／現地法人といえども、それらの整合をとることは難しい。グループやグローバルでのＩＴ戦略がなく、ＩＴ予算が個社単位で策定・管理されている状態では、どうしても個社事情が第一優先になりがちである。

このような状況を踏まえてか、これまでは個社単位で行われてきたＩＴ戦略、ＩＴ予算といったＩＴマネジメントを、グループ会社単位、グローバル単位で行おうという動きが出てきている。

例えば、ある大手情報通信の企業では、グループ会社を統括する持株会社のＩＴ企画部門がグループ全体のＩＴ戦略を策定し、グループで共用できるシステムについては共通化の方針を定め、各社のＩＴ予算を割り振り、執行状況を管理している（図表1-3）。グループで共用できるシステムとは、業務システムであれば経理・会計システム、人事給与システム、ワークフローなどの間接業務システム、メール、スケジュール、ドキュメント管理などの情報共有のためのグループウェア、サーバー、ネットワーク、ＯＳなどのＩＴインフラなどである。こういったものについてはグループ全体で方針を立案し、グループ内の各社の事業に依存する個別業務システムについては各社にＩＴ戦略策定を任せている。

グローバル単位でのＩＴ戦略策定の例を挙げると、別の大手製造業の企業では、グローバル単

図表1-3❖グループ単位でのIT戦略策定分担の例（大手情報通信の企業）

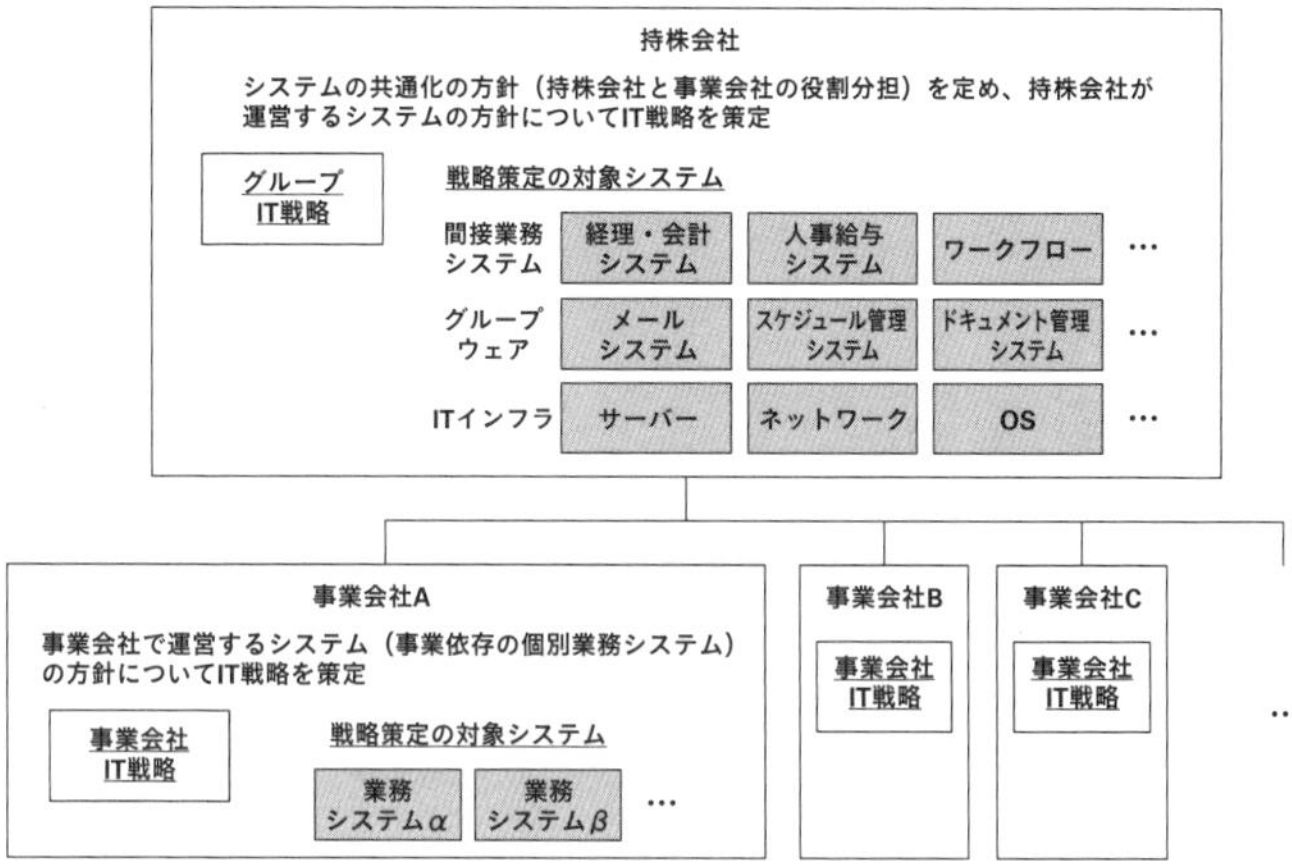

図表1-4❖グローバルでのIT戦略体系の例（大手製造業の企業）

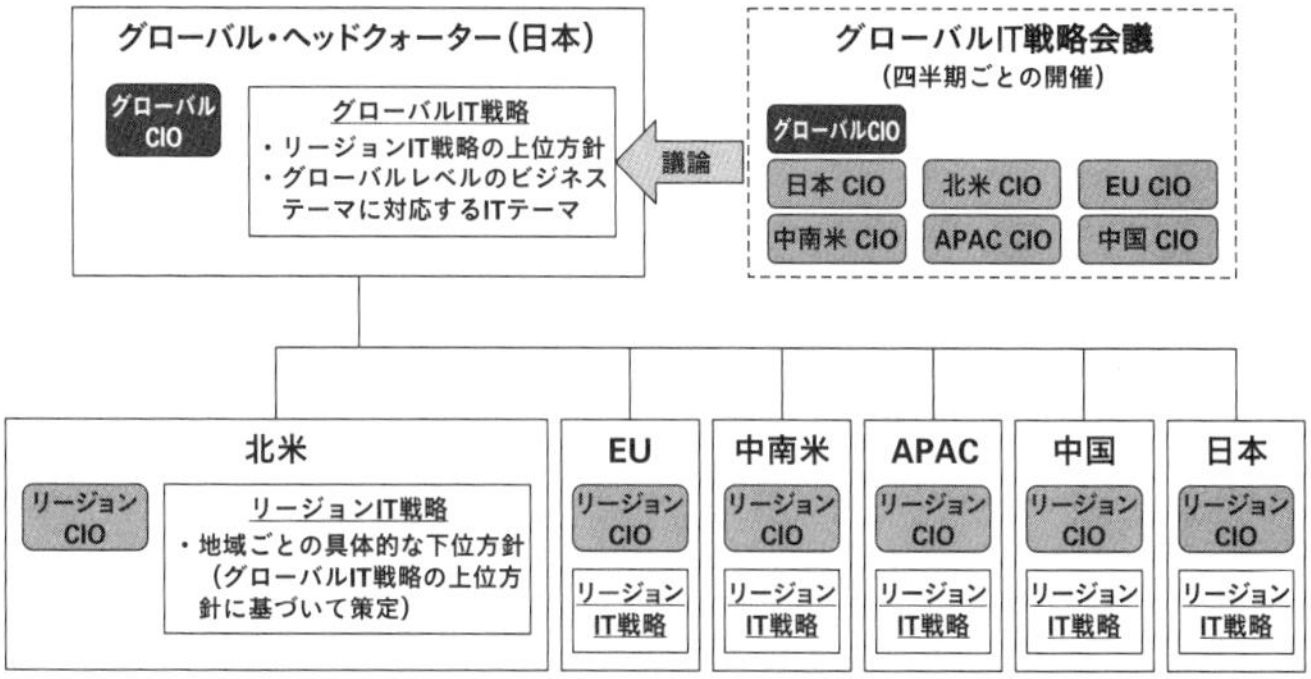

注：APACは、アジア・太平洋（Asia-Pacific）

位でＩＴ戦略を策定している。この企業のグローバルの経営体制は、世界を六地域に分け、その地域ごとにリージョン・ヘッドクォーターを設置している。リージョンのＣＥＯのもとにリージョンＣＩＯも設置している。

この企業ではＩＴのミッションなどといったＩＴ戦略の上位方針とグローバルレベルのビジネステーマに対応するＩＴテーマをグローバル・ヘッドクォーターで策定している。策定したグローバルＩＴ戦略は各リージョンのＣＩＯがそろうグローバルＩＴ戦略会議で展開・議論された後、リージョンＣＩＯが持ち帰り、グローバルＩＴ戦略の上位方針をもとに、地域ごとに具体的な下位方針を策定するということを行っている（図表1-4）。

グローバルＩＴ戦略の場合も、グループＩＴ戦略と同様に、グローバル単位で共通化できるところと、地域ごとに個別に事情が異なるところは分けて戦略策定が行われている。

さらに、この企業ではグローバルＩＴ戦略会議を年間四回つまり四半期ごとに実施しており、ＩＴ戦略の各地域での具体化内容や実行状況をグローバルレベルで管理している。

2 ＩＴの調達形態の変化

ＩＴは「作る」から「買う」へと変化

ＩＴ導入における調達形態は従来の自社向けに「作る」からでき合いのものを「買う」へと変化している。つい最近まで、ＩＴ導入の際には、各企業は自社の業務に合うように独自に情報システムを「構築」してきた。特に大規模な企業では、それが当たり前になっていた。自社の業務のやり方に合わせて、業務を自動化する形で、独自にその企業専用のシステムを一から設計し作り上げるのである。現在でも、多くの企業でこのように独自で作り上げられたシステムがたくさん稼働している。

それが、近年では、出来合いのパッケージソフトを買ってきて導入する、または、ＩＴベンダーが提供しているクラウドサービスを契約し、利用するというやり方に変わりつつある。

既製品として売っているＩＴを買ってくるという考え方である。自社の業務になるべく合う既製品、つまりパッケージソフトやクラウドサービスを探し、自社の業務と合わない部分は既製品をカスタマイズするか、自社の業務を変更し、既製品に合わせるという考え方に変わってきている。

洋服で例えると、自分の体型に合わせてオーダーメイドする考え方から、既製品の洋服を買ってくる、レンタルするというやり方に変わってきている。既製品が合わなければお直しをして着る、もしくは、自分の体型を既製品に合うように変えるという考え方である。既製品を買うほうが、オーダーメイドよりも安く上がり、早く着ることができる。また、結婚式の衣装など一生のうち一回しか着ない予定の高い洋服や、お付き合い程度で年に一回行くか行かないかのスキーウェアなどは特別なこだわりがなければレンタルしたほうが安く上がり、保管場所や手入れの手間も省ける。

このように、ＩＴも自社向けにオーダーメイドで「作る」よりも、既製品のパッケージソフトや、クラウドサービスを「買う」または「契約する」ほうが、安く、早くなる可能性がある。ハードウェアやソフトウェアなどのＩＴ資産を購入せず、ネットワーク上で提供されるサービスを契約するクラウドサービスについては、ハードウェアやソフトウェアの保有による運用や保守などのコストや手間からも解放されるのである。近年では多くの企業で、新しいＩＴ調達を検討する際に、まず、良い既製品はあるかを検討し、このような「安く」、「早く」、「楽に」調達することを目指すようになってきている。

「買う」ことのメリットを享受するためには意識変革も必要

ERPパッケージソフトが世に出回り始めた一九九〇年代からは、多くの企業が、これまで多くの費用と時間をかけて自社向けに独自に設計・構築するしかなかったシステムが、安く、早くできるとの判断で、ERPパッケージソフトを導入し始めた。

しかし、このころERPパッケージソフトを導入した多くの企業は、「パッケージソフトが自社に合わない」という理由で、出来合いのパッケージソフトを大幅にカスタマイズして導入していた。もともとのパッケージソフトで用意されていない機能を追加する「アドオン」だけでなく、もともと用意されている機能やデータ構造まで改造する「カスタマイズ」を行っている企業が多く存在した。

また、ERPパッケージソフトの対象システムは、調達・生産管理〜物流〜販売〜経理・会計といった企業の一連の主要業務を対象にしているにもかかわらず、財務会計モジュールのみ、生産管理モジュールのみの導入というように、わざわざ業務プロセス別に切り分けて導入を行っている企業が多かった。このように業務プロセス別にERPパッケージソフトを導入する場合には、ERPパッケージソフトを利用しない業務システムは、既存のシステムと連携したり、新規に独自構築したり、さらには、別のパッケージソフトで構築したりすることになる。こういう状況になると、ERPパッケージと他のシステムとの連携が非常に多くなり、多くのシステム間連携が発生することになる。独自構築システムや異なるパッケージソフトとの多くのシステム間連携が発生するということは、独自構築部分が多くなるということである。

以上のように、多くの企業がＥＲＰパッケージソフトの導入と言いつつ、実態は自社向けの独自システムを設計し構築していたのである。

その結果として、費用と時間は多大にかかり、さらには出来合いのソフトに多くの手を入れたため、システムの品質にも悪影響が及ぶことが多々あった。また、システム連携が多くなることにより、データのリアルタイム性も損なわれてしまう。安く、早く、高品質、リアルタイムであるはずのＥＲＰパッケージソフトの意味をなさない結果となってしまったのである。

このような失敗を世の企業は多く経験したことで、ＥＲＰパッケージソフト導入のコツとして、現行業務にシステムを合わせるのではなく、ＥＲＰパッケージソフトに合わせて業務を変更し、アドオンやカスタマイズは極力減らすことが、ＥＲＰパッケージソフトのメリットを最大限享受する方法であるということが広く認識されるようになってきた。

二〇〇〇年代に入ると、企業の経営統合やグローバル化が急速に進んだことで、各企業は業務プロセスを変更する必要に迫られた。それも、複数あった今までの異なるやり方を統一・共通化する必要に迫られた。そのため、既存の独自の業務プロセス／やり方にこだわることはできない環境になってきた。

また、ＥＲＰパッケージソフトのほうも、より細かい業種ごとのモジュールの開発や、世界のベストプラクティスをもとにした業務プロセスを前提にするなど進化をした。

このように、業務プロセスを変更することへの強烈な抵抗が否応なく緩和されたことと、ERPパッケージソフト自体の進化により、自社の業務プロセスをERPパッケージソフトに合わせるという流れが定着してきた。

今では、古いシステムを刷新する場合や、新しい領域のシステムを導入する際には、まずはそれに合ったパッケージソフトを探し、活用できるかの評価を行うことが一般的になっている。もちろん、評価の結果、自社独自で一から設計・構築するという結論に至る場合もあるが、まずは、「作る」より「買う」を検討することから始めるようになってきたのである。

洋服で例えると自分の体型に合わせてオーダーメイドする考え方から、既製品の洋服を買ってくる、レンタルするというやり方に変わっている。既製品が合わなければ、ズボンの丈が一〇センチ長い等大きく合わない部分はお直しをする、袖が一センチ長い等のわずかな部分は受け入れる、もしくは、既製品に合うように自分の体型を変えるという考え方である。

洋服の例でもわかるように、お直しはあまり多くするとオーダーメイド以上に費用がかかることがよくあるため、「買う」という考え方をする以上は、自分の体型、つまり自社の業務を変えることも辞さない意識を持つ必要がある。

3 これからのＩＴ部門に求められる役割

「攻め型」のＩＴ部門とは

ここまで述べてきたように、ＩＴに求められる役割として、「攻めのビジネス貢献」が強く求められるようになってきており、ＩＴ化のスコープも業務横断、企業横断、グローバルとボーダレス化している。また、ＩＴの調達形態も「作る」から「買う」へと変化している。このような変化を踏まえ、ＩＴ部門に求められる役割も変化している。従来型の受け身から、自ら提案し、企業の変革を先導する「攻め」の組織へと変革しなければならない。

「攻め型」のＩＴ部門に求められる役割とはどのようなものであろうか（図表1-5）。まず、求められる行動スタイルやスキルの面から述べると、従来のユーザーからの要求を受けてのＩＴ構築・運用・保守という役割から、今後はビジネス貢献に向けたＩＴ活用の戦略策定、ＩＴ化企画といった提案、業務改革の推進といった「攻め」の役割が求められてきている。

次にＩＴ部門が持つべき視点の面から述べると、ＩＴに特化した視点だけではなく、ビジネス貢献の視点への変革が求められてくる。時間軸では、一～三年程度の短期の視点から、五～一〇年後といった中長期視点、さらに一〇～二〇年後の未来予測視点まで求められてくる。そして、企業単体や国内のみの狭い視野から、グループ企業全体、グローバルという広い視野が求められてくる。

　このような今後の役割を踏まえると、ＩＴ部門の所掌業務の範囲も、従来からあったシステム開発・運用中心の業務から、企画・目利き・業務改革推進へと広がらなければならない。そうすると、今までシステム開発を内製で行っていた企業は、企画・業務改革推進の業務へ割り当てる時間を増やすために、ＩＴ子会社への業務移管や、外部ベンダーへのアウトソーシングの範囲を広げていく必要がある。ただし、

図表1-5❖IT部門は守りから攻めへ

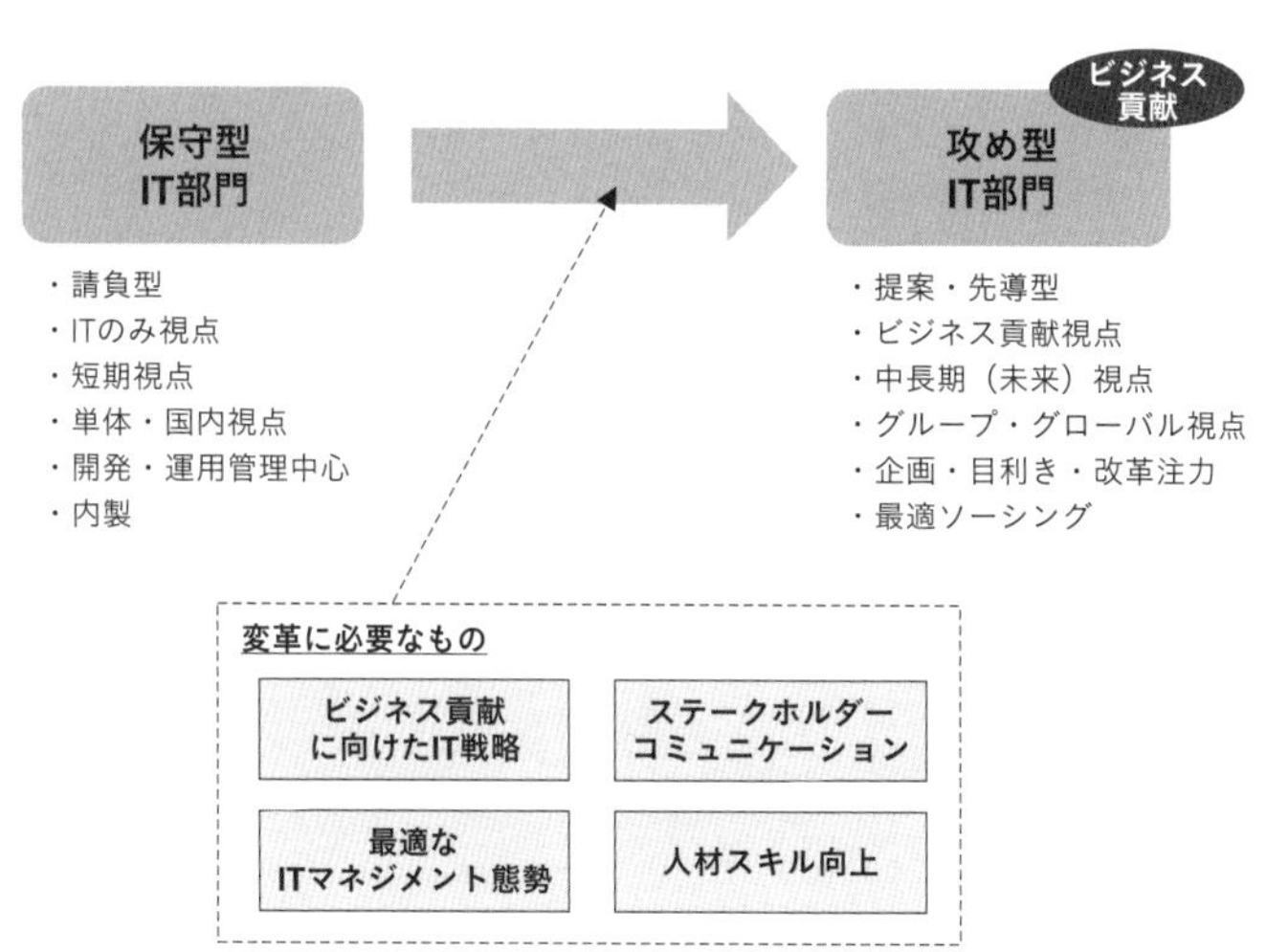

自社にしかない特殊スキル・知識が必要であったり、自社内で開発・運用を行ったほうがスピーディーにビジネス要求に応えられるようなシステムについては、無理に外出しする必要はない。あくまでも外出しできるものは外出しし、内部化すべきコア業務は内部化をし、コア業務に従事する時間を捻出するために、ソーシングを最適化すべきということである。

以降、「攻め」のIT部門に求められる役割・視点について、もう少し詳細に述べていく。

提案・先導型へ変革する

従来のIT部門は業務部門からのシステム構築・改修の依頼を受けて、それを実行するという役割を主に担っていた。業務部門もIT部門のことをそういう位置付けとして捉えていたと思われるし、何よりもIT部門自身が自らの役割をそう認識していたのである。

しかし、このような受け身な請負型の役割、行動では、攻めの役割をこなすことはできない。攻めの役割を果たすためには、業務部門や経営層に対して業務改革やITを活用したビジネスモデルを提案するなどの行動が必要になってくる。

例えば、業務改革は担当の業務部門や経営層の役割である。しかし、部門をまたがった改革は特定の業務部門には難しい。それは、お互いの所掌範囲などの縄張りがあり、縄張りを超えた改革の提案、実施は意識的にも難しいものがあるためだ。また、部門をまたがる改革は全社を所掌している経営層がリーダーシップをとって行うべきものであるが、経営層がリーダーシップをとってくれても現場ではやはり業務部門同士の縄張り問題は残る。

そして、現在の業務改革にはＩＴの活用がつきものである。それは、ＳＣＭ(Supply Chain Management)、ＣＲＭ(Customer Relationship Management)、ＢＩ(Business Intelligence)などといったＩＴソリューションの活用であったり、ＧＰＳやセンサー、スマホ、タブレットなどの新ＩＴ技術やデバイスを駆使した業務改革など、大規模な業務改革ではＩＴの活用は当たり前となっている。

ここでＩＴ部門の出番である。ＩＴ部門はＩＴに詳しいため、ＩＴをうまく活用した業務改革には不可欠な存在である。また、部門をまたがった改革の場合も、先ほどまで触れてきた縄張り問題の当事者ではないため、客観的な視点で物事を見やすい。また、多くの企業ではＩＴ部門は全社共通の間接部門として存在することが多い。業務部門や事業所・支社ごとのＩＴ部門も存在するケースはあるが、そういった企業でも全社共通のコーポレート部門としてのＩＴ部門を持つことが多い。コーポレート部門としてのＩＴ部門は、社長直下の組織として行動することが可能となる。そのため、部門をまたがった業務改革の提案、推進にはもってこいの部門である。

さらに、現在では、ほとんどの定型業務はＩＴ化されており、非定形業務でもＩＴが活用されていることが多いため、ＩＴ部門は、全社の業務プロセスとそこで生成・参照されるデータ、活用されているシステムを俯瞰的に把握しているはずである。「ＩＴ部門が全社の業務を把握している」というと違和感を感じる方もいるかもしれない。現場での細かいところ、例えば、顧客との契約における顧客ごとの契約条項の違い、営業のセールストーク、新製品の企画アイデアの出し方、新製品開発のノウハウなどは知らないだろう。しかし、これらの個人のスキルやノウハウ、または特定の現場に依存するものは、部門横断という観点で業務改革の対象にするのはまだまだ先なのではないだろうか。

そうするとIT部門とは、全社の業務プロセス、データ、システムを俯瞰的に見て、ITソリューションや新IT技術を踏まえて業務改革を提案でき、社長直下で行動することにより、部門をまたがった調整などの業務改革ができる組織ということになる。

このように、部門をまたがった業務改革の推進はコーポレート部門としてのIT部門が担うべき役割であるが、一方、部門、事業所・支社別のIT部門は、現場業務や現場で活用されているシステムを熟知しているため、その単位での業務改革の提案、推進を行うべきであろう。

IT部門はコーポレート部門、業務部門、事業所・支社の一部門のいずれの組織であっても業務改革の提案、推進に力を発揮できるはずである。そのためには、自分たちの役割を攻めに再設定し、意識を変え、スキルを身に付ける必要がある。スキルを身に付けるためには研修などの勉強はもちろん必要であるが、実際に業務改革を提案、推進した経験を積み重ねることが重要である。そのため、まずはやってみることから始めてみてはどうだろうか。もしも、他部門に対して提案するにはハードルが高すぎるのであれば、まずは自分の部門の業務改革を行ってみてはどうだろうか。

それともう一つ重要なことは、経営層や業務部門の課題やニーズをキャッチするアンテナと、提案に資する世の中のＩＴ活用動向をキャッチするアンテナを張ることである。

現状で、経営層や業務部門と双方向でコミュニケーションをうまくとれているというＩＴ部門はあまり多くないのではないかと感じるが、まずは経営層や業務部門とのコミュニケーション機会を増やすことから始めてはどうだろうか。また、世の中のＩＴ活用動向をキャッチするために、ＩＴ子会社や外部ベンダー、コンサルタントといったパートナーとのコミュニケーションも重要である。これらとのコミュニケーションも「委託」、「指示」といった一方通行のものではなく、こちらからも相談し提案を受けることを求めるような双方向のコミュニケーションを行うことが重要である。

ビジネス貢献を志向する

先にも述べたが、従来のＩＴ部門は業務部門からのシステム構築・改修の依頼を受けて、それを実行するという受け身の役割を主に担っていた。そのため、ビジネスのことを考えるのは業務部門、ＩＴ部門はそれをＩＴとしてどう実装するかを考えることだけが求められてきた。そうすると、ＩＴ部門がビジネス貢献を意識した提案をすることは、業務部門に対する越権行為のように捉えられがちである。また、そのようなことをしてこなかったためスキルもなかった。そのため、ＩＴ部門がビジネス貢献を志向したビジネス提案を行うことはないし、仮に行ったとしても多くの企業では、業務部門から相手にされることはあまりなかったのではないかと思われる。

しかし、ITそのものが情報活用による経営判断の高度化や、新しい事業や新しい商品／サービスといったビジネスモデルの実現手段としてより高度なビジネス貢献の役割を持つようになった現在では、もはやITなくしてはビジネスを高度化することは不可能と言っても過言ではなくなってきている。そうすると、これまでのように業務部門はビジネスのことだけを考え、IT部門はITのことだけを考えるというやり方ではビジネス競争に勝ち続けることは困難になってきている。業務部門もITをどう活用するかを考え、IT部門もどうビジネスを高度化させるかを考えなければならなくなっている。

IT部門は世の中の技術動向、ソリューション動向、他社のIT活用事例などを研究し、また、自社が持っているシステム、データなどの知識を活かして、積極的にITを活用した業務革新、新規ビジネスモデルといったビジネス提案を行うべきである。これこそ、「攻め」の役割である。

しかし、IT部門がビジネス提案を行うには、IT部門の強みであるITに関する知識が活用されるだけでは不十分で、ビジネスニーズを捉えられていることが必要である。そのためにはどうすればよいだろうか。

短期的には、業務部門出身のビジネスに詳しい人材をIT部門に配置するという方法はよくある施策である。また、中長期的な施策になるが、逆に、IT部門の人材を業務部門にローテーションさせ、業務知識を持つIT人材へと育成するという施策もある。

いずれも、人材の配置転換による施策である。仕事の出来／不出来は人により決まるため、効果的な施策ではあると思うが、一方で、配置転換する人材の適性や組織への適応はある意味、運により左右されることも多く、確実な施策とは言えない。また、人事的な施策はＩＴ部門の一存では決まらないため実施のハードルは高い。

従って、人事施策以外にも、ＩＴ部門がビジネスニーズを捕捉する手段を講じることが望ましい。そのために最も必要なのは、経営層や業務部門とのコミュニケーションを増やすことである。これらのコミュニケーションは双方向でなければいけない。経営層や業務部門からの指示を一方的に受けるだけでもダメであるし、逆にＩＴ部門から一方的に経営層や業務部門に情報を伝えるだけでもダメである。お互いが情報を出し合って、出された情報や要望、相談事項をもとに議論できる場を作ることが必要である。

また、ＩＴ子会社や外部ベンダーからもビジネス貢献に有益な提案が受けられることもある。ＩＴ子会社や外部ベンダーにとっても、自社のビジネスニーズや相談事項を共有することにより、それを踏まえた関連ＩＴ動向や他社事例が得られる場合がある。この場合も、双方向のコミュニケーションが前提となる。提案を受けるためには、情報提供する必要がある。

このように、ビジネス貢献を行うためには、ＩＴ部門は、経営層、業務部門とはもちろんのこと、ＩＴ子会社や外部ベンダーまで、関連するステークホルダーとの双方向のコミュニケーションを行うことが重要な意味を持つ。

そして、ＩＴ部門がビジネス貢献志向を意識するためには、ＩＴ戦略を策定することも一つの手である。ここで言うＩＴ戦略とは、単なるＩＴ投資計画だけでは不足である。経営戦略を実現するためのＩＴ戦略である必要がある。経営戦略で記載されているテーマや施策に対して、どのようにＩＴを活用するかを考えてＩＴ戦略を策定することは、そのままビジネス貢献を志向することになるため、ＩＴ部門をビジネス貢献志向の組織にするためには一番簡単な方法だと思われる。

中長期～未来を見据える

ある程度の規模の企業において経営戦略を策定していない企業はないであろう。多くの企業は、外部への開示の有無の差はあるが、中期経営計画として、三～五年先を見据えた中期戦略を策定している。それに比べて、ＩＴ戦略を策定している企業はどれだけあるのであろうか。

ＩＴ投資予算計画として次年度のＩＴ投資計画を策定している企業は多いが、ＩＴ活用の高度化やビジネス貢献を意識した中長期のＩＴ戦略を策定している企業はそれほど多くないのではないだろうか。

さらに、一〇～二〇年先を見据えたＩＴ戦略を策定している企業はほとんどないのではなかろうか。我々の知っている企業のうち、実際に「一〇年ＩＴ戦略」などという形で未来を見据えた

ＩＴ戦略を策定している企業はあるにはあるが、少数派である。

ただし、ここ数年、中長期を見据えたＩＴ戦略を「ＩＴ中期計画」などという形で策定し始めている企業は増えている。そして、未来を見据えた一〇年ＩＴ戦略の策定が必要であると意識する企業も出始めている。一方、技術進歩の速いＩＴの世界の一〇年先の予想は不可能としてあきらめている企業も多い。

ＩＴ調達が「作る」から「買う」へ変化し、出来合いのパッケージソフトやクラウドサービスの活用によりＩＴシステムの導入のスピードは向上した。そのため、一〇年といった未来を自社が見据えなくても、パッケージソフトやクラウドサービスのベンダーがそれを見据えて製品を提供してくれるだろうという考え方もあってもいいと思う。

だが、業界トップを目指す、または、トップを維持するためには、競争優位を得る必要があり、そのためには、自ら一〇～二〇年先といった未来を見据えて先進的な取り組みを行っていくことが求められる。先進的な取り組みを行う際には、そのＩＴ活用も自ら企画・構築しなければならない。先ほど触れた未来を見据えたＩＴ戦略を策定している企業は現在も業界トップであり、今後もトップであり続けるという強い意志を持っている企業である。

業界トップを目指していなくても、三～五年後といった中期は見据えておくべきである。そうしないと大規模な予算確保もできなくなり、新たなＩＴを活用した仕組みの導入はもっと遅れる可能性があるからである。例えば、テレマティクスや機器の遠隔保守などＩＴを活用しないと実現できないようなサービスは、ＩＴ予算が確保できなければ参入できず、大きな後れをとってしまうからだ。

このように、ＩＴ活用がビジネス参入の可否を決めてしまう今の時代においては、ＩＴの遅れはビジネスの遅れとなるため、ＩＴ活用についても、先を見据えておかないといけないのである。

中長期、未来といった先を見据えるための調査や研究、検討などは継続的に行っていくべきものであるが、それもＩＴ部門内で閉じるのではなく、経営層や業務部門に情報共有を行い、ＩＴのビジネスへの活用、予想される新ビジネスやサービスに向けてのＩＴ投資の方向性などを議論すべきである。また、ＩＴ部門内でも共有し、意識を合わせることが必要である。

そのためには、ＩＴ戦略を「ＩＴ中期計画」などとして可視化するべきである。ＩＴ戦略を考えていても、それが文書としてまとまっていなければ共有・議論はできない。特に、部門や企業をまたがった組織横断やグローバルといったクロスボーダーでの検討には、文書による共有は前提条件となる。

ＩＴ戦略の内容については、一〇〜二〇年先の未来まで見据えることができる企業は、ＩＴ戦略の中に中期計画と長期計画またはビジョンなどを盛り込めばよい。そこまで行く必要のない企業も最低限三〜五年先を見据えたＩＴにより解決すべき課題やＩＴ化の方向性、ＩＴ投資計画などのＩＴ中期計画をまとめるべきである。ＩＴ戦略を策定したことがないため、どのように策定すればよいかわからない企業は、まずは、直近数年の振り返りと、現在わかっているＩＴ投資計画を棚卸しまとめることから始めてみてもよいと思う。まずはIT戦略を可視化することから始め、その後レベルアップを図ればよいであろう。

ボーダーレス視点で考える

ITの検討スコープは部門単位、業務プロセス単位から、部門横断、業務横断、さらにはグローバル単位、グループ会社単位へと大幅に拡大傾向にあり、ボーダーレス化している。当たり前だが、このような流れを受けてIT部門の視点もボーダーレス化しなければならない。

多くの事業領域を持つ企業や、多くのグループ企業を持つ企業グループ、海外にも現地法人を持つグローバル企業などは、ボーダーレス視点でIT活用を考えないと、無駄な重複投資が発生しやすい。また全体としての情報集約・活用が難しくなってくる。事業横断、グループ横断、グローバルといった全体としての情報集約ができないと、それを活用した全体での経営判断を行うための情報集約・分析に多大な労力と時間を要する。

ビジネス環境の変化が速い現代においては、経営判断サイクルの短期化とスピード向上は重要事項である。しかし、ITがボーダーレス化できていないような状況では、情報集約・分析に労力すなわちコストと時間がかかるため、情報集約・分析サイクルは長くなり、経営判断時点での情報鮮度が落ち、競争に勝っていけなくなる。

また、現代の新規ビジネスモデルはＩＴ活用を前提に置いているだけでなく、そのスコープが部門や業務横断であることが多くなっている。例えば、製造小売業のビッグデータの活用であれば、販売情報等のビッグデータは、販売・生産計画に活用されるだけでなく、商品開発やマーケティング、顧客へのレコメンデーションといった販売そのものにも活用される。この例の場合、販売部門、生産部門、商品開発部門、マーケティング部門など複数部門で情報活用がなされる。

このように、ビジネスもＩＴもボーダーレスで考えることは必須となっている。

ボーダーレスで考えるためには、個々人の意識をそうするだけでなく、ビジネスやＩＴ活用についても部門横断、グループ横断、グローバルといったボーダーレスの検討体制を整備することが求められる。組織横断プロジェクトの組成だけでなく、定常的に横断的に検討できるようなバーチャル組織や検討委員会などを整備することが求められるのではないだろうか。

企画・目利き・改革を担う

従来は、業務部門からの要望に応じたＩＴ導入・運用をコア業務とした請負型組織であったＩＴ部門も、提案・先導型、ビジネス貢献志向に変化するためには、そのコア業務を「企画」や「改革推進」としなければならない。

また、ＩＴの調達形態が「作る」から「買う」に変化している現在では、システムを設計・開発する能力よりも、欲しいＩＴシステムの要件をまとめる、その要件に応じた製品やサービス、つまり、パッケージソフトやクラウドサービスを探して、複数の候補から最適なものを選定する「目利き」の能力が重要になってくる。

つまり、攻め型のＩＴ部門は「企画」、「目利き」、「改革推進」をコアの役割としなければならない。

これらのコアの役割を遂行するためには、人材の能力育成、人材の獲得、コンサルタントやＩＴベンダー等の外部パートナーの活用といった人的スキルの向上はもちろんのこと、これらがＩＴ部門のコアの役割なのだというコンセンサス形成が重要となる。

このコンセンサス形成はＩＴ部門内だけではなく、経営層に対して宣言し、ＩＴ部門の役割・ミッションとして承認してもらうことが必要である。業務部門に対しても、これらのＩＴ部門の役割を宣言し、認識してもらうことが必要である。こうして正式に、攻め型のＩＴ部門として、「企画」、「目利き」、「改革推進」をコア業務として遂行することができるようになる。

そして、人材育成・獲得、外部パートナー活用といった人的スキル面での対応だけではなく、うまく回すための仕組みが必要になる。例えば、企画案件の優先度付けやパイプライン管理、パッケージソフト選定のための選定基準、改革推進体制などの仕組みの整備、そしてこれらのコア業務を遂行するための時間の捻出を行うためにアウトソーシングの拡大などの対応が必要になる。

攻め型へと変化するために必要なこと

以上、攻めのＩＴ部門に求められる役割・視点として、「提案・先導型へ変革する」、「ビジネス貢献を志向する」、「中長期〜未来を見据える」、「ボーダーレス視点で考える」、「企画・目利き・改革を担う」の五つを挙げた。

これらの役割・視点を持った攻めのＩＴ部門へと変革するためには、次の四つの取り組みが必要であると筆者は考えている。四つの取り組みとは、「ビジネス貢献に向けたＩＴ戦略」を策定すること、「最適なＩＴマネジメント態勢」を整備すること、「ステークホルダーコミュニケーション」を活性化すること、「人材スキル向上」を体系的に行うことである。

以降の第2章〜第5章にわたって、これら四つの取り組みについて実際に企業で取り組まれている施策の紹介も交えながら詳細に述べていくことにする。

第2章

ビジネス貢献に向けたＩＴ戦略を策定する

1 ビジネス貢献に向けたIT戦略とは

IT部門のビジネス貢献が求められる背景

ＮＴＴデータ経営研究所のクライアントであるIT部門の方々と話をしていると、「近年、経営層や業務部門から、『IT部門は経営・ビジネスにもっと貢献せよ』というコメントを言われることが多くなった」という話を聞くことが多くなった。しかも、複数のクライアントから、時を同じくしてである。これは決して偶然なことではない。

なぜ前述のコメントが時を同じくして頻繁に聞かれるようになったのか。それは、企業のIT導入の変遷を振り返ることによって紐解くことができる。

今までのIT部門は、システム化されていない業務をシステム化することで、効率化等のIT投資効果を獲得し、経営・ビジネスへの貢献を示すことができていた。しかし、現在においては多くの業務が既にシステム化によって効率化されており、IT部門の業務は、そのシステムをハードウェアやアプリケーションソフトウェアの保守期限切れ等の事由により、バージョンアップ等のアップグレードをすることが主となった。

システムを安定して運用・継続させることは決して簡単なことではない。しかし、経営層・業務部門から見ると、ＩＴ部門は既存のシステムの〝おもり〟に従事し、ビジネス貢献に向けたＩＴ企画・提案へのトライをしていないように見える。そのため、経営層・業務部門は「ＩＴ部門は経営・ビジネスにもっと貢献してほしい」と思うのである。

また、世の中にビジネス貢献に向けたＩＴの活用事例が増えてきたことも、経営層・業務部門が前述のようなコメントを発する背景にある。本書の読者の方々ならば重々承知のことと思うが、昨今のＩＴ技術革新により、ハードウェアの調達価格は下がり、様々なクラウド型のサービスが提供されるようになった。それらを活用し、ＩＴによる情報分析・活用を中心としてビジネス拡大に直接的に貢献する事例が増えてきている。従来では、そういった事例は、欧米企業や、国内の一部先進企業に限られていた。しかし、前述の技術革新によってビジネス貢献に向けたＩＴ活用への敷居が低くなり、様々な企業の導入事例が世に広く出回るようになると、経営層・業務部門は、「当社のＩＴ部門ももっとアンテナを高く持ち、ビジネスにもっと貢献してほしい」と思うのである。

ＩＴ部門のビジネス貢献とは

昨今のＩＴ部門にビジネス貢献が求められているのは、企業におけるＩＴ導入の変遷とＩＴの技術進展を鑑みると、必然的な流れであると言える。では、ＩＴ部門によるビジネス貢献とは、具体的にはどういったことを指すのだろうか。ＩＴは、従来より「コスト削減」、「業務効率化」「リードタイム短縮」といった効果を生み、ビジネスに貢献してきた。しかし、前述したように、既に多くの業務がＩＴ化され、新規のＩＴ化余地はあまり残されていない。そういった状況下で経営層・業務部門が期待しているビジネス貢献とは何なのか。企業によって様々な貢献のあり方があるとは思うが、ここではある製造業の事例を紹介したい。

その会社でも、経営層・業務部門から、「ＩＴ部門はもっとビジネスに貢献せよ」との宿題を与えられていた。そこで、ＩＴ部門内にて議論を重ね、二つのあり方を定義した。

一つ目のビジネス貢献のあり方は、「最新ＩＴを活用したイノベーション創出」である。前項でも触れたように、ＩＴの進化は年々加速しており、従来では難しかったことも可能になってきている。経営層・業務部門はそういったＩＴの進化をキャッチアップできているわけではないので、ＩＴへの要求事項も自ずと従来のＩＴに関する知識に限定されてしまう。そのため、この会社では、経営層・業務部門の課題に対して、最新のＩＴ動向を踏まえて適用するＩＴを選択する〝目利き力〟でもって、経営層・業務部門では想起することができないイノベーションを創出することがＩＴ部門に期待されているという結論に至った。

二つ目のビジネス貢献のあり方は、「標準化／共通化の逆提案」である。従来のＩＴ部門は、経営層・業務部門からの要求に基づいてＩＴ化を企画してきた。その結果、業務部門ごとに個別最適なＩＴの導入を進めてしまっているケースも少なからず見受けられた。しかし、ＩＴ部門は、業務部門を横断で俯瞰できる組織であるから、経営層・業務部門の要求をそのままに応えるのではなく、それぞれの要求を集約したうえで、全体最適の視点から逆提案することが期待されている役割であるという結論に至った。

ＩＴ部門がビジネスに貢献するためにすべきこと

ＩＴ部門が目指すべきビジネス貢献とは、企業によって様々である。ただ、いずれの企業においても、ビジネス貢献というゴールを達成するためには、ゴール達成に向けてなすべきことを実行しなければならない。そのためには、ビジネス貢献を達成するための〝戦略〟が必要となってくる。

そもそも、戦略とは何なのか。戦略の概念を最初に経営学に持ち込んだことで名高いアルフレッド・チャンドラーによると、戦略とは「長期的視野に立って企業の目的と目標を決定すること、およびその目的を達成するために必要な行動オプションの採択と資源配分」とある。すなわち、戦略とは、〝ゴールを明確にし〟、現在の立ち位置からゴールに到着するまでの最短経路と、ゴールするために必要となる資源を導き出すものである。
これをビジネス貢献に向けたIT戦略に当てはめてみると、IT部門がビジネス貢献を達成するためには、まずはビジネス貢献という〝ゴール〟を明確にし、そのゴールに向けて、現在の〝立ち位置〟からどのような〝道筋〟で進めれば最短経路で到達できるのか、ゴール到達に向けてはどのような資源（ヒト・モノ・カネ）が必要となるのかを明確にすることが必要なのである（図表2－1）。

図表2-1❖ビジネス貢献に向けたIT戦略とは

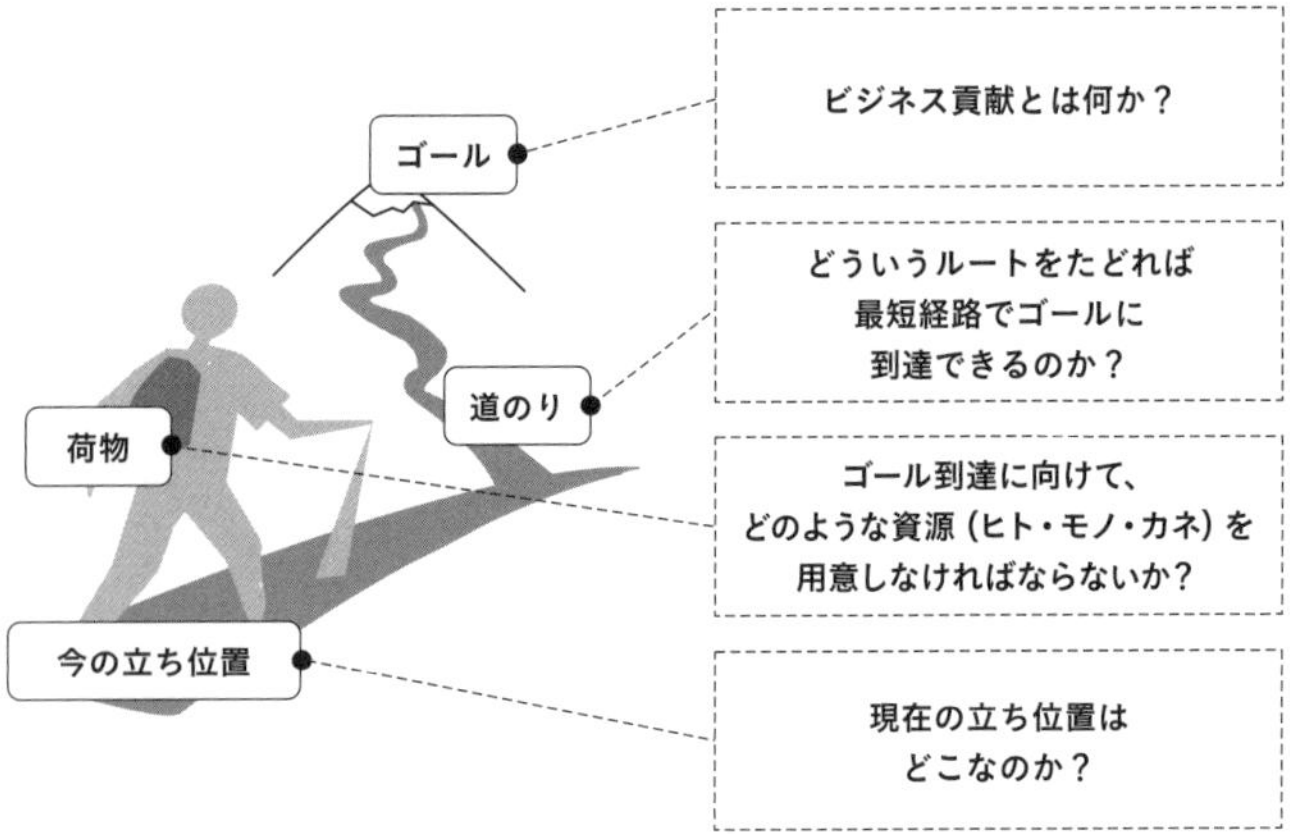

2 ビジネス貢献に向けたIT戦略策定のポイント

これまで、ビジネス貢献に向けたIT戦略が求められる背景について述べた。本節では、実際にビジネス貢献に向けたIT戦略を策定するにあたって、ポイントとなる点について述べていくこととしたい。NTTデータ経営研究所では、「①目標が明確になっていること」、「②全体最適の視点であること」、「③経営戦略と整合していること」、「④将来を見据えていること」の四点が重要なポイントであると考えている。以下にて、その四点について具体的に説明していく。

ポイント①：目標が明確になっていること

IT戦略の策定にあたっては、IT化施策を実行することによってどんな効果が得られるのかを、必ず明確にしたうえで施策化することが重要である。その施策が何のために行われるのか、どんな効果を狙っているのかを、経営層、業務部門ひいてはIT部門内で正しく共有・理解してもらうためにも、目標が明確になっているかどうかはその成否を左右するポイントとなる。

目標を明確化できているかどうかチェックするために、三つのチェックポイントを挙げる（図表2-2）。ぜひ参考にしてほしい。まず一点目は、「誰でも理解できること」である。IT部門内だけでしか理解できない目標では、社内で共有し、IT部門の意義を理解してもらうことが難しい。経営層・業務部門を含めた社内の誰もがわかる形で明確にすることが望ましい。次に二点目は、「定量化されていること」である。定量化することで、その目標の達成度合を明確に表現することができる。定量的な目標設定が難しいケースもあるが、極力は定量化して目標設定することが重要である。最後に三点目は、「計測可能なこと」である。IT化施策は実行することがゴールではなく、効果を創出し、投資回収してこそ初めて効果があったことになる。目標を明確にするにあたっては、計測が困難な目標を設定するのではなく、計測可能な目標とすべきである。

例えば、あなたの会社では、IT化施策の目標を「全体最適の実現」などと表現していないだろうか。全体最適を実現するということは具体的にはどういう状態になることかが明確でないため、人によって捉え方が異なってしまう恐れがある。よって、全体最適と

図表2-2❖目標設定の悪い例・良い例

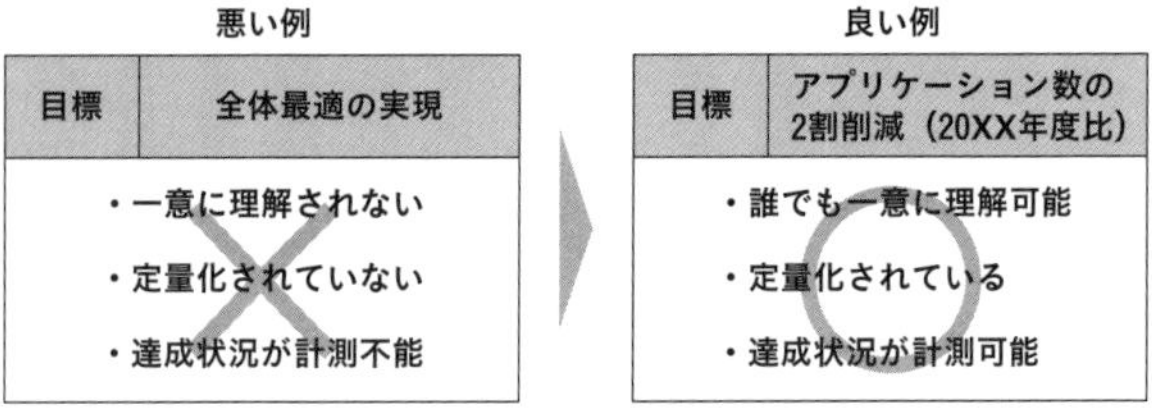
悪い例
目標
全体最適の実現
・一意に理解されない
・定量化されていない
・達成状況が計測不能
良い例
目標
アプリケーション数の2割削減（20XX年度比）
・誰でも一意に理解可能
・定量化されている
・達成状況が計測可能

は何かを突き詰め、「ここで言う全体最適とはＩＴ資産の最適化のことであるから、アプリケーション数の二割削減を目標とする」といったように明確化することが重要である。

以上、目標の明確化にあたってチェックすべきポイントを三点述べた。このポイントに沿ってＩＴ化施策の目標設定が明確にできているのかどうか確認してみてほしい。なお、明確な目標設定にトライしてもなかなか明確にできない場合は、事前の施策検討が不十分であるケースが多い。施策化する前に、改めて企画内容を振り返ってみることを推奨する。

ポイント②：全体最適の視点であること

ボトムアップで各担当がそれぞれに施策を立案するＩＴ戦略にありがちなのだが、いざ施策立案結果をＩＴ戦略として取りまとめてみると、各担当領域で個別最適化された施策が立案され、ＩＴ戦略全体として見ると全体最適化されていないといったことが生じる。日本企業は、欧米の企業と異なり、戦略策定にあたっては現場の意思・想いを重視するボトムアップ型が多いことから、こういったような課題が生じがちである。

個別最適な施策の集合体ではなく、全体最適の視点でＩＴ戦略を策定するためには、前述のような施策立案をボトムアップで実施する前段に、ＩＴ部門の目標を明確化し、その目標を達成するために重要な課題とは何か、その課題への対応方針は何かといった、上位方針を明確にしたうえで、その方針に沿った施策立案を依頼するトップダウンのアプローチを取り入れることが必要である。トップダウンとボトムアップが相互連動する形が将来的には望ましい。

ある製造業では、従来よりボトムアップでのＩＴ戦略を立案していたが、事業のグローバル化が進み、ＩＴ化の取り組みが国内よりもグローバルにウェイトが置かれるようになったことから、ボトムアップだけでは全体最適のＩＴ戦略を立案することが難しくなっていた。そこで、ＩＴ戦略を、目標設定が階層的に連鎖する構造にした。例えば、一階層目で「コストの二割削減」と目標設定したとすると、二階層目では、一階層目の目標を受けて、「アプリケーション維持にかかるコストの一割削減」といったさらに詳細な目標にブレイクダウンする。その際、上位階層を受けての下位階層の立案は、下位階層の立案組織に自由に考えさせることで、トップダウンで目標を与えながら、ボトムアップで現場の意思・想いをくみ取ることができるように工夫している。

ポイント③：経営戦略と整合していること

ポイントの三点目は、ＩＴ戦略が、経営・事業戦略の方向性と合致していることである。これにより、会社が目指している方向性の実現に向けたＩＴの貢献が明確になり、経営層・業務部門にＩＴ部門の意義や取り組み内容を認めてもらうことができる。

経営戦略との整合にあたってポイントとなる観点を以下に述べる。まず第一に、「目標が同じ軸で明確化されていること」が重要である。目標の軸（目標設定した項目、目標達成までの期間など）を同じにすることにより、経営戦略実現におけるＩＴの貢献度を明確にすることができる。例えば、経営戦略において「三年後に間接費の二〇％削減」とあるのであれば、ＩＴ戦略の目標も「三年後にＩＴ化によって間接費の一〇％削減」といった形になっているべきである。

ある製造業では、ＩＴ戦略と経営戦略の関連付けを整理している（図表2-3）。立案したＩＴ戦略が経営戦略における方針／施策のどれに寄与するものなのか、ＩＴ戦略の実行により、経営戦略にどのような効果・インパクトを与えるのかを明確にしている。こういった取り組みにより、ＩＴ部門が経営戦略の実現に向けてどのような貢献を果たす

図表2-3❖経営戦略とIT戦略の関連付けの例

IT戦略＼経営戦略	業界におけるコストリーダーシップ	新規事業の創出	顧客満足度向上	海外売上比率80％
グローバルでのITインフラリソース共有化	◆			
情報分析基盤を活用した営業・サービス・製品品質向上		◆	◆	
IT運用コストの削減	◆			
グローバル拠点拡大へのスピーディかつ確実なIT対応				◆

のかが明確になり、経営層にとってIT部門の意義を理解してもらえることとなる。

第二には、「戦略整合のタイミングを正式に設定すること」である。経営戦略とIT戦略を整合させるといっても、既に策定された過去の戦略と整合させるのではあまり意味がなく、これからの三年間のIT戦略を策定するのであれば、経営戦略もこれからの三年間を対象にしたものにして整合させるべきである。ただし、経営戦略とIT戦略は、同じタイミングで作成されることが多く、それぞれの部門で独立して策定することから、その整合は、個人個人の属人的なコミュニケーションによって行われる場合が多い。そこで、整合を正式なプロセスとして設定することで、整合を組織的な取り組みとして確かなものにすることが重要である。

ある製造業では、経営戦略とIT戦略の整合をとるために、経営戦略のインプット、インプットを受けたIT戦略の提案の二つのプロセスを正式なものとして設定している。なお、このプロセスを設定するために、IT戦略の策定時期を経営戦略の策定時期から後ろにずらしたスケジュールとすることで、整合を効果的に行えるよう工夫している。

ポイント④：将来を見据えていること

戦略をより効果的なものとするためには、その目線をより将来に置くべきである。直近の現状・課題だけを捉えるのではなく、より長期的な目線で目標を定め、その実現に向けた活動を行うことが、より大きな成果の刈り取りにつながる。

ポイントは、より長期的なインプット情報を収集することである。自社を取り巻く外部動向、ITの技術動向を、直近ではなくより長期的なスパンで情報収集し、自社、ひいてはIT部門に影響を与える要素を分析することが重要である。

なお、ここで言っている将来をどれくらいの期間と捉えるかは、経営戦略の目線と合わせて考えるのがよい。例えば、あるエレクトロニクスメーカーでは、事業環境の変化が目まぐるしく将来の動向が見えづらいため、三〜五年を将来の目線として置いている。一方、ある食品メーカーは、食品製造にかかる気候の変化(温暖化)や人口増加等、長期的な視野に立った事業環境の把握が求められるため、一〇年を将来の目線として置いている。

3 IT戦略を高めていくためのアプローチ

前節にて、ビジネス貢献のためのIT戦略策定におけるポイントを述べた。一方、企業によってもIT戦略立案における取り組み状況は千差万別であろう。今までIT戦略を策定したことがないという企業もあるのではなかろうか。そういった企業が、ビジネス貢献に向けたIT戦略を策定するといっても、いきなり満点を目指すようなIT戦略立案は難しい。まずは三〇点、次は五〇点と、段階的にステップアップし、最終的には目指すべきIT戦略を策定できるようにするのが現実的なアプローチである。

そこで、本節では、企業のIT戦略の成熟度に応じたIT戦略策定を、ある製造業A社の取り組み事例をもとに紹介する。各企業においては、このIT戦略策定の事例を参考に、自社がまず取り組むべきこと・今後目指すべきことを整理する際の参考としてほしい。

成熟度の定義

ＩＴ戦略策定のモデルを紹介する前に、ＩＴ戦略の成熟度について説明することとしたい。ＮＴＴデータ経営研究所では、ＩＴ戦略の成熟度を、単に最終的なアウトプットであるＩＴ戦略を記したドキュメントの品質だけでなく、そのアウトプット策定に至るまでのプロセスや、アウトプット策定後の活用状況も含めて測るべきと考えている。そこで、本節でＩＴ戦略の成熟度を説明するにあたり、「①インプット」、「②プロセス」、「③アウトプット」、「④活用・普及・展開」の四つの要素で説明していくこととしたい。以降、この四要素について説明する（図表2－4）。

まず「①インプット」とは、ＩＴ戦略策定を行うにあたって事前に必要となる情報のことを指す。このインプット情報が十分でなければ、いかに優れたＩＴ戦略策定プロセスを行おうとも、十分なアウトプット（＝ＩＴ戦略）は出ないということになる。

続いて「②プロセス」であるが、これはＩＴ戦略策定にかかるプロセス（タスク）のことを指す。会社の誰（どのような役割のメンバー）が、どのようなスキルセットをもって、どのようなタスクを実施するのかが、プロセスの成熟度を決めることとなる。プロセスをどのようなものにするかは策定したいＩＴ戦略によって変わるが、大きくはＩＴ戦略の上位方針（ＩＴ部門の中長期的な目標、重点的に取り組むべき課題など）の策定プロセスと、下位方針（各ＩＴ化施策の立案など）の策定プロセスに二分される。

この「②プロセス」の実施結果として、「③アウトプット」、つまりはＩＴ戦略が策定される。前節にて述べたような、目的の明確性や視野の広さ（将来を見据えているかどうか）といったＩＴ戦略策定におけるポイントがどこまで記述されているかどうかが成熟度を決めることとなる。

最後に、「④活用・普及・展開」は、アウトプットされたＩＴ戦略の活用・普及・展開度合を指す。具体的には、他のＩＴ化活動のインプットとしての活用度合や、ＩＴ戦略の普及・展開の対象がＩＴ部門内にとどまるのか、経営層・業務部門まで、ひいては取引先等外部まで展開されているのか、といった観点になる。

以降、この四つの要素に基づいて、ＩＴ戦略成熟度の三モデルを説明していく。

三つの成熟度モデル

では、ここから本題に入り、製造業Ａ社におけるＩＴ戦略の

図表2-4❖IT戦略の成熟度モデル

内容検討／策定		文書化	展開・活用
①IT戦略のインプット	**②IT戦略の策定プロセス**	**③IT戦略そのもの（アウトプット）**	**④IT戦略の活用・普及・展開**
・何を、どの程度、インプットとしているか？	・策定プロセスは、どの程度可視化・最適化されているか？ ・IT戦略の策定に誰が、どのように関与しているか？	・IT戦略は、計画文書としてどの程度成熟しているか？	・どの程度普及・展開しているか？　どう活用されているか？

成熟度向上に向けた取り組みについて説明していくこととしたい。

A社では、IT部門内の各担当がそれぞれにIT化施策を検討しており、IT戦略として一つにまとめられたものは存在していなかった。しかし、事業環境の変化が大きい昨今において、IT部門はより事業変化に追随し、経営・事業に貢献する成果を創出することが求められるようになった。そこで、中長期を見据えたIT化目標を設定し、目標の確実な達成に向けてIT部門が同じ方向を向いて取り組んでいくために、IT戦略策定の成熟度を高める必要があった。そこでA社は、IT戦略策定の成熟度を「①棚卸型IT戦略」、「②現状分析型IT戦略」、「③未来予見型IT戦略」の三つのモデルで整理し、「③未来予見型IT戦略」への到達に向け、成熟度向上のロードマップを策定し、取り組むこととした。この三モデルについて、次項で説明することとしたい。

成熟度モデル①：棚卸型IT戦略

「IT戦略をきちんと作ったことがない」という企業は、まずは「棚卸型IT戦略」から始めることを推奨したい。これは、まずは全社のIT投資案件を取りまとめ、ボトムアップでもいいのでビジネス貢献を明確にする〝形〟を作ることから始めるものである。以降、先ほど述べた「①インプット」、「②プロセス」、「③アウトプット」、「④活用・普及・展開」の四つの要素ごとに、「棚卸型ＩＴ戦略」で目指すべきレベルについて説明する。

①インプット

「棚卸型ＩＴ戦略」では、既存の資料を中心に整理（棚卸）される。各情報は粗結合状態（各情報をそのままの状態でインプットとしているが、内容を咀嚼したうえで再構成していない状態）である。また、外部情報（将来のＩＴ技術動向予測など）は参照されない。

②プロセス

既存の取り組み資料をそのまま施策として整理（棚卸）する。上位方針と下位方針は本来一貫性をもって策定されるべきだが、ここではそれぞれ個別に策定され、後で紐付けされる。経営・事業戦略を咀嚼してＩＴ化方針に取り込む〝翻訳〟はなされていない。こういったプロセスを実施するためには、現行のＩＴ業務に関する知識・スキルを備えていることが必要となる。

③アウトプット

既存資料をもとにした目標設定、施策のラインナップとなっている。ストーリーライン（方針策定や施策立案の背景にある〝狙い・想い〟）の明文化はない。また、経営・事業目標を踏まえたＩＴ目標の設定はない。

④活用・普及・展開

定常的な案件管理と連携されるものの、IT戦略の展開・普及はIT部門内、および経営層への報告に限られる。

以上で、「棚卸型IT戦略」がどのようなアウトプットで、どういったインプット／プロセスで策定されるものなのかを述べた。「棚卸型IT戦略」を実施することにより、今まで明確な形として存在しなかったIT戦略が可視化され、共有することが容易になった。ただし、あくまで現状の取り組みを棚卸して可視化したものであるため、抱えている課題に対して解決策を検討・提示するものにはなっていない。そこで、A社では「棚卸型IT戦略」によりIT戦略ならびにIT戦略策定プロセスを取り回すことができるようになることから始めたが、次のステップとして、企業の課題解決に資するIT戦略を策定する「現状分析型IT戦略」の策定に向けたステップアップも平行して取り組むこととした。「現状分析型IT戦略」については次項にて詳述する。

成熟度モデル②：現状分析型IT戦略

「現状分析型IT戦略」は、過去から現在に至るまでの取り組みや経緯を把握、現状抱えている課題に対して分析・課題解決を示すことができているIT戦略のことを言う。「現状分析型IT戦略」実現のためには、過去の取り組み経緯、現在のＩＴ部門が置かれている状況を把握し、経営・事業戦略も踏まえたうえで、ＩＴによる経営・事業課題の解決とは何かを分析することが必要になってくる。以降、「①インプット」、「②プロセス」、「③アウトプット」、「④活用・普及・展開」の四つの要素ごとに、「現状分析型ＩＴ戦略」で目指すべきレベルについて説明する。

①インプット

「現状分析型ＩＴ戦略」では、ＩＴ部門内の取り組み内容やＩＴ化状況（例：ハードウェア数やアプリケーション数などの資産面、ＩＴ化投資額といったようなコスト面、インシデント件数などのサービス面などの過去からの推移）に関する情報、またリサーチ会社による市場動向や他社取り組み事例などの外部情報が、過去から現在に至るまで収集されている。各情報は単に収集されていればよいのではなく、その内容が咀嚼され、ＩＴ戦略策定に向けて活用できる形に再構成されている〝密結合〟状態である必要がある。また、直近三ヵ年の経営・事業戦略についても情報収集したうえで、その内容を咀嚼し、ＩＴ部門が取り組むべき課題に〝翻訳〟することで、ＩＴ戦略へのインプット情報として整理されている。

②プロセス

ＩＴ化施策立案にあたっては、「①インプット」プロセスにて収集した情報をもとに、課題分析が行われ、課題解決に向けた施策が立案・ラインナップされている。また、ＩＴ戦略策定プロセスは、まず直近三ヵ年のＩＴ目標や重点課題といった上位方針を策定し、次に、上位方針を達成するために必要な下位方針を策定する、トップダウンプロセスとなっている。なお、上位方針策定にあたっては、経営・事業戦略と連動したＩＴ目標の設定、経営・事業戦略の実現に資するＩＴ戦略の策定といった、経営・事業戦略とＩＴ戦略の密結合も行っている。こういったプロセスを遂行するためには、戦略企画・ＩＴマネジメントにおける基礎的な知識、課題解決に向けた分析能力といったスキルが求められる。

③アウトプット

策定されたＩＴ戦略の上位方針には、直近三ヵ年のＩＴ部門が達成すべきＩＴ目標が設定され、目標達成に向けてクリアすべき課題が具体的になっている。なお、このＩＴ目標の達成は、経営・事業戦略にどう寄与するのかが、経営・事業目標との関連付けという形で明確になっている。また、単にＩＴ目標と課題が記載されているのではなく、その目標および課題設定に至る背景や想いといったストーリーラインも含めて明文化されている。次に、下位方針については、現状取り組んでいるＩＴ化施策の棚卸だけでなく、現状の課題分析に基づいた課題解決の施策が立案されている。

④活用・普及・展開

策定されたＩＴ戦略は、予算管理、目標管理といった他のＩＴ企画管理活動に連携され、活用されている。例えば、目標管理とＩＴ戦略の連動であれば、ＩＴ戦略で掲げた目標の達成度をもとにＩＴ部門内の活動実績が管理され、部門評価に反映されるといったイメージである。また、ＩＴ戦略で定めた内容は、ＩＴ部門内、経営層だけでなく、業務部門も含めて、しかるべきコミュニケーションプロセスを通じて普及・展開されている。

以上で、「現状分析型ＩＴ戦略」がどのようなものなのかについて述べた。「現状分析型ＩＴ戦略」が策定できれば、前節で説明した、ビジネス貢献に向けたＩＴ戦略策定の四つのポイントのうち、①から③までを実現できていることになる。残すべきステップアップは、四つ目のポイントである「④将来を見据えていること」である。このステップアップが、次の成熟度モデルである「未来予見型ＩＴ戦略」実現に向けたポイントとなる。次項にてその詳細を説明する。

成熟度モデル③：未来予見型ＩＴ戦略

「未来予見型ＩＴ戦略」とは、過去・現在だけでなく、中長期の将来を予見し、その予見を踏まえてＩＴ化施策を立案しているＩＴ戦略である。「未来予見型ＩＴ戦略」を立案するためには、経営・事業環境の将来予測、中長期的なIT技術動向予測を踏まえたうえで、将来生じうるであろう課題を予め捉え、先んじて課題への対策を講ずる必要がある。以降、「①インプット」、「②プロセス」、「③アウトプット」、「④活用・普及・展開」の四つの要素ごとに、「未来予見型IT戦略」で目指すべきレベルについて説明する。

①インプット

IT部門内の取り組み内容やIT化状況に関する情報、また市場動向や他社取り組み事例などの外部情報は、過去・現在のみならず将来(五〜一〇年)まで予測した情報を収集する必要がある。経営・事業戦略も同様に直近三ヵ年のみならず中長期の視線で情報収集する必要がある。そのため、「未来予見型IT戦略」を策定するためには、IT部門だけでなく、経営層・業務部門も未来予見型の経営・事業戦略を策定することが求められる。

②プロセス

IT化施策立案にあたっては、過去・現在・将来にわたるインプット情報をもとに、将来発生しうるであろう課題を予見し、それに必要な対策を施策化している。また、上位方針と下位方針は「現状分析型IT戦略」では上位から下位へと連鎖するトップダウンであったが、「未来予見型IT戦略」では、トップダウンだけでなく下位方針が上位方針に反映されるミドルアップも相互に発生する「トップダウン×ミドルアップ」型の戦略策定となっている。そういったプロセスを遂行するためには戦略企画・ITマネジメントの実践的なスキルや、コンセプト創出スキルや課題予見に向けたR＆D（研究開発）手法なども身に付けておく必要がある。

③アウトプット

策定されたIT戦略の上位方針には、中長期（五～一〇年）の目標が設定されている。なお、「現状分析型IT戦略」同様、経営・事業目標とIT目標の関連付けやストーリーラインの明文化は行われている。また、下位方針であ

図表2-5❖成熟度ロードマップ

	棚卸型IT戦略	現状分析型IT戦略	未来予見型IT戦略
アウトプット	・既存資料をもとにした目標 ・既存施策の整理 ・ストーリーライン明文化なし ・経営・ビジネス目標を睨んだIT目標の設定なし	・直近3ヵ年の目標 ・現状ベースの課題改善施策 ・ストーリーライン明文化（直近3ヵ年） ・経営・ビジネス目標を睨んだIT目標の設定あり	・中長期（5～10年）の目標 ・イノベーション創出施策 ・ストーリーライン明文化（中長期） ・経営・ビジネス目標を睨んだIT目標の設定あり
インプット	・既存の資料を中心に整理（棚卸） ・各情報は粗結合 ・外部情報なし	・IT部門内：過去・現状ベース（IT白書）・各情報は密結合 ・経営・事業戦略：IT戦略と密結合（直近3ヵ年） ・外部情報：過去・現状ベース	・IT部門内：将来予測ベース・各情報は密結合 ・経営・事業戦略：IT戦略と密結合（中長期） ・外部情報：未来予測ベース
プロセス	・施策立案：既存資料を整理（棚卸） ・上位方針と下位方針がそれぞれ策定され、後から紐付け（粗結合） ・事業の理解とITへの翻訳なし	・施策立案：現状をもとに課題分析 ・上位方針に基づき下位施策を抽出（トップダウン） ・事業の理解とITへの翻訳あり	・施策立案：将来をもとに課題予見 ・上位方針と下位方針が相互連動（トップダウン×ミドルアップ） ・事業の理解とITへの翻訳あり
スキル	・現行のIT／業務知識	・戦略企画・ITマネジメント（基礎） ・課題解決・分析力	・戦略企画・ITマネジメント（実践） ・コンセプト創出・課題予見のR&D手法
活用・普及・展開	・案件管理との連動 ・展開・普及：IT部門内、経営層	・予算管理、IT白書、目標管理と連動 ・展開・普及：IT部門内、経営層・業務部門	・R&D活動と連動 ・展開・普及：IT部門内、経営層・業務部門、外部（ベンダー）

るＩＴ化施策は、将来予見される課題への対応や将来的なＩＴ技術革新の活用といった、イノベーション施策が立案・ラインナップされている。

④活用・普及・展開

「未来予見型ＩＴ戦略」を策定するためには、将来的なＩＴ技術革新に関するR＆D活動が実施され、インプットとして連携されている必要がある。なお、ここで言っているR＆D活動とは、ＩＴ技術そのものを生み出すことではなく、将来のＩＴ技術革新をどのように企業活動に採用していくかを指している。また、ＩＴ戦略は、社内（ＩＴ部門、経営層・業務部門）だけでなく、パートナー等の社外ステークホルダーにもしかるべきコミュニケーションプロセスを通じて普及・展開されている。

成熟度向上に向けて

以上で、Ａ社が策定したＩＴ戦略における三つの成熟度モデルについて説明した。Ａ社は「棚卸型ＩＴ戦略」からスタートし、「現状分析型ＩＴ戦略」、「未来予見型ＩＴ戦略」へとステップアップしていくために取り組まなければならないことを定め、ＩＴ戦略の成熟度向上ロードマップとして策定し、取り組みを進めている。

ＩＴ戦略の成熟度向上に向けて重要なことは、現状どのモデルまで到達しているのかではなく、今後の成熟度を向上させるロードマップを定め、それに沿って進めていくことである。本書の読者の方々においても、自社が三つのＩＴ戦略モデルのどの状態に近いか、千差万別であろう。本書のモデルを参考に、自社のＩＴ戦略策定における成熟度を把握し、成熟度向上に向けたロードマップを策定してほしい。

4 ＩＴ戦略を絵に描いた餅にしないために

前節までで、ビジネス貢献を目指したＩＴ戦略の立案について述べた。ただ、肝心なことは策定したＩＴ戦略が確実に実行され、設定した目標（＝効果）を達成することである。いくらすばらしいＩＴ戦略を策定したとしても、目標達成に向けた各施策が実行されなければ、多くの時間と労を要して策定したＩＴ戦略の意味はないと言える。そこで、本章の結びとして、ＩＴ戦略をいかに確実に実行させるかについて、取り組み事例を交えながらポイントを説明する。

ポイント①：ＩＴ戦略を正式な計画とする

計画を実行するためには、策定した計画を公表・目標を宣言することで、自らを追い込むことが有効である。読者の方々においても、日常においてもそういった自らへの動機付けを行っている方もおられることだろう。ＩＴ戦略も同じである。策定したＩＴ戦略の実行力を高めるためには、ＩＴ戦略が会社として正式に承認されたものとすることで、ＩＴ部門のメンバーを動機付けすることが重要である。

ある製造業では、ＩＴ戦略を経営層に説明し経営陣から承認を得る、ステアリングコミッティを正式に設置することで、ＩＴ戦略を正式なものとしている。このことが、ＩＴ部門のメンバーへのＩＴ戦略実行の動機付けとなっている。

ポイント②：ＩＴ戦略の内容を浸透させる

ＩＴ戦略はＩＴにおける組織の目標とその達成に向けたアプローチを定めるものであり、実行するのはＩＴ部門の各メンバーである。そのため、その内容をＩＴ部門のメンバー全員に理解してもらい、ＩＴ戦略の方向性を向かせることが重要となる。しかしながら、ＩＴ戦略を定めたものの、その内容が十分にメンバー層に伝わっていないことが往々にしてある。そもそも、そういったドキュメントがどこにあるのかメンバー層に伝わっていないケースすらある。そこで、ＩＴ戦略の内容をＩＴ部門のメンバーに浸透させるための工夫が必要となる。

ある製造業では、ＩＴ戦略の策定結果をメンバー層に説明する会を実施している。特筆すべきは、単なる説明にはとどまらず、ＩＴ戦略の理解において最も重要なところである、策定に至る背景やストーリーラインを理解してもらうために、ワールドカフェ形式[★1]のワークショップを実施し、ＩＴ戦略に関するテーマをＩＴ部門のメンバーにディスカッションさせることで、より自分のことしてＩＴ戦略を捉えてもらえるような工夫をこらしている。

ポイント③：実行状況を定期的にモニタリングする

正式に承認され、メンバー層にもＩＴ戦略の内容が浸透したならば、後は実行に移すのみだが、実行にあたっては、他タスクの負荷増大、推進上の課題が生じる等で必ずしも計画どおりに進むとは限らない。そこで、定期的に進捗状況をモニタリングし、課題があればエスカレーションさせ、適切に対処を指示・アドバイスすることで、計画どおりの着地に向けて進めさせることが重要となる。

ある製造業では、ＩＴ戦略の各施策ごとに、達成状況を測るＫＰＩを四半期単位で設定し、四半期終了ごとにこのＫＰＩの実績値を測定、今後の達成見込みや課題がある場合はその対処をチェックするといった、ＰＤＣＡ(Plan, Do, Check, Action)サイクルプロセスを設定している(図表2-6)。

ポイント④：ＩＴ戦略を適宜見直す(ローリング)

通常、ＩＴ戦略は三年から五年のスパンで施策を策定する。しかし、昨今の企業を取り巻く情

図表2-6❖四半期の実施状況に関する振り返りシート例

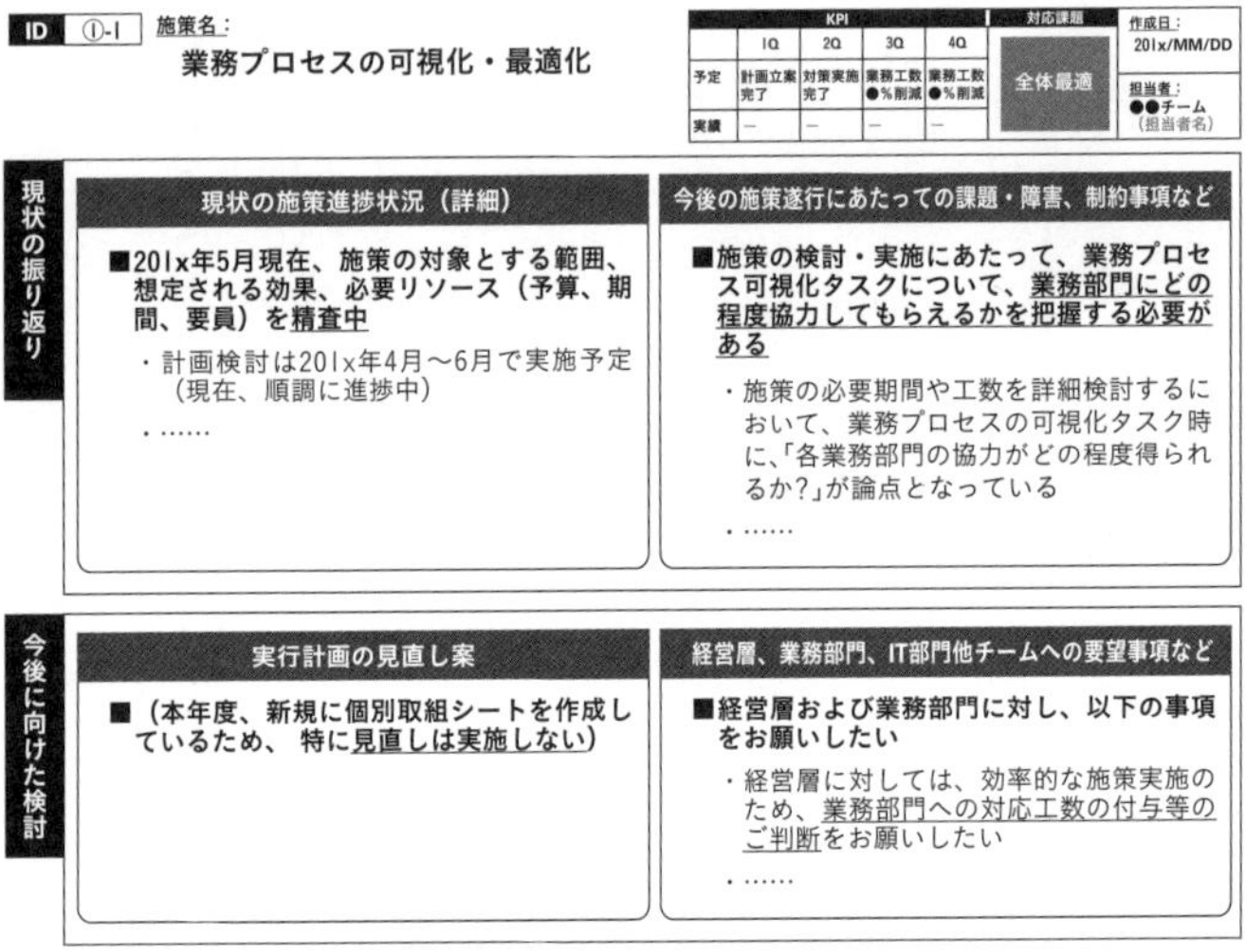

ID ①-1
施策名：
業務プロセスの可視化・最適化
KPI
1Q 2Q 3Q 4Q
予定 計画立案完了 対策実施完了 業務工数●%削減 業務工数●%削減
実績 ― ― ― ―
対応課題
全体最適
作成日：
201x/MM/DD
担当者：
●●チーム
（担当者名）
現状の振り返り
現状の施策進捗状況（詳細）
■201x年5月現在、施策の対象とする範囲、想定される効果、必要リソース（予算、期間、要員）を精査中
・計画検討は201x年4月～6月で実施予定（現在、順調に進捗中）
・……
今後の施策遂行にあたっての課題・障害、制約事項など
■施策の検討・実施にあたって、業務プロセス可視化タスクについて、業務部門にどの程度協力してもらえるかを把握する必要がある
・施策の必要期間や工数を詳細検討するにおいて、業務プロセスの可視化タスク時に、「各業務部門の協力がどの程度得られるか？」が論点となっている
・……
今後に向けた検討
実行計画の見直し案
■（本年度、新規に個別取組シートを作成しているため、特に見直しは実施しない）
経営層、業務部門、IT部門他チームへの要望事項など
■経営層および業務部門に対し、以下の事項をお願いしたい
・経営層に対しては、効率的な施策実施のため、業務部門への対応工数の付与等のご判断をお願いしたい
・……

図表2-7❖ローリングプロセス

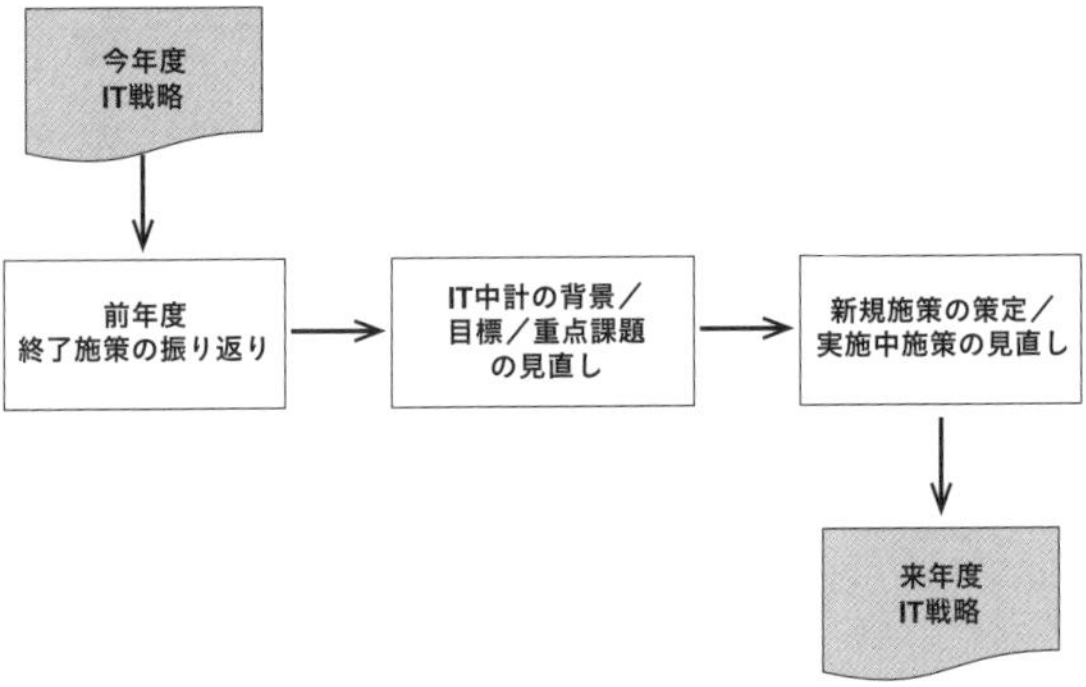

勢は目まぐるしく変化するため、ＩＴ戦略を定めた当時から会社としての施策優先度が変化、それに伴ってＩＴ戦略の優先度も変化することがある。結果、ＩＴ戦略が会社の方向性と異なってくるため、実行されないＩＴ戦略となってしまう。これを回避するためには、必要に応じて適宜ＩＴ戦略を見直すことが重要である。

ある製造業では、年次での事業計画策定プロセスと併せて、ＩＴ戦略を見直している。施策の達成状況、外部環境の変化による経営戦略の変化などを踏まえ、ＩＴ戦略の上位方針を必要に応じて適宜見直し、それに伴って施策も軌道修正や新規追加等を実施している（図表2-7）。将来的には、年次のローリングではなく、四半期や臨時の適宜ローリングを目指している。

註

★1　ワールド・カフェとは、「知識や知恵は、機能的な会議室の中で生まれるのではなく、人々がオープンに会話を行い、自由にネットワークを築くことのできる『カフェ』のような空間でこそ創発される」という考え方に基づいた話し合いの手法である。一九九五年にアニータ・ブラウンとデイビッド・アイザックスによって開発・提唱された。ピーター・センゲ、ダニエル・キムをはじめとする「学習する組織」に関連する研究者・実務家から幅広い支持を受け、世界各国で実施されている。日本においても、二〇〇五年前後から、多くの自治体・企業・コミュニティで活用され、普及・展開が進んでいる。

第3章

攻めに向けたITマネジメント態勢を構築する

1

攻めに向けたＩＴ部門とは

攻めに向けたＩＴ部門に必要なもの

近年、多くの企業において攻めのＩＴ部門の必要性に関する認識は高まり、変革が志向されている。変革に向けては、アウトソーシングの拡大、ＩＴ人材育成体系の見直し、業務部門との人事ローテーション制度の導入等により、戦略企画力や改革推進力を具備する組織への変革を図っている。しかしながら、変革においては、組織全体に変革意識が行き渡り、ＩＴ部門員一人一人の意識改革・行動改革が伴わなければ真の変革は成し遂げられない。

そのためには、虫食い的・場当たり的な施策の実施ではなく、組織全体に浸透した方針に基づいて、実施意義を明確にした施策を体系的に立案・実施していくことが求められる。重要なのは、ＩＴ部門の役割やミッションの明確化と伝達、そしてそれを達成しうる組織態勢作りである。

実際に、筆者がコンサルタントとして多くのＩＴ部門と関わる中で、ＩＴ部門の攻めの役割やミッションが明確に示されていない、示されていても表面的でＩＴ部門員一人一人の意識改革・

行動改革にまではつながっていないことが変革の障壁となっている企業が多いと感じている。

攻めのＩＴ部門への変革を成し遂げられていない理由として、大きく三つ挙げられる。

まずは、そもそも社内からそのような役割を期待されていないことである。ＩＴ部門として攻めの役割を担う意思や覚悟、能力があることを全社に発信していないため、経営層や業務部門から攻めの役割を期待されない場合がある。ＩＴ部門にとってのクライアントである業務部門から、これまでどおりの保守的な役割しかできない組織と認識されてしまえば、自ずと保守的な役割重視となってしまうのは致し方ないであろう。

次に、ＩＴ部門のミッションとして攻めの役割が定義されていても、ＩＴ部門員一人一人が自身のこととして捉えていないことである。ＩＴ部門が攻めの役割を担うことがＩＴ部門の中期計画等で記載されても、ＩＴ部門員一人一人が変革に向けて何をするべきかを考え、行動につなげていかなければ絵に描いた餅になってしまう。そのような意識改革・行動改革を成し遂げるためには、ＩＴ部門幹部層や経営トップから繰り返しメッセージを発信することや、ワークショップ等を開催することで一人一人が考える機会を提供することが重要である。

最後に、保守的な役割に分類される業務に割り当てる時間が長過ぎて、攻めの役割を考え実行する時間を捻出できないことである。ＩＴ部門員は、システムユーザーからの問い合わせ対応を行うヘルプデスク業務、既存システムの維持・運用、外注先との折衝等多くの業務を抱えているうえに、今日では業務を成り立たせるために必須となったＩＴを運営する役割を担っていることから緊急対応も多々発生し、分単位で会議や仕事に追われているように見受けられる。さらに、ＩＴ部門員の業務負荷を軽減するためにアウトソーシングを有効に活用しようにも、業務を長年特定の要員が担当していたことから、業務自体が属人化しており、他の要員や協力会社に引き継げない状況になっていることも多い。

2 攻めのIT部門への変革に向けた施策

IT部門の役割・ミッションを明確にする

前節で述べた攻めのIT部門への変革の障壁を踏まえると、変革に向けては何が必要か。まずは、IT部門の役割やミッションを遂行するためには、そもそも役割やミッションが何かということを、自社やIT部門を取り巻く環境の分析や経営層とのコミュニケーションで明らかになった期待等をもとに定義したうえで、IT部門の中期計画等に明文化することが重要である。ミッションや役割は明文化されていないと、組織評価や各種施策等の拠り所にはなりにくく、結果として役割を十分に果たし、ミッションを実現することは困難である。

役割やミッションの明確化・明文化については、以下のようなポイントが挙げられる。

・IT部門のミッションが必要な背景（IT部門内外の環境、経営層・業務部門の期待等）を明示する
・ミッションを果たすためにIT部門が創出すべきバリュー（価値）を明示する
・バリューを創出するために必要なIT部門の役割・機能を明示する

・ミッション実現に直結するコア業務とそれ以外のノンコア業務に分類し、明文化する

IT部門員へ役割・ミッションを浸透させる

明確化・明文化した役割やミッションについて、IT部門幹部層や一部担当者のみが意識するだけでは、実現性を伴わないスローガンに過ぎない。IT部門員に浸透させるためには、その重要性を理解させること、内容を理解させること、一人一人が何をしなければいけないかを考えさせることが必要である。

重要性を理解させるためには、まずはIT部門幹部層や経営層から繰り返し発信することが必要である。今このミッションを達成しないと自社やIT部門がどのような危機に陥るのか、ホラーストーリーとともに発信することも有効である。心理学者のレヴィンにより提唱された変革過程の三段階モデルでは、変革を実現するには、①解凍、②移行、③再凍結の三つのプロセスが必要とされている。このモデルは、これまで継続してきた業務内容やそのやり方がベストであるという凝り固まった考えを一度解凍しなければ、移行(変革)を受け入れる態勢はできないということを示している。自社の競争優位が失われ競合他社に吸収される、IT部門不要論が噴出してIT部門が解体されるなど、危機感を煽ることが、これまでの考えを解凍するうえでは有効と考えられる。実際にIT部門が変革を成し遂げられなかったために、M&A後に海外IT部門に飲み込まれた

事例や、業務部門がＩＴベンダーから直接調達するようになりＩＴ部門の存在価値が低下した事例はある。このような事例とともに変革の必要性と変革に向けたＩＴ部門の役割やミッションを発信することにより、その重要性を認識させることができるだろう。

重要性を理解させるだけでは意識改革・行動改革にはつながらない。役割やミッションの内容を理解し、ＩＴ部門員一人一人の業務にどのような影響があり、自身が何をしなければいけないかを想像することが必要である。ＩＴ部門幹部層が「自身のこととして何をするべきか考えろ」といくら発信しても、日々目の前の業務に追われていると、真剣に考えることは困難である。ある程度強制的にそのような機会を与えることが重要であり、例えばワークショップを開催して、一人一人がミッション実現に越えなければいけないハードルは何か、そのハードルをどのように越えるべきかを考えるとともに、ＩＴ部門員同士で意見交換をする場を提供することも有効である。

さらには実際にミッション達成に資する行動改革を各人が実施してみることが重要である。自身の働き方の変革、アウトソーシングに向けて業務内容の明文化等、様々な切り口からそれぞれが小さな改革を積み上げることが重要である。ＩＴ部門の業務改革は、実際に改革を実施・経験することそのものであるため、ＩＴ部門の攻めの役割の一つである「業務改革の主導」を果たすうえでも活きてくる。業務改革において高い障壁である「変わることへの抵抗」を身をもって経験することにより、業務改革を推進する際に、どこから優先的に変えるべきか、何に注意して変えるべきか、業務部門にどのように訴求していくか等が見えてきて、非常に有意義な経験となる。

全社に役割・ミッションを浸透させる

ＩＴ部門が経営層や業務部門から既存システムの維持・運用等の保守的な役割のみを認識されている場合、ＩＴ部門が攻めの役割・ミッションを定義・明文化し、ＩＴ部門員で浸透できたとしても、そのことをＩＴ部門にとってのクライアント（サービス受益者）である経営層や業務部門に理解されなければ、サービスを提供できず、ミッションを達成することができない。経営層や業務部門に対して、ＩＴ部門が「ビジネス貢献に向けた提案」や「業務改革の提案・推進」、「全体最適視点での改革」を実現するための役割やミッションを持ち、さらにその能力があることを理解してもらい、全社にＩＴ部門の攻めの役割・ミッションを浸透させることが必要である。

全社に役割・ミッションを浸透させるためには、やはりＩＴ部門幹部や経営層から全社に向けて繰り返し発信することが必要である。また、第４章で詳述するが、ＩＴ部門の役割・ミッションやサービスラインナップを「ＩＴ白書」として取りまとめて、全社に配布している企業もある。「ＩＴ白書」において、業務部門を横串で俯瞰できるＩＴ部門だからこそ成功した業務改革事例や、実際に自社ＩＴ部門が関与した業務改革実績等を紹介することにより浸透効果はさらに高まるだろう。

また、最近では、経営層からの攻めのＩＴ部門への変革の期待の表れとして、ＩＴ部門の部門名を変更している事例も見受けられる。部門名から「ＩＴ」という言葉をなくし、「業務改革」や

「変革」という言葉を入れるケースが多い。「名は体を表す」と言うように、「業務改革」や「変革」等を部門名に含めることにより、全社からこれらの役割やミッションを担う部門としてＩＴ部門が認識されることにつながることが期待される。

ある程度全社へ浸透ができたら、浸透度をさらに高めるために、実際にトライアルで小規模な業務改革を主導することも考えられる。ビジネスの世界では「クイックヒット」という考え方がある。そもそも人は変わることに抵抗する傾向があり、「本当に効果があるのか」、「自分たちに不利益になるのではないか」と疑心暗鬼になる。そのような状況の中で、いきなりＩＴ部門主導で大規模な業務改革案件を実施し、何年も効果が見えずに、一時的なデメリットばかりが表出してきた場合、ＩＴ部門は信用を失い、攻めのＩＴ部門としての立ち位置を保てない可能性がある。そのような事態に陥らないために、比較的短時間での効果創出が期待できる「クイックヒット」を狙った小規模な業務改革案件を実施し、実際の成功体験を目に見える形で業務部門に発信することにより、信頼を勝ち取り、攻めのＩＴ部門としての立ち位置を確固たるものにすることができる。また、実施結果を評価・分析し、ＩＴ部門の組織強化策にフィードバックすることにより、攻めのＩＴ部門に向けた組織力向上にも役立てることができる。

コアに特化できるＩＴ推進態勢作り

実際にＩＴ部門内外に浸透させた攻めの役割やミッションを実現するためには、そのための推進態勢を整備する必要がある。第1章で前述した攻めのＩＴ部門の役割やミッションである「ビジネス貢献に向けた提案」や「業務改革の提案・推進」、「全体最適視点での改革」、「中長期視点でのＩＴ活用の提案」、「ＩＴの目利き」等に直接的に寄与する業務をコア業務と定義し、コア業務を遂行できるスキルを備えたＩＴ要員を育成・確保することが求められる。攻めのＩＴ部門に必要なＩＴ人材の要件やその育成方法については、第5章にて後述する。いくつかの欧米企業のように必要になればすぐに人材調達し、不要になればすぐに解雇するという要員リソースモデルを採用することが難しい多くの日系企業にとっては、コア業務を担う要員を大量に調達することは現実的ではない。そのため、既存要員がノンコア業務に割り当てている業務時間を減らし、捻出した時間をコア業務に割り当てる以外の選択肢はない。

ノンコア業務の業務時間削減の方向性としては大きく三つの方向性が考えられる（図表3－1）。まずは、業務自体をなくす、あるいは減らすという方向性である。そもそもどのような目的で業務を実施しているのか、目的に照らして過剰ではないかという視点から既存業務を見直し、業務を廃止あるいは一部削減することで、これまでその業務に割り当てていた時間をコア業務実施のために捻出することができる。

次に、業務のやり方を変えて効率化するという方向性である。業務手順や帳票等のアウトプットを変更することで業務自体を簡素化する、業務の標準化やマニュアル整備、有識者の明確化等により効率的な業務遂行を可能とする、管理資料のデータベース化やルーチンワークの機械化・自動化を推進する等により、ノンコア業務に割り当てていた時間を削減し、削減した時間をコア業務実施に割り当てることができる。

　最後に、業務の役割分担を変更するという方向性である。ＩＴ部門にとってのノンコア業務を業務部門やＩＴ子会社に移管したり、ベンダーやコンサルティング会社にア

図表3-1❖ノンコア業務の業務時間削減の方法

検討観点	対象業務抽出のチェックポイント（例）	ノンコア業務の業務量削減の方向性
業務の目的	・目的が不明、不明確な業務ではないか？ ・既に使命を果たした（現状は目的がない）業務ではないか？ ・あれば便利程度の目的達成に必須でない業務ではないか？ ・アクションに直接つながらない管理・報告業務ではないか？ ・単なる中継ぎ（ユーザー部門とITベンダーの情報橋渡し的な）業務ではないか？ ・目的に照らして管理項目、調査・報告回数、報告先が過剰な業務はないか？	**業務の廃止／一部削除** 業務の全面廃止 IT部門の関与廃止 調査・報告回数の削減 管理項目の一部廃止 報告先の一部削減 …
業務のやり方	・仕事のプロセスや方法が属人的な（担当者により生産性が異なる）業務ではないか？ ・（類似の資料や帳票が作成されている等）重複業務ではないか？ ・必要以上に精度を高めるための過剰チェック等が行われている業務はないか？ ・頻度、メンバーが過剰になっている出張・会議ではないか？ ・利用機会が多いのにデータベース化されていないデータはないか？ ・システム化可能なのに手作業で実施しているルーチンワークはないか？	**業務の効率化** 標準化・マニュアル化 自動化（システム化） 資料・帳票の一本化 データベース化 チェックの簡素化 …
業務の実施主体	・外部に業務委託したほうが効果的・効率的な業務ではないか？ ・ユーザー部門で実施したほうが効果的・効率的な業務ではないか？ ・複数の担当者で実施しているものの、一人で最後まで処理したほうが効果的・効率的な業務ではないか？ ・応援体制を敷いたほうが効果的・効率的な業務ではないか？ ・担当者のスキルに見合わない高難度の（スキルがミスマッチのために必要以上に時間がかかっている）業務ではないか？ ・派遣就労者でできるのに給料の高い正社員が実施している業務ではないか？	**業務の役割分担の変更** 社外にアウトソーシング IT部内で役割分担変更 ユーザー部門に業務移管 派遣就労者への担当変更 作業の単独処理化 …

ウトソーシングしたりすることにより、IT部門員がコア業務を実施する時間を捻出することができる。ソーシング戦略については、次節にて詳述する。また、IT部門内でも類似業務を多くの担当者で分散して実施している場合には、特定の担当者に集中化することにより全体としての業務効率が上がり、時間を捻出することができるかもしれない。

このようにノンコア業務に割り当てている業務時間を削減することにより、IT部門員がコア業務に注力できる態勢を作り上げることが必要である。

ではコア業務に注力できる態勢を作るうえで、どの機能に重点的に要員をシフトさせるべきであろうか。NTTデータ経営研究所が株式会社クニエと共同で、東証一部上場企業等を対象に実施した「IT組織の成功要因に関する調査」(アンケート調査)において、成功するIT部門におけるIT要員の充足状況を分析しており、この結果から示唆を得ることができる。

アンケート回答企業をIT部門が十分に経営貢献できているグループ(以下、「先進グループ」と称す)とそれ以外のグループ(以下、「途上グループ」と称す)に分類したうえで、それぞれのグループにおいて、各機能のIT要員数が充足している企業の割合を比較した(図表3-2)。

その結果、先進グループと途上グループでIT要員数が充足している企業の割合の差が最も大きいのはIT戦略機能であり、一七・九%の差があった。IT戦略機能の要員数を充足させることが経営貢献を実現するIT部門、すなわち攻めのIT部門へと変革するために有効であることが示唆される。

ＩＴ中期計画やＩＴ投資計画の策定・管理といったＩＴ戦略機能の業務は、少数精鋭で実施される傾向にある。しかし近年では、ＩＴ部門が担う役割が広範になっているうえに、ＩＴ中期計画やＩＴ投資計画のインプットとなる自社の経営戦略や技術動向が刻一刻と変わる。幅広い観点から、ＩＴ部門に対する影響や講ずるべき施策を迅速に企画・推進していかなければならない。このような背景を踏まえると、ＩＴ戦略機能の要員数を充足させ、組織的に業務を推進することの重要性が高まるのは必然なのかもしれない。

ＩＴ部門のパフォーマンス評価

攻めのＩＴ部門に向けた変革においては、計画（役割やミッションの定義）し、実行（態勢整備や実際の業務改革案件等の実施）するだけではなく、結果を評価し、改善することが重要である。すなわち、ＰＤＣＡ（Plan, Do, Check,

図表3-2❖攻めのIT部門（先進グループ）におけるIT要員の充足状況

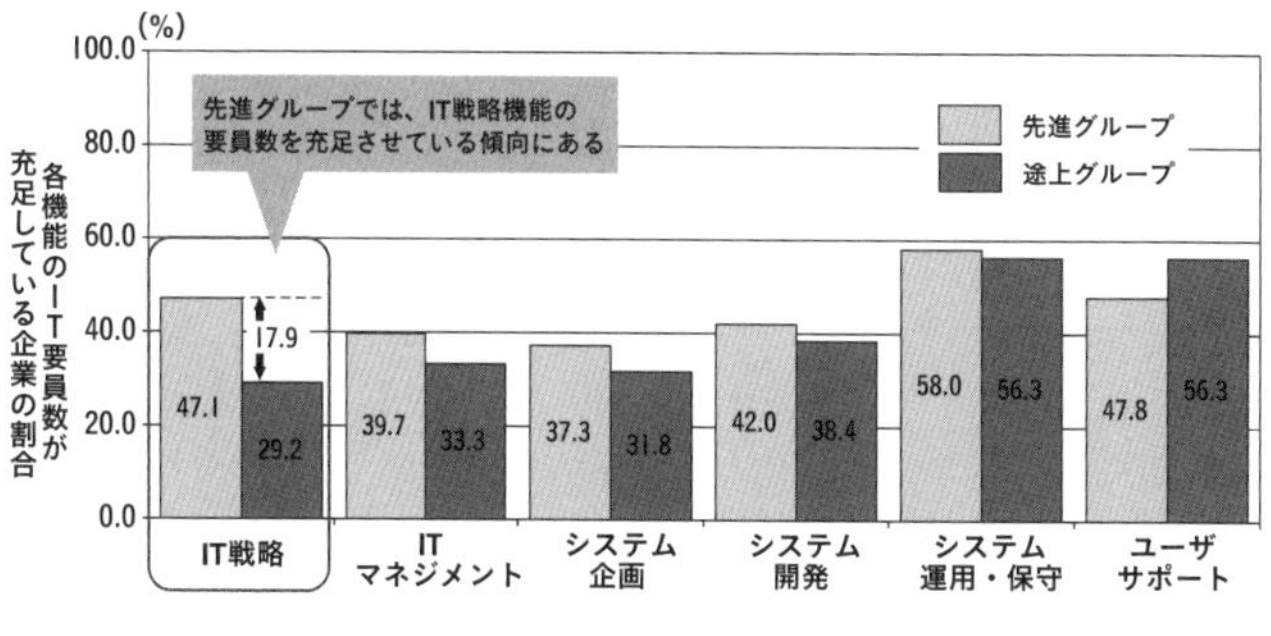

出典：クニエ／NTTデータ経営研究所「IT組織の成功要因に関する調査」（2012年）

Action）サイクルを回すことが重要である。定期的かつ定量的にＩＴ部門のパフォーマンスを評価することにより、真の変革に向けた改善策を講じることができる。攻めのＩＴ部門の役割やミッションには多面的な側面があることから、そのＩＴ部門のパフォーマンスの評価指標も多岐にわたる。例えば、「業務改革の提案・推進」や「中長期視点でのＩＴ活用の提案」の役割については「提案件数」や「採用件数」、「業務改革の効果（業務の削減時間等）」、「業務部門の満足度」等の定量指標を設定することが考えられる。

このように、攻めのＩＴ部門への変革に向けては、役割やミッションを定義し、ＩＴ部門内外に浸透させ、同時にＩＴ部門の組織態勢を整備し、ＰＤＣＡサイクルを回すためにＩＴ部門のパフォーマンス評価をするという、一連の体系的な施策を立案し、実行していくことが必要である。

3 ＩＴ部門のソーシング戦略

攻めのＩＴ部門への変革に向けた態勢構築においては、ＩＴに関する各機能を誰が担うのかというソーシング戦略を考える必要がある。一般的に、企業ＩＴを運営していくためには、ＩＴ戦略立案、ＩＴ投資管理、ＩＴ人材管理等のＩＴマネジメントの各機能とシステム化企画、要件定義、開発、運用・保守等の個別プロジェクトの各機能を具備することが必要である。これら機能を自社で担うのか、あるいはＩＴベンダーやコンサルティング会社にアウトソーシングするのか（社内外の役割分担）、自社で担う場合にはＩＴ部門が担うのか、あるいは業務部門が担うのか（社内の役割分担）について、明確化したミッションや、業務部門のＩＴ活用力、ＩＴ部門の要員充足状況等の自社やＩＴ部門を取り巻く環境をもとに検討することになる（図表3-3）。

本節では、社内外の役割分担と社内の役割分担という二つの軸について、いくつかのソーシングパターンを例示し、それぞれの特徴について述べていく。

社内外の役割分担を考える

日本におけるＩＴのアウトソーシングは、一九八九年にセブン‐イレブン・ジャパンが情報システム部門を野村総合研究所に一括委託したのが最初だと言われている。その後、ＩＴ部門の業務をＩＴベンダーやコンサルティング会社にアウトソーシングすることは一般的になり、今日ではアウトソーシングを全く活用せずに自社ですべてを担っている企業のほうが珍しくなっている。しかしながら、ＩＴを運営するうえで必要な様々な機能について、何をアウトソーシングして何を自社で担うか、アウトソーシングの範囲は企業によってまちまちである。ここでは、ＩＴ戦略策定と個別プロジェクト関連業務を対象に、アウトソーシングの範囲を大きく四つのパ

図表3-3❖ソーシング戦略検討の全体像

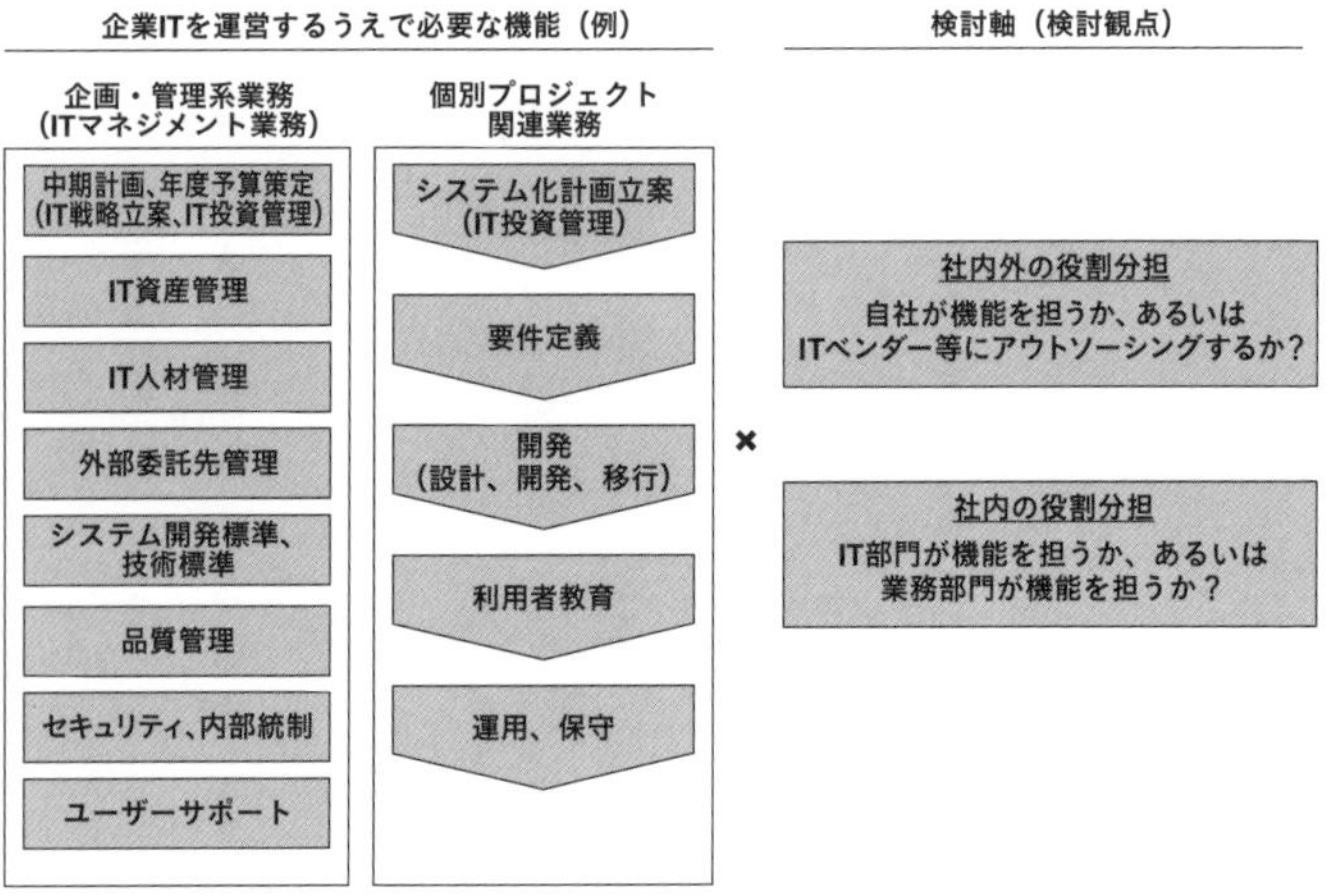

ターンに分類し、それぞれのメリットやデメリットなどの特徴を整理する（図表3－4）。自社やIT部門を取り巻く環境を踏まえて、どのパターンが最適かを考えるうえでの参考になるだろう。また、現在採用している、あるいは今後採用予定のソーシングパターンのデメリットについて理解することも重要である。採用したソーシングパターンのデメリットについては、単に許容するのではなく、デメリットの最小化に向けた施策を検討・実施することが求められるためである。なお、本書では、本社のIT部門と一体的に運営しているようなIT子会社への委託も、専門的な別法人からの調達として扱い、「アウトソーシング」として述べる。

一つ目のパターンは「フルアウトソース型」である。IT部門そのものを社内に持たずに、アウトソーシング先との契約や各種調整機能のみを経営企画部門などにIT担当として残し、IT戦略策定や個別プロジェクトの上流工程から下流工程まですべての機能をIT子会社やITベンダーにアウトソーシングするパターンである。IT部門自体を持たないためIT関連固定費を大幅に抑えることができるうえ、品質の高いシステム開発および運用・保守が可能となる一方、IT戦略やシステム企画を自社で担わないために、戦略や企画立案段階での社内の経営層や業務部門とのコミュニケーションが疎かになり、事業ニーズの吸い上げ・把握が困難になることが考えられる。

二つ目のパターンは「IT戦略特化型」である。IT戦略策定のみを自社で担い、個別プロジェクトの各業務はシステム企画から運用・保守まですべてをアウトソーシングするパターンである。社内ではIT戦略策定に必要なIT要員のみを抱えることからIT関連固定費もある程度抑えることができるうえ、ＩＴ戦略策定は自社で担うことから、社内の経営者や業務部門のニーズを的確に反映したＩＴ戦略策定が可能となる。一方、システム企画においては社内ニーズの吸い上げ・把握が困難になることが想定される。このデメリットを最小化するためには、アウトソーシング先となるＩＴベンダーにいかに自社のＩＴ戦略を理解して戦略実現に資する企画提案をしてもらうかがポイントとなる。付き合いのあるＩＴベンダー向けに自社のＩＴ戦略の説明会を開催したり、「ＩＴ白書」においてＩＴ戦略を詳細に記述してＩＴベンダーに配布したりすることも方法の一つである。

三つ目のパターンは「上流特化型」である。多くの企業が採用しているパターンであり、ＩＴ戦略策定、システム企画、要件定

図表3 4❖社内外の役割分担のパターン（ソーシングパターン）と特徴

ソーシングパターン	社内外の役割分担（IT戦略策定／システム企画／要件定義／設計開発／運用保守）	特徴（メリット／デメリット）
フルアウトソース型	子会社／ベンダー	○低コストで品質の高いシステム開発および運用・保守が可能となり、IT関連固定費を抑えることができる ✕IT戦略や企画においてニーズの把握が難しくなる
IT戦略特化型	本社／子会社／ベンダー	○事業ニーズを的確に反映したIT戦略の策定や低コストで品質の高いシステム開発および運用・保守が可能となり、IT関連固定費も抑えることができる ✕システム企画においてニーズの把握が難しくなる
上流特化型	本社／子会社／ベンダー 本社／子会社／ベンダー	○事業ニーズを的確に反映したIT戦略や業務ニーズを的確に反映したシステム企画、低コストで品質の高いシステム開発および運用・保守が可能となる ✕要件のシステムへの反映に漏れが生じやすくなる
フルインソース型	本社	○IT戦略策定からシステム開発・保守までをシームレスに実施でき、ビジネスニーズに対応したシステムを迅速に構築することができる ✕システム開発・運用が高コスト構造になる可能性がある

義等の上流工程は自社で担う一方、開発や運用・保守等はアウトソーシングするパターンである。経営層や業務部門のニーズを的確に反映したIT戦略やシステム企画を立案しやすくなる。一方、アウトソーシング先であるIT子会社やITベンダーからするとシステム開発や運用・保守のみに携わることになるため、システム企画や要件定義から参画している場合と比較して、システム企画書や要件定義書の記載が曖昧等の要因による要件のシステムへの反映漏れが生じる可能性が高くなる。このデメリットを最小化するため、システム企画や要件定義の上流工程を標準化し、どのプロジェクトにおいても同じプロセスで要件や仕様を抽出し、同じ形式で取りまとめることで、ITベンダーに要件や仕様の確実な伝達を図っている企業もある。

最後のパターンは「フルインソース型」である。IT戦略策定や個別プロジェクトの上流工程から下流工程まですべての機能を自社で担うパターンである。すべての工程をシームレスに実施できるため、業務部門のニーズに対応したシステムを迅速に構築できる点が特徴である。一方、アウトソーシングの最大のメリットである固定費削減・コスト削減を享受できないため、他のパターンと比較して高コスト構造になる可能性が高い。事業環境変化が激しく、環境変化へのシステム対応スピードが事業の成功要因になるような企業では採用されやすい。

社内の担当部門を考える

自社で担うことになった機能について、すべてをIT部門が担うわけではない。企業の取り巻く様々な状況に応じて、IT部門が主導することも、業務部門が主導することもありうる。社内の役割分担のパターンについて、大きく「IT部門主導型（中央集権型）」と「業務部門主導型（連邦型）」の二つに大別する（図表3-5）。

「IT部門主導型」は、IT部門がシステム企画の策定およびシステム開発の統括を主導的に実施するパターンで、全案件をIT部門が扱うため、IT戦略実現に資するシステムを構築しやすい、システムの全体最適を推進しやすい、重複開発等を回避して効率的なIT投資を実現しやすい、一つの部署にノウハウを蓄積できるためにシステム開発・運用スキルを向上しやすい等のメリットがある。一方、ニーズの発生部署（業務部門）と案件の主導部署（IT部門）が異なるために、事業ニーズを

図表3-5❖社内の部門間の役割分担のパターンと特徴

パターン	社内の部門間の役割分担	特徴（メリット／デメリット）
IT部門主導型（中央集権型）	IT部門がシステム企画の策定およびシステム開発の統括を主導的に実施するパターン 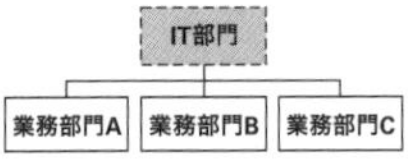 	○IT戦略の徹底がしやすく、システムの全体最適化の推進や効率的なIT投資の実現、プロジェクト実績によるノウハウ蓄積により、システム開発・運用のスキル向上が期待される ✕業務ニーズを的確に反映したシステム企画を迅速に策定するのが難しくなる可能性がある
業務部門主導型（連邦型）	業務部門がシステム企画の策定およびシステム開発の統括を主導的に実施するパターン  	○各業務部門が主導的に動くことで、業務ニーズを的確に反映したシステムの企画を迅速に策定できる ✕システムの個別最適化や重複したIT投資の発生、システム開発・運用のスキルが不足する可能性がある

的確に反映したシステム企画を迅速に策定することが難しいというデメリットもある。

「業務部門主導型」は、業務部門がシステム企画の策定およびシステム開発の統括を主導的に実施するパターンで、IT部門は支援の役割を担うこととなる。ニーズの発生部署である業務部門が案件を主導することで、事業ニーズを的確に反映したシステム企画を迅速に策定できる点が最大のメリットである。一方、全社の案件を横串で見ることができるIT部門が主導的な立場を発揮しないため、システムの個別最適化や重複開発等が起こる可能性が高いというデメリットもある。

攻めのIT部門の役割やミッションを果たすためには、IT部門主導での業務改革や中長期視点でのIT活用を提案し、それに基づいてシステム企画を立案し、パッケージソフトやソリューションの選定(目利き)をすることができる「IT部門主導型」が適しているように考えられる。「IT部門主導型」を採用する際のデメリットの最小化に向けた施策も併せて実施することで、「IT部門主導型」に徐々にシフトしていくことが望まれる。IT部門員の育成や業務部門とのコミュニケーション機会の増大に向けた施策の実施により、デメリットの最小化、つまり事業ニーズを的確に反映した迅速なシステム企画の策定を実現することが望まれる。

4 世の中の成功企業が実施している攻め型への変革に向けたＩＴマネジメント施策

成功企業が実施しているＩＴマネジメント施策

ここまで、攻めのＩＴ部門への変革に向けて必要な一連の施策について述べてきた。本節では、実際に攻めのＩＴ部門への変革に成功している企業において取り組まれている施策、すなわち変革への成功要因と考えられる施策について、前述の「ＩＴ組織の成功要因に関する調査」の結果をもとに説明する。

「2　攻めのＩＴ部門への変革に向けた施策」において述べたとおり、「先進グループ」と「途上グループ」に分類したうえで、各種ＩＴマネジメント施策を実施している企業の割合を比較した。先進グループ、途上グループともに実施率が高い施策をＩＴ部門運営の基本施策であることから「必須施策」、ともに実施率が低い施策を組織特性に応じて有効性が異なる「選択的実施施策」、先進グループのみで実施率が高い施策をＩＴ部門による経営貢献の成功要因である（攻めのＩＴ部門への変革に有効な施策である）可能性が高いことから「変革推進施策」として分類した（図表3－6）。

分析した結果を図表3-7に示す。

「必須施策」として、IT組織強化の計画策定に関する施策（IT組織のミッション明確化、IT人材の棚卸（量・質）と課題抽出、求めるIT人材像の明確化）とIT人材の育成に関する施策（組織的かつ継続的な勉強会等の開催、業務部門や関連会社とのジョブローテーション）が分類された。変革するうえでのベースとなる計画策定や基本的なOff-JT、OJTの育成施策については、先進グループか途上グループかを問わずにほとんどの企業で実施されており、IT部門を運営していくうえでは基本的な取り組みであることがわかる。実施するか否かではなく、むしろその内容が重要な施策とも捉えられる。

次に、「選択的実施施策」として、IT人材のモチベーション向上に関する施策（従業員満足度向上に向けた取り組み、スキルレベルの評価／報酬への反

図表3-6❖ITマネジメント施策の分析方法（分類方法）

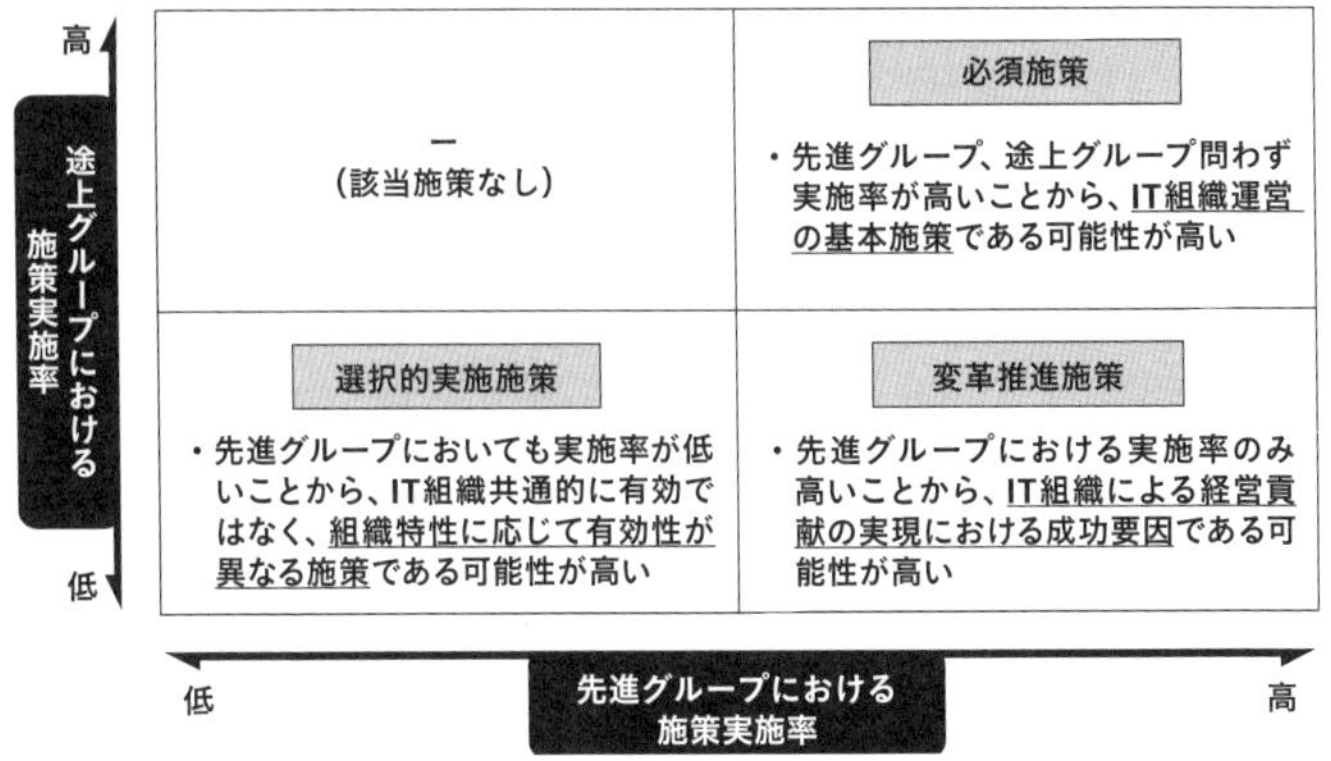

高
途上グループにおける施策実施率
低
ー
（該当施策なし）
必須施策
・先進グループ、途上グループ問わず実施率が高いことから、IT組織運営の基本施策である可能性が高い
選択的実施施策
・先進グループにおいても実施率が低いことから、IT組織共通的に有効ではなく、組織特性に応じて有効性が異なる施策である可能性が高い
変革推進施策
・先進グループにおける実施率のみ高いことから、IT組織による経営貢献の実現における成功要因である可能性が高い
低
先進グループにおける施策実施率
高

出典：クニエ／NTTデータ経営研究所「IT組織の成功要因に関する調査」（2012年）

映）、外部リソースの調達・活用に関する施策（中途や外国人の積極的な採用、外部リソースによるスキル補てん）、およびプロセスの成熟に関する施策（ＣＭＭＩ（Capability Maturity Model Integration：能力成熟度モデル統合）などプロセス成熟度向上の取り組み）が分類された。

これら施策は、先進グループでも途上グループでも実施している企業が少ない。つまり、ＩＴ部門の置かれた状況に応じて実施有無を判断するべき施策であり、例えば外部リソースの調達・活用については、要員不足が重要な課題となっているＩＴ部門であれば有効な施策である一方、要員はある程度充足しており、既存要員をどのように活用していくかが課題となっているＩＴ部門にとっては効果が低い施策となる。

図表3-7❖ITマネジメント施策の分析結果

施策の分類	該当施策（分析結果）	
必須施策	・IT組織のミッション明確化 ・IT人材の棚卸（量・質）と課題抽出 ・求めるIT人材像の明確化	IT組織強化の計画策定
	・組織的かつ継続的な勉強会等の開催 ・業務部門や関連会社とのジョブローテーション	IT人材の育成
選択的実施施策	・従業員満足度向上に向けた取り組み ・スキルレベルの評価／報酬への反映	IT人材のモチベーション向上
	・中途や外国人の積極的な採用 ・外部リソースによるスキル補てん	外部リソースの調達・活用
	・CMMIなどプロセス成熟度向上の取り組み	プロセスの成熟
変革推進施策	・IT組織のミッション達成度の評価 ・IT組織に対するユーザー満足度の測定 ・IT投資の費用対効果の継続的な測定	IT組織の成果可視化

出典：クニエ／NTTデータ経営研究所「IT組織の成功要因に関する調査」（2012年）

最後に、ＩＴ組織のミッション達成度の評価、ＩＴ組織に対するユーザー満足度の測定、ＩＴ投資の費用対効果の継続的な測定の三つのＩＴ組織の成果可視化に関する施策はすべて「変革推進施策」に分類された。変革を推進できていない企業では、計画策定とそれに基づいた人材育成等の取り組みは実施しているものの、成果の可視化・継続的な改善を行っていないため、取り組みが単発的になってしまっている様子がうかがえる。やはり変革が一朝一夕では実現できない以上、常に効果を可視化し、それをもとに継続的に改善していくことが変革の重要な推進要因となっているようである。

自社のＩＴ組織のレベルを知る

これまで、攻めのＩＴ部門への変革に成功している企業が実際に取り組んでいるＩＴマネジメント施策を紹介してきた。あくまで一般的に有効な施策であり、実際に施策を実施していく際には、自社のＩＴ部門の現状を踏まえたうえで、有効な施策に優先的に取り組むことが重要である。そのためには、まずは自社のＩＴ部門の現状を把握することが必要である。

自社のＩＴ組織のレベルを把握するうえでは、有効ないくつかの診断ツールが存在する。ＮＴＴデータグループが開発した「ＩＴケイパビリティ診断」、世界一〇〇以上の組織のＩＴ部門、コンサルティングサービス部門をはじめとする様々な部門が参加するコンソーシアムであるイノベーション・バリュー・インスティチュート（ＩＶＩ）が開発し、ＮＴＴデータが日本でのファーストユーザーおよびサービスプロバイダになっている「ＩＴ－ＣＭＦ」等が挙げられる。いずれも先進企業のベストプラクティスを分析して開発されており、これらを活用することにより、自社の現状の立ち位置と世の中のベストプラクティスを知ることができる。

虫食い的・場当たり的ではなく、攻めのＩＴ組織への変革に向けて体系的に施策を立案するためには、このような診断ツールを活用して自社のＩＴ組織の現状と目指す姿とギャップを可視化し、目指す姿を実現するうえでの課題を抽出し、それを解決するための施策立案やその実施優先度を検討することが望ましい。

❖参考①：ＩＴケイパビリティ診断とは

ＩＴケイパビリティ診断は、ＩＴを活用するユーザー企業の総合力を把握・可視化するためにＮＴＴデー

図表3-8❖ITケイパビリティ診断における5つの領域

領域	領域の説明
IT活用ビジョン構築能力	経営戦略におけるITの役割を明確化する能力
IT活用コミュニケーション能力	各担当が各々の役割に応じてIT活用に関する情報を発信し、互いに理解する能力
プロセスデザイン能力	業務プロセスの改善を継続実施していく能力
IT投資適正化能力	ITのマネジメントプロセスを通じて投資の適正化を実現していく能力
チェンジリーダー開発能力	各能力を引き出す中心的人材を育成・登用する能力

タグループが開発した診断ツールである。企業がＩＴの活用効果を高めるために備えるべき組織能力として、「ＩＴ活用ビジョン構築能力」、「ＩＴ活用コミュニケーション能力」、「プロセスデザイン能力」、「ＩＴ投資適正化能力」、および「チェンジリーダー開発能力」の五つの能力を定義し（図表3-8）、それぞれの能力についていくつかの診断項目（全三六項目）を設けて、ステークホルダーへのアンケートやインタビューを通じて現状レベルを把握・可視化する。調査項目や調査手法は体系化されており、ベンチマークデータを多数有するため、世の中の企業と比較して自社がどの程度のレベルにあるのか、あるいはどの領域に課題があるのかを見極めることができる。

❖参考②：ＩＴ-ＣＭＦとは

ＩＴ-ＣＭＦは、ＩＶＩにより開発されたフレームワークであり、ビジネスに貢献できるＩＴという視点に重点を置いていること、結果を測定可能な形で表現できることが特徴である。ＩＴ組織の重要な能力を「Managing IT like a business（ＩＴのビジネスのような管理）」、「Managing the IT budget（ＩＴの予算管理）」、「Managing the IT capability（ＩＴ能力の管理）」、「Managing IT for business value（ＩＴが生み出すビジネス価値の管理）」の四つのマクロ・ケイパビリティに分類しており、それぞれについて成熟度の具体レベル（状態）を提示しているため、次へのステップの明確化が可能である。また、四つのマイクロ・ケイパビリティをさらに三五のクリティカル・ケイパビリティに分類しており、より詳細な測定を行うこともできる。さらに、業界別のベンチマークデータが存在するため、業界平均との乖離状況も把握することができる。

第4章

ステークホルダーとのコミュニケーションを活性化する

1 ビジネス貢献に必要なステークホルダーコミュニケーション

ＩＴ部門、経営層、業務部門の三者コミュニケーションでよくある問題

ＩＴおよびＩＴ部門の活動や貢献は理解されにくいことが多いのではないだろうか。また、自信を持って「経営や事業に十分貢献している」と言いきれるＩＴ部門はどれだけあるのであろうか。

ＩＴはコストとして捉えられることが多く、専門性も高いため、経営層・業務部門からは経営や事業に対する貢献は見えにくいものである。ＩＴ部門は極端に言えば、パソコンやサーバー、ネットワーク、プリンターの調達や故障対応、業務システムを要望に応じて導入したり修正する部門という見方をされていることが少なからずあるのではないだろうか。

経営層はＩＴ部門に対して「専門的なＩＴ用語を多用されて何を言っているのかわからない」という感覚を持っていることがあるだろうし、業務部門は「業務のことはわからないだろうから、

言ったとおりにシステムを作ってくれればいい」と思っていることもあるだろう。

それゆえに、経営層や業務部門が、IT部門とのコミュニケーションの必要性をあまり感じていない企業もあるのではないだろうか。また、IT部門からしても、経営層や業務部門への積極的なコミュニケーションをとろうとしていないケースもあるのではないだろうか。例えば、「経営層はITをわかっていないから、予算やコストの報告だけをしておけばよい」と考えたり、業務部門に対しても、「業務部門が勝手に投資判断したシステムに責任をとれない」、「余力の範囲で言われたとおりシステム構築をしよう」というように双方向のコミュニケーションを避けているIT部門も少なくないのではないだろうか。

また、経営層と業務部門の間にも次のようなコミュニケーションギャップがあることが多い。

図表4-1❖IT部門・経営層・業務部門のコミュニケーション問題

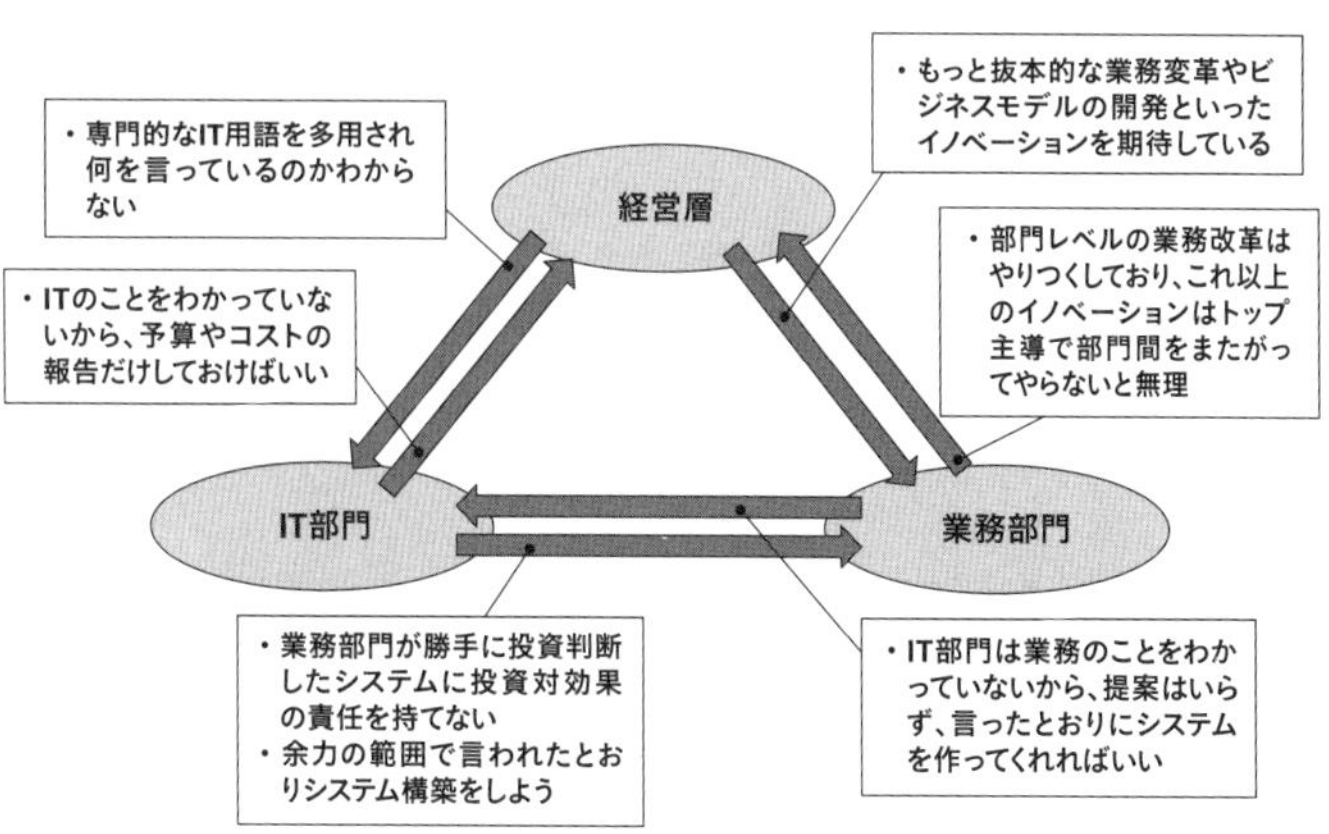

経営層は業務部門に対して「もっと抜本的な業務変革やビジネスモデルの開発といったイノベーションを期待している」が、業務部門は「部門レベルでの業務改革はやりつくしており、これ以上のイノベーションはトップ主導で部門間をまたがってやらないと無理」というようなものである。

実はこの部門をまたがった抜本的な業務変革やビジネスモデルの開発といったイノベーションは、攻めのIT部門に求められる役割である。このような要望が経営層から業務部門だけでなく、IT部門にも指示がない、または、IT部門がその情報をつかめていないのであれば、IT部門は攻めのIT部門に向けたスタート地点に立てていないことになる。

攻めのIT部門になるためには、経営層や業務部門の課題やニーズをキャッチするアンテナと、提案に資する世の中のIT活用動向をキャッチするアンテナを張ることが必要であると第1章で述べた。これらのアンテナを張る方法は社内では経営層・業務部門、社外ではIT子会社、ベンダー、コンサルタントなどのパートナーといった各ステークホルダーとのコミュニケーションを活性化することである。

経営層・業務部門とのコミュニケーションは不可欠

ITがビジネス貢献をするためには、経営層や業務部門の課題やニーズをキャッチするアンテナを張る必要がある。そのためには、IT部門、経営層、業務部門の三者のコミュニケーションを活性化させることは不可欠である。コミュニケーションがなければ、経営・ビジネスのニーズを汲むこともできないし、ＩＴから経営・ビジネスへの提案もできない。

このコミュニケーションは、言うまでもなくＩＴ部門が一方的に聞きに回るだけでも、話して回るだけでもダメである。お互いに議論できるコミュニケーションでなければならない。そのためには、お互いに情報を共有し合う、提案を出し合う、要望を出し合う、提案・要望について議論し合うというコミュニケーションでなければいけない。

二〇一一年二月に発表した「ＩＴ組織の成功要因に関する調査」（ＮＴＴデータ経営研究所、株式会社クニエ、二〇一一年）では、

図表4-2❖経営層・業務部門とのコミュニケーションとITの成果との関係

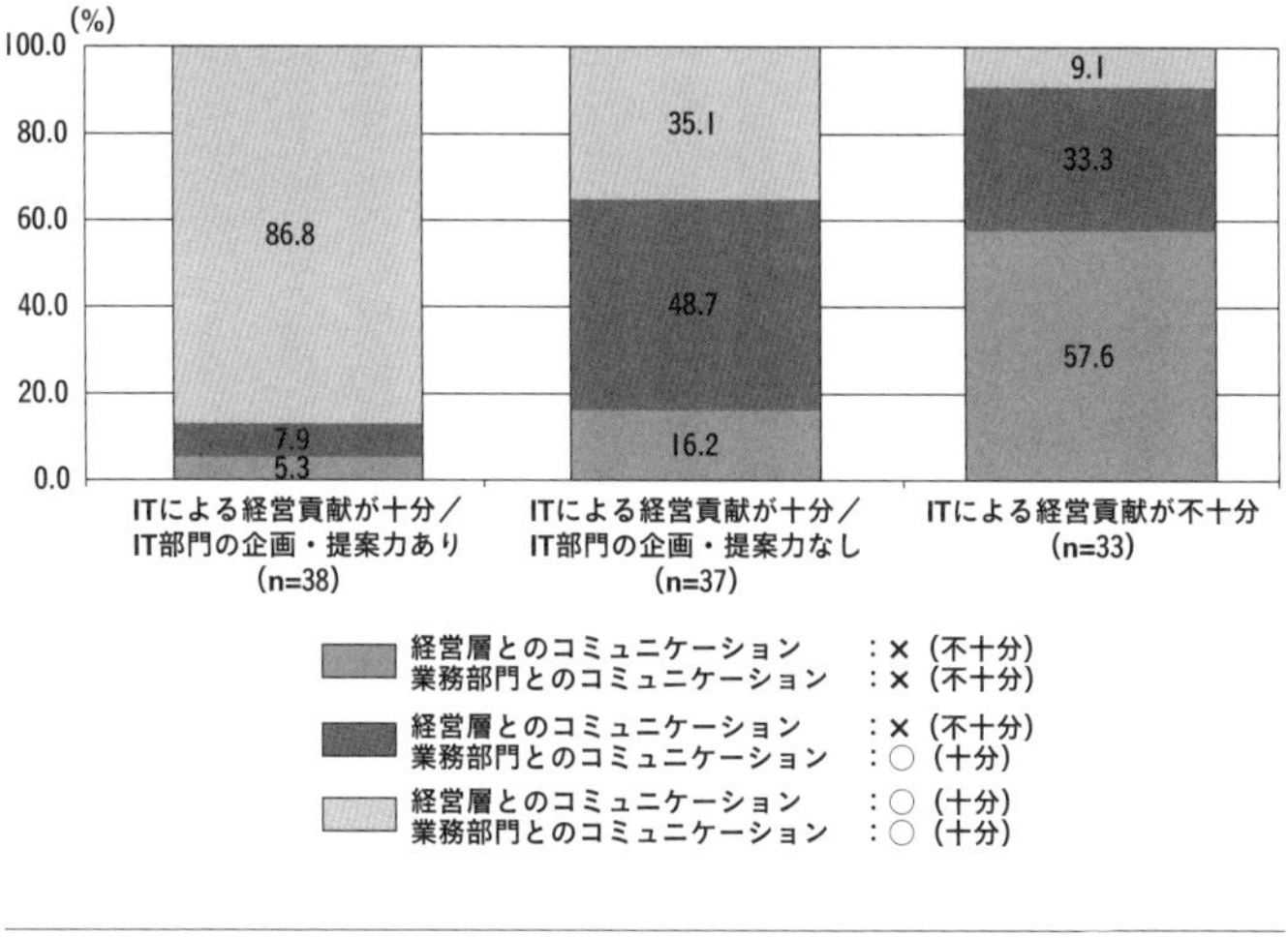

出典：クニエ／NTTデータ経営研究所「IT組織の成功要因に関する調査」(2011年)

ＩＴの経営への貢献を実感している成功企業とそうでない失敗企業について、経営層および業務部門とのコミュニケーションレベルを比較している。本調査によると、「成功企業でかつ企画・提案力あり」としている企業の八六・八％が「経営とも業務ともコミュニケーションが十分にとれている」と回答しており、「成功企業であるが企画・提案力は不十分」としている企業、「失敗企業」がそれぞれ三五・一％、九・一％であるのに対して圧倒的に差が付いている(図表4-2)。これは明らかに、ＩＴ部門が企画・提案を行い、ビジネス貢献を実現するには、経営層とも業務部門ともコミュニケーションが十分にとれていることが成功条件として必要であることを示唆している。

一方、「業務とのコミュニケーションはとれているが経営とは不十分」という回答をしている企業は、「成功企業でかつ企画・提案力あり」としている企業では七・九％、「成功企業であるが企画・提案力は不十分」としている企業では四八・七％、「失敗企業」では三三・三％となっている。業務部門とのコミュニケーションだけでは、企画・提案力まで結びつきにくいということが読み取れる。あるいは企画・提案力がないＩＴ部門は経営層とのコミュニケーションがとりにくいとも考えられる。

ビジネス貢献に向けた企画・提案は、業務部門から発生する現場ニーズを捉えるだけでは不十分で、経営層から出てくる経営戦略を踏まえた経営ニーズを捉え、その解決に向けた提案を行うことが必要なのである。また、経営層とのコミュニケーションはこういった経営レベルでのＩＴ活用を提案したり、議論したりできなければならないのである。そのためには、継続的にコミュニケーションを行う仕組みがあることが望ましい。

パートナーとのコミュニケーションも不可欠

ビジネス貢献に向けた提案を行うためには、内部的に経営層や業務部門の課題やニーズをキャッチするだけでは足りない。提案を行うためには提案するコンテンツが必要になる。最新技術動向やITソリューション、世の中のIT活用動向などのIT活用のトレンドを把握することが必要になる。つまり、提案に資する世の中のIT活用動向をキャッチするアンテナを張ることも必要である。そのためには、雑誌や新聞を読む、インターネットで情報収集する、各種セミナーや勉強会に参加するというやり方だけでなく、IT子会社や外部ベンダー、コンサルタントといったパートナーから情報を仕入れ、提案を受けることが直接的に役立つ具体的な情報を手に入れる手段となる。ベンダー等のパートナーはITを売ることがビジネスなので、ITの最新動向や他社での活用事例などを多く有している。このような情報を入手するためには、パートナーとのコミュニケーションが重要である。

パートナーとのコミュニケーションのスタイルも「委託」、「指示」といった一方通行のものでは良い情報は引き出せないであろう。パートナーからしてみても、顧客の具体的な要望や悩み事をその背景とともに理解できないと直接的に役立つ具体的な情報を選定することは難しいであろう。

つまり、パートナーとのコミュニケーションも経営層や業務部門とのコミュニケーションと同様、自社の課題やニーズ、検討経緯や悩み事などといった背景とともに伝え、提案を求め、その内容について議論を繰り返すという双方向コミュニケーションを行うことが重要となる。この場合も、長期的な付き合いを行うＩＴ子会社などの固定的なパートナーとは継続的にこういったコミュニケーションを行う仕組みがあることが望ましい。

2 経営層・業務部門とのコミュニケーション活性化に向けた施策

なぜコミュニケーションがうまくとれていないか

ＩＴ部門と経営層・業務部門のコミュニケーションがうまくとれていない原因は次のようなものが考えられる。

まず、コミュニケーションの場が不足していることが考えられる。例えば、定期的にコミュニケーションをとる会議などが設定されていなかったり、年に一回の経営層との予算計画レビューや業務部門とのＩＴ投資計画の確認など形式的かつ低頻度であったりすることが挙げられる。

コミュニケーションの場が不足している場合は、頻度を高めればよいかというと、それだけではない。こういう場合では、コミュニケーションの場を増やしたとしても話すネタがないことが多い。少なくともＩＴ部門発でコミュニケーションの場を増やそうとする場合は、ＩＴ部門から発信できる情報を持っていることが前提となる。

また、コミュニケーションの頻度を増やすとしても、双方向のコミュニケーションの場を増やしたいわけであるので、定例の場を増やすだけでなく、必要に応じた適宜のコミュニケーションをとれるようにする必要がある。この「必要に応じた」のタイミングとはどういうタイミングだろうか。攻めのＩＴ部門としてコミュニケーションをとるべきタイミングは、例えば、業務部門が新たにＩＴの活用を検討する際においては、業務改革やビジネスモデルとして何をしたいかが決まり、システム開発の方針、つまり活用するパッケージソフトやクラウドサービスの選定に至る前である。パッケージソフトやクラウドサービスの「目利き」は攻めのＩＴ部門にとってはまさにコア業務である。

しかし、実態は、このタイミングではなく、活用するパッケージソフトやクラウドサービスを業務部門で決めてから、ＩＴ部門にそれを買ってくれ、導入してくれという形で依頼が来て困っているＩＴ部門もある。

なぜそういうことが起こるのか。原因は次のように考えられる。業務部門からＩＴ部門にコミュニケーションをとるべきタイミングがわからないこと、そして、そもそもＩＴ部門がそういう段階から参画したい、参画して価値が出せるということが理解されていないことが考えられる。

経営層・業務部門とのコミュニケーション活性化の方向性

以上のように経営層および業務部門とのコミュニケーションがうまくとれない原因は、次のように考えられる。

・コミュニケーションの場が不足している
・IT部門から発信できる情報が定常的に用意されていない
・コミュニケーションのタイミングが定義・合意されていない
・IT部門の役割・貢献が理解されていない

これらを踏まえると、コミュニケーション活性化の方向性は次のように考えられる。

・定期的なコミュニケーションの場を増やす
・IT部門発の情報発信を行う（IT部門の役割・貢献を理解してもらうような内容を盛り込む）
・IT案件化プロセスにおけるコミュニケーションタイミングを設定・合意する

IT戦略会議で経営層との定期的なコミュニケーションの場を増やす

コミュニケーションをとるためには、まずは、コミュニケーションの「場」を作ることが必須である。つまり、経営層・業務部門からのニーズを汲む場と、IT部門から経営層・業務部門への提案の場である。これらの場は、IT戦略策定・実行マネジメントなどの活動と紐付けて定期的なプロセスとして設定することが望ましい。コミュニケーションの場を定期的に設定するということはすなわち、コミュニケーションタイミングの定義・合意を行うことにもつながるため、有効である。

経営層からのニーズを汲む場としては、経営層とＩＴ部門トップがＩＴ戦略策定を行うＩＴ戦略会議などを設定するというやり方が一つあるであろう。ＩＴ戦略会議については、既に設定している企業もあるかと思うが、筆者のクライアントである攻めのＩＴ部門として健闘している企業では、その頻度も年に一回ではなく、複数回行っている。

ＩＴ戦略会議を年に二回行っているある食品メーカーでは、一回目を、主にＩＴ部門からのドラフト提案を行い、それをもとに議論し経営層からのニーズを受け取る場にしている。二回目は、一回目の議論を踏まえて受け取った経営ニーズをもとにＩＴ戦略を提示し、確定する場となっている。それをもとに、各業務部門から出てくるＩＴ投資要望の優先度付けを行い、次年度のＩＴ予算策定を行っている。

年に四回行っているある製造業の企業は、第1章で触れたグローバルＩＴ戦略会議を行っている企業であるが、年四回のうち、一回目はグローバルヘッドクォーターからのＩＴのミッションなどのＩＴ戦略の上位方針とグローバルレベルのビジネステーマに対応するＩＴテーマのリージョンヘッドクォーターへの伝達と議論を行っている。二回目以降は、それをもとにした各リージョンでの具体化内容の整合やグローバル戦略の実行状況管理を行っている。

ＩＴ投資委員会で業務部門との定期的なコミュニケーションの場を増やす

業務部門からのニーズを汲む場としては、よくあるのは各業務部門からＩＴ投資要望を集めて優先度付けを行うＩＴ投資委員会などをＩＴ予算策定プロセスの中に組み込んで実施する方法である。ＩＴ投資委員会の前の段階で個別にＩＴ活用状況やニーズのヒアリングなどを行っている企業もあり、定期的なコミュニケーションの場を複数回設定できている。これは、コミュニケーションタイミングの定義・合意を行うことにもつながる。

しかし、ＩＴ予算計画策定におけるコミュニケーションは、どちらかと言うと、要望収集の色合いが強く、これだけではＩＴ部門からの提案という形にはなっていないため、これ以外にＩＴ活用について議論する場を設けるほうがよいと思われる。

「ＩＴ白書」でＩＴおよびＩＴ部門を理解してもらう

ＩＴ部門から「ＩＴ活用について議論するコミュニケーションの場を作りましょう」と言っても、経営層・業務部門からは、「何のために？」、「何をしてくれるの？」という声が出てくる可能性がある。ＩＴもしくはＩＴ部門のビジネス貢献における価値が理解されていなければ、彼らは提案を受け入れてくれることはないであろう。むしろ反発する可能性が高い。

まずは、もともとの問題であったITまたはIT部門のビジネス貢献に向けた取り組みを理解してもらうことから始めることが重要である。

その手段として有効なのが自社のITの現状、IT部門の活動と成果、今後の重点ITテーマなどを記載した「IT白書」を作成し、IT部門から経営層・業務部門に向けて情報発信し、自社のITに対する理解の向上と、IT部門の活動・貢献への理解獲得を図るという取り組みがある。この情報発信もコミュニケーションの場の一つであり、かつ、IT部門から発信できる情報の定常的な用意の手段ともなり、非常に有効な施策である(図表4-3)。

IT白書は、その目的・用途に応じて、記載すべき内容についてポイントが異なってくる。以下四つの目的に応じてIT白書の記載すべきポイントを示す(図表4-4)。

経営層へのアカウンタビリティを目的とする場合は、

図表4-3❖IT白書の目次イメージ

<u>はじめに</u> IT白書の位置付け目的 <u>○○社のITの経緯</u> システム化の歴史 IT部門の歩み <u>○○社のITの現状</u> システムマップ IT資産一覧 IT関連費用 システム利用状況／満足度／効果 システム障害発生状況	<u>IT部門について</u> IT部門のミッション／役割 IT部門の体制 主要な取り組み <u>IT中期計画</u> IT中期計画の概要 実施状況 <u>その他トピックス</u> ⋮

ITにかかる費用やシステム・サービス利用状況／効果など、無駄なコストがかかっていないか、経営や業務に役立っているかの説明がポイントとなる。

業務部門へのアカウンタビリティを目的とする場合は、システム・サービスの紹介や効果の紹介によるITの貢献の説明、今後の計画や活動状況とともにIT部門のミッション／役割の紹介によるIT部門の活動アピールを行うことがポイントとなる。

IT関連情報の棚卸とIT部門内での情報共有を目的とする場合は、IT資産、IT関

図表4-4❖IT白書の一般的な目的・用途

	IT白書の目的	用途	主要コンテンツ（例）
目的1	・経営層に対するIT部門としてのアカウンタビリティの確保	・経営層とのコミュニケーション	・IT部門のミッション・役割 ・システム利用状況／効果 ・IT関連費用 ・今後の計画、取り組み実績
目的2	・業務部門に対するIT部門としてのアカウンタビリティの確保	・業務部門との組織的なコミュニケーション	・IT部門のミッション・役割 ・システム・サービス紹介 ・システム利用状況／効果 ・今後の計画、取り組み実績
目的3	・IT関連情報の棚卸と他担当の活動状況の共有	・IT関連情報の棚卸・一元化 ・IT部門内での担当間のコミュニケーション	・IT部門のミッション・役割 ・IT資産（HW、SW、サービス等）一覧 ・IT関連費用 ・ITに関する課題認識 ・実施中の主要プロジェクトや主要施策 ・今後の計画、取り組み実績
目的4	・パートナーとの情報共有とパートナーによる効果的な提案活動の促進	・パートナーとの継続的コミュニケーション	・システム資産の状況 ・ITに関する課題認識 ・今後の重点テーマ／計画

連費用、主要プロジェクトや取り組みなどといった定量データや情報を棚卸して一元化することがポイントとなる。

また、ＩＴ子会社や継続的な付き合いのあるベンダー等のパートナーにもその内容を抜粋して情報を共有することにより、彼らから積極的な情報提供や提案を求めようとしている企業もある。この場合は、効果的な提案を引き出すための情報としてＩＴに関する課題認識や今後の重点テーマ／計画を開示できる範囲で開示することが望ましいと思われる。どのような情報が開示可能かどうかの判断は、個社の事情や方針、そして開示相手をどこまでにするかにより慎重に検討する必要がある。

ＩＴ白書を作成している四社のコンテンツの事例は図表4-5のとおりである。

いずれの事例でも、ＩＴ投資額とＩＴ部門の役割や活動内容は盛り込まれている。また現在の情報システム資産とＩＴ化計画も四社中三社で盛り込まれており、これらが主要コンテンツである。

特にＩＴ部門の役割や活動内容がすべての事例で盛り込まれていることは、ＩＴ部門の役割や貢献を経営層や業務部門に理解してもらいたいという気持ちの表れであり、ＩＴ白書を発行する本当の目的なのだと読み取ることができる。

金融機関Ｄ社の事例では、他の事例にはない、情報システム化の沿革、最新のＩＴ動向、システム関連用語集が含まれている。この背景は、Ｄ社では経営層に情報システム経験者がおらず、

図表4-5❖IT白書のコンテンツ事例（4社事例）

		食品メーカーA社	繊維メーカーB社	飲料メーカーC社	金融機関D社
主な目的・用途		・IT部門内の情報共有およびコミュニケーション	・業務部門によるIT部門の理解深耕とシステム活用促進 ・IT部門内での振り返りと共有	・経営層へのアカウンタビリティ ・IT部門員のモチベーション向上（社業への貢献の実感）	・経営層へのアカウンタビリティ ・業務部門による情報システム活用促進 ・IT部門による提案活動の促進
コンテンツ	情報システム化の沿革	・システム化の歩み ・IT部門の歴史	N/A	N/A	・システム化の歩み（年表）
	情報システム資産	・システム全体像／システム数 ・インフラ全体像／インフラ数・容量（サーバ、ストレージ、ネットワーク） ・デバイス数（PC、モバイル等）	・コンピュータ／ネットワーク設備 ・ソフトウェア資産	N/A	・システム連携図 ・システム概要
	情報システムの評価（利活用状況）	・システムユーザー数 ・各種システム利用件数（トランザクション数、メール送受信件数等） ・プロジェクト目標達成率／完了プロジェクト数 ・ユーザー満足度 ・SLA（サービス・レベル・アグリーメント）達成率 ・コスト削減状況 ・問い合わせ件数／平均解決時間 ・インシデント件数／平均解決時間	・システムの利用人数 ・コンピュータの稼働状況 ・トラブル発生回数	・利用部門の満足度調査結果	・システム事務量（過去4年分） ・システム開発量（過去5年分） ・システム運用量（過去3年分） ー問い合わせやサポート件数等
	IT投資実績	・IT部門コスト推移 ・主要完了施策一覧・概要	・プロジェクト別予算	・情報化投資 ー実現機能 ー目的別の投資実績 ・売上高比率 ・従業員1人当たりの単位コスト	・システム経費（経年） ・ベンダー別システム投資額・保守運用費
	IT化計画	・主要施策一覧・概要	・重点テーマの報告 ー情報活用推進や部門業務改革などへの取り組み ・システム強化・改善プロジェクト等	・重要開発案件の進捗状況	・主要システム開発および投資5ヵ年計画 ・今後のシステム研究テーマ
	IT部門関連	・IT部門体制図 ・受賞履歴（社内／社外） ・IT部門員スキル（資格保有者数）	・IT部門要員構成 ・IT部門内の活動報告 ・IT部門の主要指標（KPI） ・IT部門の総括	・組織図／チーム体制図 ・自社／外部要員数（推移） ・階層別スキルマップ ・育成活動	・今後の活動内容 ーIT人材育成方針の検討 ーIT部門／業務部門／ベンダーの役割分担
	その他	・セキュリティ状況（ウイルス検知数、情報機器紛失件数等）	N/A	N/A	・最近のIT動向 ・災害・障害対策（BCP関連） ・システム関連用語集

経営層のＩＴリテラシーが非常に低く、ＩＴ部門への理解以前に自社のＩＴの現状に対する理解が非常に低かったためである。D社では、まずは経営層にＩＴの用語に慣れてもらい、自社のＩＴの状況を知ってもらい、世の中のＩＴ活用動向を知ってもらうことから始めている。それにより、経営層のＩＴへの理解が進み、以前に比べ経営層によるＩＴに関する課題認識や関心を醸成できた。このことは大きな成果であると聞いている。

食品メーカーA社では、最近ＩＴ白書を作成し始めたが、最初から複数の目的を設定しコンテンツを充実させるのではなく、まずは目的を絞り込んで取り組んでいる。とは言え、A社が数年後に目論んでいるＩＴ白書の目的はレベルが高い。取り組み初年度ではＩＴ部門内での現状可視化と共通認識形成を主目的とし、コンテンツもあまり凝ったものにするのではなく、ＩＴ導入実績、ＩＴ資産、情報システムマップ、ＩＴコスト、各システムの満足度評価など定量的なデータを記載するにとどめ、まずはＩＴ白書を作ることから始めている。データ棚卸型で作ることから始めることにより、ＩＴ部門内でも散在していた情報が一元的に集約されたこととＩＴ部門員が自分の担当以外の情報も把握できたことは最初の成果である。

A社では翌年度以降、ＩＴ白書の目的を拡大し、経営層や業務部門とのコミュニケーションを目的とした「コミュニケーション型白書」へアップグレードし、ＩＴ資産の有効活用に向けた改善提案を行うことを計画している。そして、さらに数年後には、「ビジネス貢献型白書」へアップグレードし、ＩＴ部門発の経営・ビジネスへの貢献に向けた活動も記載していくというように順次レベルアップするアプローチをとっている（図表4－6）。ＩＴ白書に経営・ビジネスへの貢献に向けた活動を記載するということは、すなわちＩＴ部門発の経営・ビジネスへの貢献に向けた活動を自信を持って紹介できるレベルで実施する意思の表れである。

また、将来的にはＩＴ子会社や継続的な付き合いのある主要ベンダーといったパートナーに対し、抜粋版の公開も行い、彼らからの積極的提案を促進することも視野に入れている。

このようにＩＴ白書というツールを用いて、ＩＴ部門内、経営層や業務部門、さらにはパートナーといったすべてのステークホルダーに対してＩＴ部門に対する理解を獲得し、また、積極姿勢を見せることでコミュニケーションを活性化しようとしている企業もある。

図表4-6❖IT白書のグレードアップ方針のイメージ（食品メーカーA社）

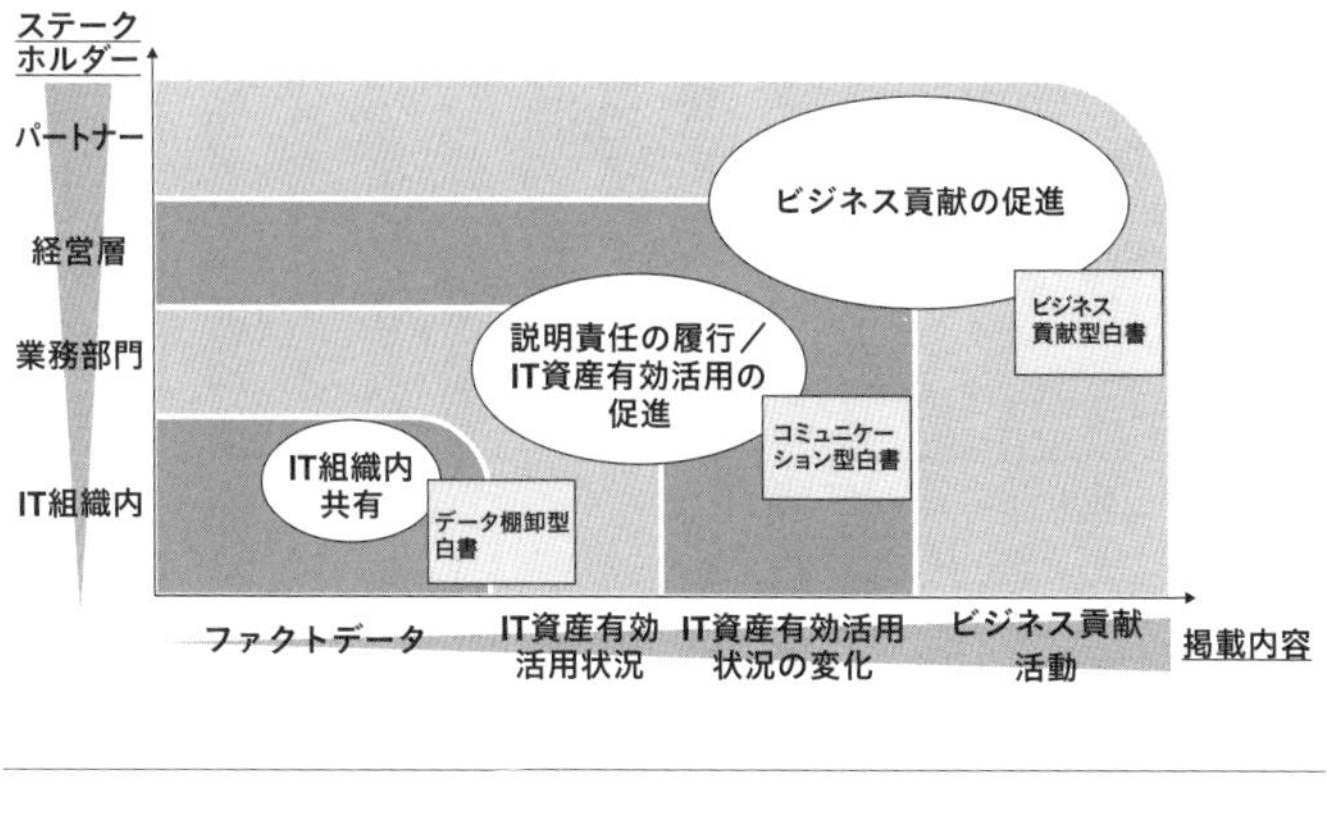

IT案件化プロセスの明確化によりコミュニケーションタイミングを設定・合意する

これまで、IT戦略会議の定期開催、IT投資委員会の定期開催、IT白書による情報発信をご紹介してきたが、これらはいずれもコミュニケーションの場の設定であり、コミュニケーションタイミングの定義でもある。ただし、これらを独立して設定するだけでは、IT部門と業務部門がコミュニケーションをとるタイミングの全体像がまだ見えないため、業務部門はIT部門とのコミュニケーションを怠りがちである。また、IT部門からも積極的にコミュニケーションをとりにくい状況が依然として残る。

よく聞かれるIT部門と業務部門のコミュニケーション不足による問題は、業務部門が特定の付き合いのあるベンダーと案件化の企画をIT部門との情報共有もなく独自で進め、内容や予算を決めてしまってからIT投資判断の場に持ってくるケースや、業務部門の予算でシステム構築まで実施してしまうことである。このような場合では、システム構築段階になってから社内の他システムとの連携や共通システム基盤への接続、セキュリティ基準や開発標準、標準開発・運用ツールとの整合性などの点で問題が発生してしまい、大幅な費用増加や期間延長、果てはシステム導入断念などという事態を招くことがあるため、大きな問題である。

そのため、IT部門は、案件化を企画する段階から関与をすることが望ましい。しかしながら、特定のベンダーと深い付き合いがある業務部門や予算を多く持つ業務部門、導入するシステムが小さいため予算内で何とかできる場合などは、業務部門が独自でシステム導入まで進めてしまうことがよくある。

こういった状況を防ぐには、まず、案件化を検討する段階、つまり案件化のニーズが出てきた段階から、IT部門が関与するプロセスを定義することが有効である（図表4-7）。IT案件化プロセスから、IT部門、業務部門それぞれがお互いにコミュニケーションをとらなければいけないタイミングを示しておかないと、コミュニケーションをきちんと行うかは属人的なものとなってしまう。

図表4-7❖IT案件化プロセスにおける業務部門とのコミュニケーションプロセス

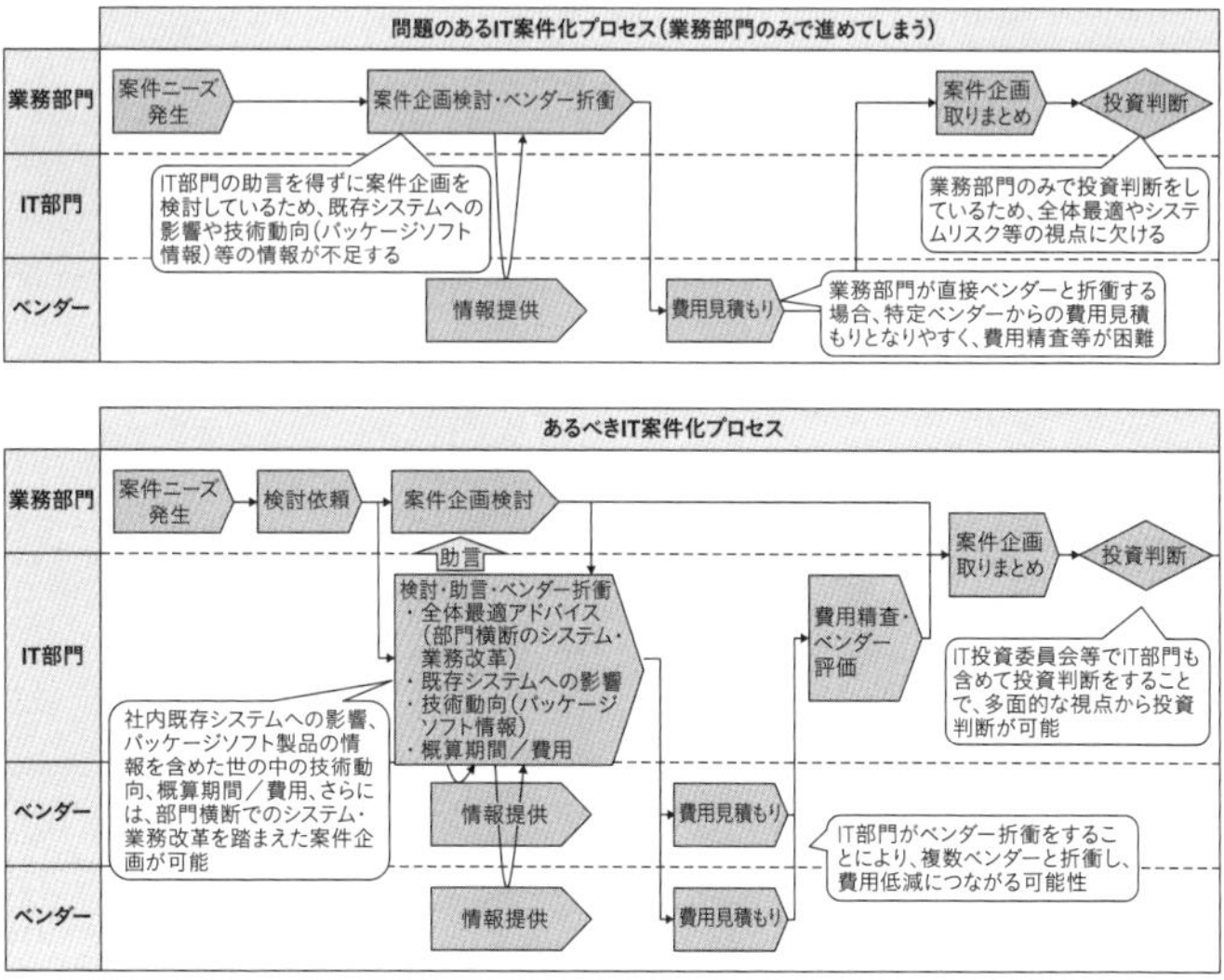

ＩＴ部門はこうやって案件化プロセスから関与することができたならば、業務部門の実現したいニーズに対して、既存システムとの整合性、最新技術動向、最適なパッケージ候補、概算導入期間・費用、そしてＩＴを活用した実現方法や組織間をまたがった改革の必要性などについてアドバイスをしなければならない。これは企画、目利き、業務改革推進である。これこそ攻め型のＩＴ部門の重要な役割である。これができなければ、いくらコミュニケーションプロセスを設定しても、いずれ形骸化してしまうであろう。

ＩＴ部門が経営・ビジネスへの貢献を行うためには、経営層、業務部門、ベンダー等のステークホルダーとのコミュニケーションが必要である。

そして、有効なコミュニケーションを維持するためには、ＩＴ部門は、攻め型の役割（企画、目利き、業務改革推進）をしっかりと実践し、経営・ビジネスへの貢献という成果を積み重ねていく必要があることを忘れてはいけない。

第5章
攻めに向けた人材を育成する

1 攻め型IT部門に必要な人材とは

IT人材を取り巻く環境

ＩＴ人材を取り巻く環境が大きく変化している。これまでも述べてきたとおり、経営とＩＴ、ビジネスとＩＴとの距離がますます近づいている今、ＩＴ人材に求められる役割はこれまで以上に大きく、そして価値のあるものになってきている。

このことは国家レベルで既に認識されていることである。二〇一三年、二〇二〇年までの政府のＩＴ施策の指針となる新ＩＴ戦略「世界最先端ＩＴ国家創造宣言」が閣議決定されている。ＩＴの利活用によって、①革新的な新産業・新サービスの創出と全産業の成長を促進する社会、②健康で安心して快適に生活できる、世界一安全で災害に強い社会の実現、③公共サービスがワンストップで誰でもどこでもいつでも受けられる社会を実現するための取り組みについて明らかにされている。

例えば、①革新的な新産業・新サービスの創出と全産業の成長を促進する社会については、オープンデータ・ビックデータの活用の推進、ＩＴを活用した日本の農業・周辺産業の高度化・知識産業化と国際展開の実現、様々な分野におけるオープンイノベーションの推進、ＩＴ・データを活用した地域活性化などの取り組みが盛り込まれており、ＩＴの利活用の重要性がうかがえる。

そして、同じく二〇一三年、閣議決定された「日本再興戦略――JAPAN is BACK」においては、世界最高水準のＩＴ社会の実現のために、産業競争力の源泉となるハイレベルなＩＴ人材の育成・確保に向けて、ＩＴを活用した二一世紀型スキルの修得、人材のスキルレベルの明確化と活用などの重要性が掲げられている。

そして、「世界最先端ＩＴ国家創造宣言」における人材育成・教育分野をサポートするための方針として、「創造的ＩＴ人材育成方針」が策定され、ＩＴが経済成長と社会的発展の要と位置付けられている。

このように、ＩＴを活用した価値創出への期待はますます高まっており、それを担うＩＴ人材に求められる役割と期待はこれまでにない大きなものとなっていることがわかる。

ＩＴ人材に求められる役割の変化

では、ＩＴ人材に求められる役割はどのように変化してきているのか。ＩＴに求められる役割が「保守型」から「攻め型」に変化してきていることは周知のとおりであるが、その原因について掘り下げて整理してみたい。

❖情報システムの価値

これまでのIT部門、そしてIT人材に求められる役割は情報システムの構築そのものであった。一九七〇年代、半導体技術の深化によるマイクロエレクトロニクス（ME）技術が発展し、そこから四〇年かけて情報技術（IT）は徐々に成熟していった。情報システムは業務を運用するうえで必要不可欠なものとなり、情報システムが止まれば業務が止まることから、情報システムは止めることが許されない存在にまでに至っている。その中でIT人材は確かに価値を創出していた。ユーザーからの要求に基づき、情報システムを構築・運用することで、業務の効率化、自動化、リードタイムの短縮、業務コスト削減などの価値を経営や業務部門に提供してきたのである。業務の効率化、自動化、リードタイムの短縮、業務コスト削減などといった価値は今でも情報システムが経営、そして業務部門に提供している価値の一つであることに間違いはない。しかし、業務がひと通り情報システム化された現在、そして、情報システムを構築することがこれまでより難しくなってきている現在、情報システムが提供する価値が見劣りしてしまうこともまた間違いないのではないか。

❖デジタル化の波

もう一つ、ＩＴ人材に求められる役割を変化させている要因がある。昨今よく目にするワードとなるが、「デジタル化」である。デジタル化は一言で言えば、ＩＴの進展とその活用であると言える。クラウドコンピューティングやビッグデータ、スマートフォンやタブレットなどのモバイル端末、３Ｄプリンティング、モノのインターネット（ＩＯＴ：Internet Of Things）、ウェアラブルコンピュータ、ドローン（小型無人航空機）など様々なＩＴが日々誕生している。ポイントはこれらＩＴの活用方法にある。これまでのＩＴの主な役割はビジネスの支援であった。ＩＴを活用し、業務を効率化する、業務品質を担保する、リードタイムを短縮するなどが主な目的であり、それによりビジネスへの貢献を果たしてきたことは前述のとおりである。しかし、これからのＩＴの活用は明確に異なる。これからのＩＴの活用の主たる目的は、新しいビジネスモデルの創出である。

例えば、ビッグデータの活用はどのようになるのだろうか。ビッグデータのこれまでの活用方法としては、様々なデータを多角的に分析し、消費者の行動や嗜好を明らかにすることで、自社のビジネスの迅速かつ効果的な意思決定に利用するなどが想定される。ではこれからの活用方法とはどうなるのだろうか。例えばホンダでは、多数の会員の走行データを五分間隔で収集、分析することで渋滞を回避するルートや燃費を抑えるルート、さらには季節によって異なる景色の良いドライビングルートを紹介するサービスを提供している。

またドローンの活用については、米アマゾンがドローンでの配送サービス“Prime Air”を構想していることは有名であるが、米フェイスブックでは、世界中に五〇億人いるインターネットに接続できない人たちに向けてより低廉なネットワーク環境を提供するために、ドローンを無線通信基地局として活用することを構想している。

ウェアラブルコンピュータも活用が期待されているITの一つである。特にヘルスケアの分野で期待が高く、既にサービスを提供している企業も存在するが、ウェアラブルコンピュータに内蔵されたセンサーでバイタルデータ（体温、血圧、脈拍など）を収集し、分析することにより、様々なヘルスケアサービスを提供することができると注目されている。さらにスマートグラスなどにより、食事情報も併せて収集・分析することで、サービスの幅はさらに広がりを見せることになるだろう。

どうだろう。これまでにユーザーの要求に基づいて情報システムを構築してきたIT人材がこのようなITを活用した新しいビジネスモデルを創出できるだろうか。しかし今、IT部門、そしてIT人材に求められていることはこのようなことなのである。

事実、情報処理推進機構（IPA）の「IT人材白書2014」では、求められるIT人材個人に対して以下のメッセージを提示している。

「多様化するIT環境やニーズを意識し、専門力を身に付け、新たな価値創造プロセスの担い手となれ。」

また、日本情報システム・ユーザー協会（JUAS）の「企業IT動向調査報告書2014」では、

ＩＴ推進組織・ＩＴ人材の調査結果を以下のメッセージでまとめている。

「長きに渡りユーザー部門からの要求を『受けて』『作る』受動的な役割から、持てるＩＴスキル・知識をバックグラウンドに、ユーザー部門では思いつかない発想で『新たな価値を生み出す』能動的な役割へと転じることも可能なタイミングに来ている。」

「攻め型」の役割を担うＩＴ人材像

「攻め型」の役割、新たな価値を創出するＩＴ人材像とはどのようなものだろう。どのような能力、スキルを持っていれば、「攻め型」の役割を担うＩＴ人材となれるのだろうか。

例えば、前述の「創造的ＩＴ人材育成方針」では、高度ＩＴ人材の分類と人材像を定義している（図表5-1）。分類としては大きく「ＩＴ利活用社会をけん引する人材」と「ＩＴ利活用社会を支える人材」がある。さらに「ＩＴ利活用社会をけん引する人材」については、「ＩＴを通じて独創的な発想を実現することができる人材」と「他産業・分野の専門家と融合・協働し、イノベーティブな事業やサービスを企画、実装できる人材」に分類している。一方、「ＩＴ利活用社会を支える人材」については、「ＩＴを業務やビジネスに活かすことができる人材」と「安全・安心にＩＴを製品・サービスなどに実装する人材」に分類している。

「ＩＴを通じて独創的な発想を実現することができる人材」については、独創的な発想を持ち、

ITを通じてそれらを具現化していく「突出したIT人材」と位置付け、ITを駆使し、組織や社会に新しいサービスや商品などを提供するなどのイノベーションや新規事業等を創出していくといった社会や産業の発展へ貢献する人材と定義されている。

「他産業・分野の専門家と融合・協働し、イノベーティブな事業やサービスを企画、実装できる人材」については、より専門性の高い知識や技術レベルを有し、組織や社会に必要な価値やサービスを創出していく人材と定義されている。またそこには、業務やビジネス、ITを問わず各分野において高い専門性を有する人材が融合・協働することにより、新規事業やサービス、業務改善などの成果を創出することも含まれるとしている。

いずれの人材像も、イノベーションや新規事業、新サービスなどの新たな価値を創出すること

図表5-1❖高度IT人材の分類

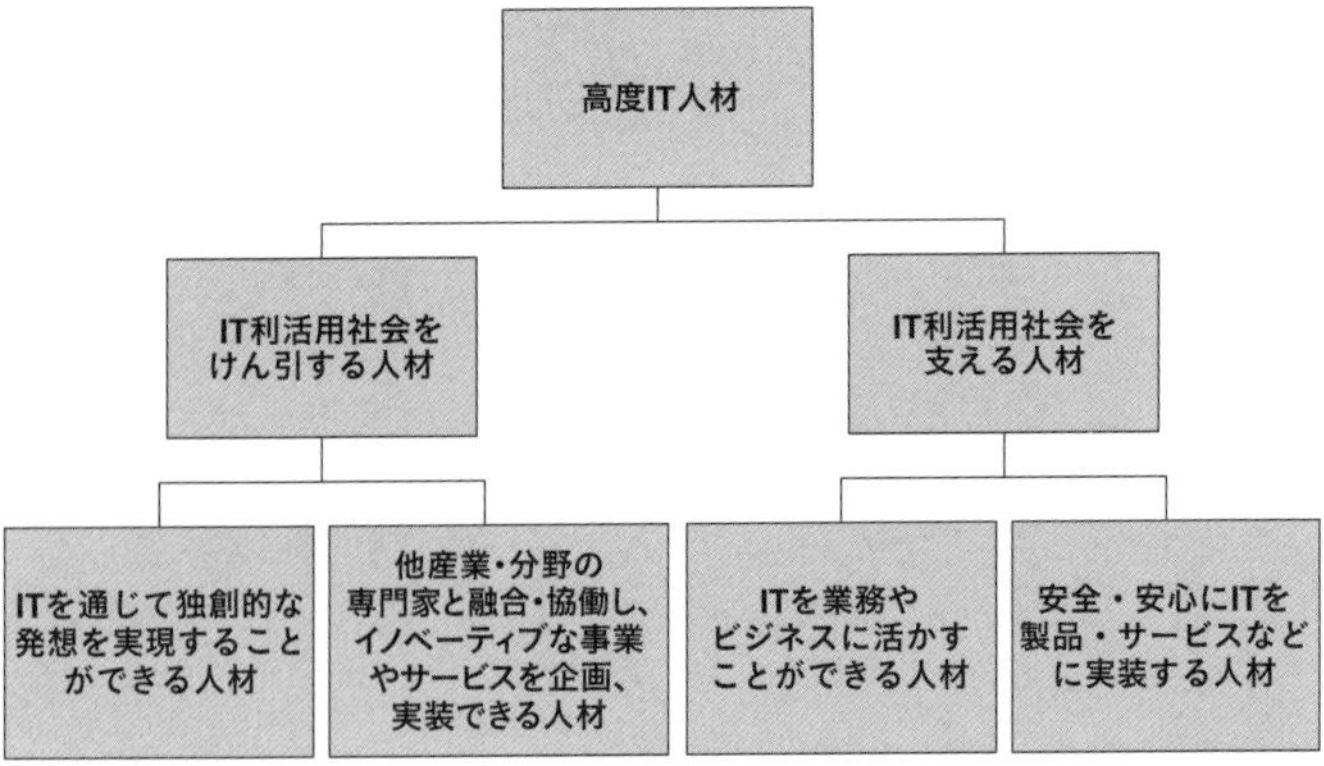

出典：高度情報通信ネットワーク社会推進戦略本部「創造的IT人材育成方針」（2013年）

ができる人材であるということがわかる。そして何よりその範囲は、発想、または企画段階だけではなく、その実現、実装段階まで含まれていることがわかる。つまり、アイデアを出すだけでは物足りなく、それを具体化し、社会や市場に提供するまでの能力を有していることが求められている。

一方、「ＩＴを業務やビジネスに活かすことができる人材」については、単に情報システムを利用するだけでなく、ＩＴの特性を理解し行政や製造、サービスなどの業務の本質を理解して、行政制度や製品・サービスなどの企画、運営などを担う人材と位置付けている。

「安全・安心にＩＴを製品・サービスなどに実装する人材」については、「ＩＴを業務やビジネスに活かすことができる人材」と協力し、ＩＴに関する専門知識や技術を用いて、製品やサービスとして実装する人材と位置付けている。

いずれの人材像も、ＩＴに関する基本的な知識やスキルを有しているだけでなく、業務やサービス、製品などの知識も併せ持ち、ＩＴと業務・サービス・製品を結び付ける能力を有していることが求められている。

高度ＩＴ人材として求められる本質的な能力とは、ＩＴだけではなく、業務とＩＴの視点で新しい価値を創出するための戦略的な企画を立案する能力と、立案した企画を絵に描いた餅に終わらせることなく実現するために、組織を、企業を、そして社会さえも巻き込み、推し進めることができる能力ではないだろうか。

これらの能力は「攻め型」の役割を担うＩＴ人材に必要となる能力であると言えるだろう。また、付け加えるべき能力があと二つある。一つは、前述の「デジタル化の波」でも紹介したとおり様々な新しいＩＴが日々登場する昨今、数多あるＩＴの中から自社のビジネスと融合できるＩＴを見抜くＩＴ目利き力である。環境変化の激しい現在、新規事業、新規サービスにはスピードが求められている。そのような中で、数多あるＩＴすべてについて自社のビジネスとの融合の可能性を検討していてはいくら時間があっても足りない。数多あるＩＴの中から自社のビジネスと融合し、新しい事業やサービスを生み出すことができそうなＩＴを迅速に、そして的確に見極めることが重要である。

もう一つは、未来を予測する能力である。もしくは未来を創造する能力と言ってもよいかもしれない。今あるＩＴではなく、ＩＴの今後の進化を予測し、そこから描かれる未来の社会を予測する能力である。もしかしたらこれこそが最も必要とされる能力なのかもしれない。

ＩＴから少し外れるが、恐らく聞いたことがある人もいるだろう有名な話がある。米ＧＭが破綻し、トヨタやホンダが生き残っているという話である。トヨタがハイブリッド自動車であるプリウスのプロトタイプを発表したのは一九九五年のことである。その二年後、一九九七年に世界初となる量産ハイブリッド自動車として販売を開始している。およそ二〇年近く前のことである。今でこそガソリン車がいずれなくなり、すべての自動車が電気自動車や燃料電池車に置き換わることに疑問を持つ人はいないだろう。しかし、一九九〇年代にそのことを想像した人はどれだけいたのか。また想像できたとしても行動を起こせただろうか。それが破綻したＧＭとトヨタやホンダとの差である。

ＩＴに話を戻そう。米インテルには、実際に未来を予測する「フューチャリスト」という役職が存在する。日本語では、「未来予測者」もしくは「未来研究員」などと訳される。同社の製品開発の将来の道筋を描くため、日々コンピュータの未来を予測している。その手法はＳＦプロトタイピングと呼ばれるものであり、ＳＦの小説や映画、日本のアニメなどを参考に一〇年後、二〇年後の社会を想像するというものである。

さすがにＩＴ人材に一〇年後、二〇年後の社会を予測する能力が絶対必要であるとは言わないが、一〇年後、二〇年後のＩＴやＩＴを活用している自社の姿を予測することは必要ではないだろうか。

「攻め型」の役割を担うＩＴ人材に必要な能力

これまでの話をまとめると、「攻め型」の役割を担うＩＴ人材には大きく四つの能力が必要となる。それは、業務とＩＴを融合し、価値ある新しい事業やサービスを生み出すための「戦略企画力」。それを具体化し、実現させるための「改革推進力」。また自社のビジネスに活用できるＩＴを見極める「ＩＴ目利き力」とＩＴを活用した未来の姿を予測する「未来予測力」である（図表５−２）。

❖戦略企画力

ＩＴの目線ではなく、経営やユーザーと同じ目線で新しいビジネスや製品サービスを創造するための企画を立案する能力を指す。短期的ではなく中長期的、見えている課題に対してではなく見えていない課題に対して、前提や常識にとらわれない高い視座を持つことが求められる。ＩＴのみならず自社のビジネス、そして外部環境に関する知識を併せ持つことが必要である。

❖改革推進力

経営トップをはじめとするステークホルダーに改革の内容を説明し、納得してもらうとともに、企画を具体化（施策の作成）し、関係者を巻き込み、モチベーションを向上させ

図表5-2❖「攻め型」の役割を担うIT人材に必要な4つの能力

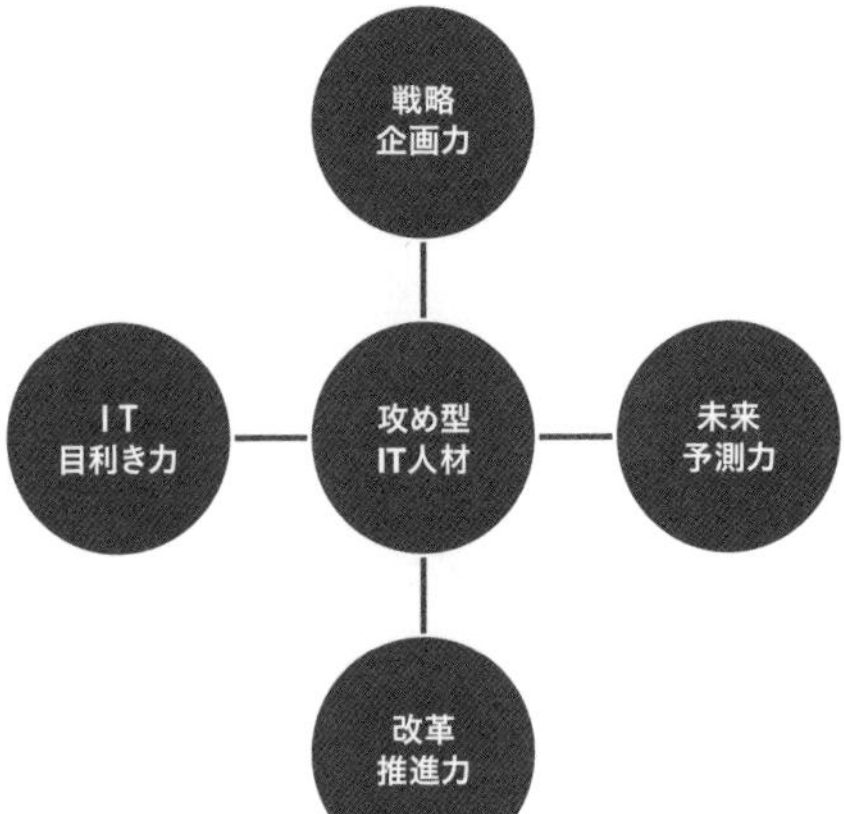

ながら改革を推し進める能力を指す。また改革を一過性のものとせず、企業文化・風土として根付かせるまでを担う能力を含む。コンフリクトを恐れない、巨大さに惑わされない、主体性と当事者意識、そして気迫を持って取り組むことが求められる。また、時には根回しを駆使し、円滑に事を進める狡猾さも必要となる。

❖ＩＴ目利き力

数多あるＩＴの中から自社のビジネスに融合し、新しい価値を創出できるＩＴを見極める能力を指す。またそれらＩＴの本質を理解するとともにビジネスへのインパクトを迅速かつ的確に分析し、把握する能力を含む。

❖未来予測力

今あるＩＴではなく、そのＩＴの今後の進化を見越して、そこから描かれる未来のＩＴの活用とＩＴが社会に与えるインパクト、そしてＩＴを活用する社会を予測する能力を示す。予測した未来を実現していくためのロードマップを、予測した未来から具体化していく能力を含む。

2
攻め型ＩＴ人材を確保するいくつかの手段

これまでは攻め型のＩＴ人材について述べてきた。恐らく、これまでに述べてきた攻め型のＩＴ人材を豊富に抱えている企業は多くはないだろう。ここでは攻め型ＩＴ人材をどのように確保するのかについて説明したい。

まず、そもそも人材を確保する方法は大きく二つしか存在しない。一つは、社外から調達する方法。もう一つは、社内で育成する方法である。なお社外から調達する方法については、外部から中途採用する方法と一時的に専門家やコンサルタントなどを活用する方法が存在する。

社外から調達する方法

社外から人材を調達する方法については、大きく二つの方向性がある。一つは社外から優秀な人材を中途採用する方法である。もう一つは、コンサルタントなどの専門家を一時的に活用する方法となる。

❖中途採用

中途採用の最大のメリットは、即戦力として期待できるという点である。また、自社にない経験や知識を有しているという点も大きなメリットであろう。例えば、グローバル化が激しい昨今においては、今後グローバル展開しようとしている企業がグローバル企業で活躍していた人材を採用するということがよくある。採用する企業にとっては、グローバル展開は初めての経験であり、どのような課題や対応が求められるのかがわからない場合が多い。そのようなときに、既にグローバル展開の経験を持ち、発生するであろう課題と対応策の知見を持つ有識者は、のどから手が出るほど欲しい人材であろう。

しかし、課題もある。一つは、専門特化した人材であればあるほど、その後の活用が難しくなることが多い。例えば、企業の基幹システムの大規模システム更改をにらんで多くのＩＴ要員を中途採用した企業が、大規模システム更改が完了した後、中途採用したＩＴ要員をうまく活用できなかったという話を聞いたことがある。このケースでは、多くのＩＴ要員を採用しすぎたというのがそもそもの問題ではあるが、活躍できないＩＴ人材も採用した企業もどちらも不幸ではないだろうか。

また、中途採用によくあることとして、企業文化・風土に合わない、また帰属意識が低いということもある。プロフェッショナルであればあるほど、複数の企業を渡り歩く傾向が高く、方向性が合わないと感じた途端、転職してしまうといったことがある点にも気をつけなければならない。

❖ コンサルタントの活用

一方、コンサルタントなどの外部の能力を一時的に活用する方法のメリットとしては、流動性が挙げられる。必要なときだけ活用し、必要がなくなれば契約を終了させればよいのである。また、専門領域や実績のあるコンサルタントを選定できれば、中途採用と同様にこれからの企業が遭遇する課題と対応策などの先見の知をうまく活用することも可能である。

ただし、コンサルタントの活用においては、留意すべきことがある。それは、コンサルタントに仕事を丸投げしないことである。コンサルタントは企業の抱える課題を発掘し、解決してくれるかもしれないが、その過程をブラックボックスにする傾向が強い。もちろんブラックボックスにしているところこそがコンサルタントの競争優位性であることを考えれば当然の対応であると言える。しかし、コンサルタントを活用している企業にとっては、結果を出してもらうことが最低限となるが、なるべく社員の育成の場としても活用することが望ましい。検討の場から自社社員を交えて議論し、成果についても一緒に考え、時に指摘や指導を受ける。そうやってコンサルタントの持つ知識や経験だけでなく、仕事の進め方や考え方なども広く吸収することこそコンサルタントを活用することの最大のメリットであると考える。

中途採用、コンサルタントの活用のいずれにおいても、必要とする攻め型ＩＴ人材像に適合する能力を持つ人材を見つけることができれば、その能力を活用することはさほど難しいことではない。むしろ最も難しいのは攻め型ＩＴ人材を見つけることではないだろうか。

社内で育成する方法

社内で育成する方法、つまり人材育成施策は多岐にわたる。また育成する方向性や獲得させる能力によって育成施策が異なることは明白であるにもかかわらず、どの能力を獲得させるためにどのような育成施策を行うかの明確な解は存在しない。企業の文化・風土や育成する人材の特性によっても異なるだろう。せっかく時間とコストをかけて育成施策を行っても十分な結果を得られないといった声も多い。このような中で、攻め型ＩＴ人材はどのように育成すればよいのだろうか。まずは、一般的な人材育成施策から振り返ってみたい。

❖一般的な人材育成施策

社内での人材育成方法の代表例としては、以下のようなものがある（図表5-3）。

①Ｏｆｆ-ＪＴ：体系的な知識を習得することを目的とした社内研修や社外研修、セミナーなどへの参加

②ＯＪＴ：日常の業務を通じて学ぶことを目的とした知識・技術の習得と経験の獲得。コーティングなどと併用されること多い。

③自己啓発：自らスキルアップを図ることを目的とした書籍になどによる自己学習や資格取得

④社外活動：社内では得られない知識や経験を習得することを目的とした各種研究会への参加や寄稿執筆、外部セミナーでの講演など

⑤人事ローテーション：新しい業務知識や経験を獲得することを目的とした部門内、他部門への異動やグループ企業への出向

⑥スキル評価：自らの強みと弱み、必要なスキルを認識し、強みを伸ばし、弱みを補うことを目的とした保有スキルの棚卸や目標設定、達成度評価等

図表5-3❖社内での人材育成方法の代表例

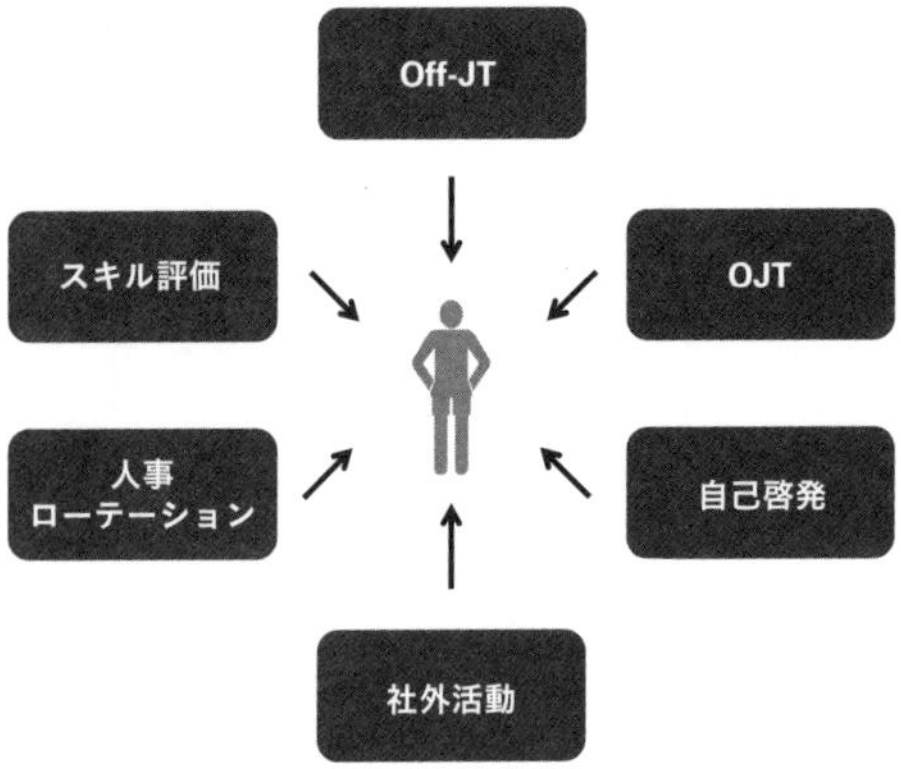

あくまで代表例であるため、その他にも育成施策が多々あることは認識のとおりである。これらの育成施策については、どれか一つを行えばよいというものではなく、複数の施策を体系的に計画し、組み合わせて行うことが求められる。ただし、計画的に実施すればよいかと言うとそうではない。なぜ、育成を行うのか、企業としての方向性、求められる人材像を明確に描き、それを明示することが重要となる。モチベーションを向上させ、それを持続させることができるかが肝要となる。

❖攻め型ＩＴ人材の育成

攻め型ＩＴ人材の育成における課題にはどのようなものがあるだろうか。どのような育成施策を行うべきかわからない、どのような人材が育成候補になりうるのかわからないなど、課題は様々だろう。実際に多くの企業では、攻め型ＩＴ人材の育成について悩んでいる。

「ＩＴ人材白書２０１４」では、攻め型ＩＴ人材像に類似する「新事業・新サービスを創出する人材」についての育成の実態を調査している。なお、「新事業・新サービスを創出する人材」とは、ＩＴ関連産業の枠を超え、他産業・分野との融合によってイノベーションを起こし、新たなサービスを創造する人材と捉えている。

「新事業・新サービスを創出する人材」の必要性を認識しているユーザー企業は、七五・九％（Ｎ＝三四八）にのぼるものの、同人材の確保状況については、「おおむね確保できている」と回答した企業は四・五％しかない。「大幅に不足している」、もしくは「必要数を検討していない」と回答した企業は六八・四％であり、必要性の認識と人材確保の実態が大きく乖離している状況が見てとれる（図表5–4）。

また、「新事業・新サービスを創出する人材」を発掘、育成、活用する環境の整備状況については、「発掘・育成計画や予定がない」と回答したユーザー企業は五八・七％となり、必要性は感じているが、人材確保に向けた施策は多くの企業で着手されていない状況がうかがえる。なお、育成環境の整備が進まない理由については、一位が「人材育成に係る投資ができない」（四〇・七％）、二位が「実務経験を通じた育成を行う場がない」（二七・〇％）、三位が「何から手を付けてよいかわからない」（二四・五％）となっている（図表5–5）。

以上のことから、攻め型IT人材の育成の難しさがうかがえる。ただし、攻め型IT人材の育成の方向性がないわけではない。特に育成に有効と思われる育成施策をいくつか紹介する。

①業務部門とのローテーション
②IT子会社などのグループ企業への出向（ローテーション）
③専門分野や職歴の異なる人材とのコラボレーション機会の充実
④執務時間内の自由な研究活動
⑤収益不問の先行投資型の部署・プロジェクトでの実践

いずれの育成施策も、これまでの仕事の延長線にはないことがわかる。これまでの環境とは異

図表5-4❖「新事業・新サービスを創出する人材」の必要性認識と実際の確保状況

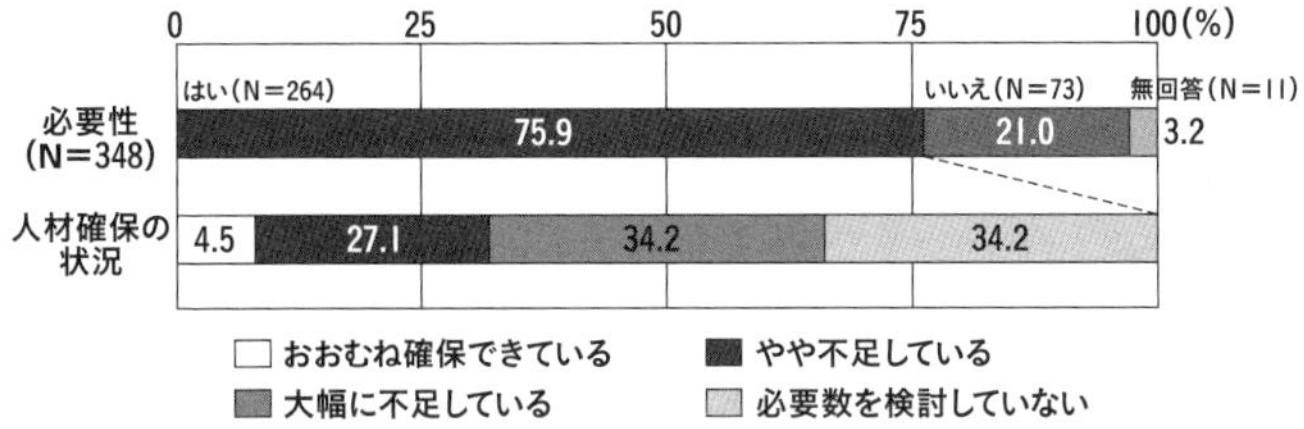

出典：独立行政法人情報処理推進機構「IT人材白書 2014」(2014年)

図表5-5❖「新事業・新サービスを創出する人材」の育成環境の整備が進まない理由

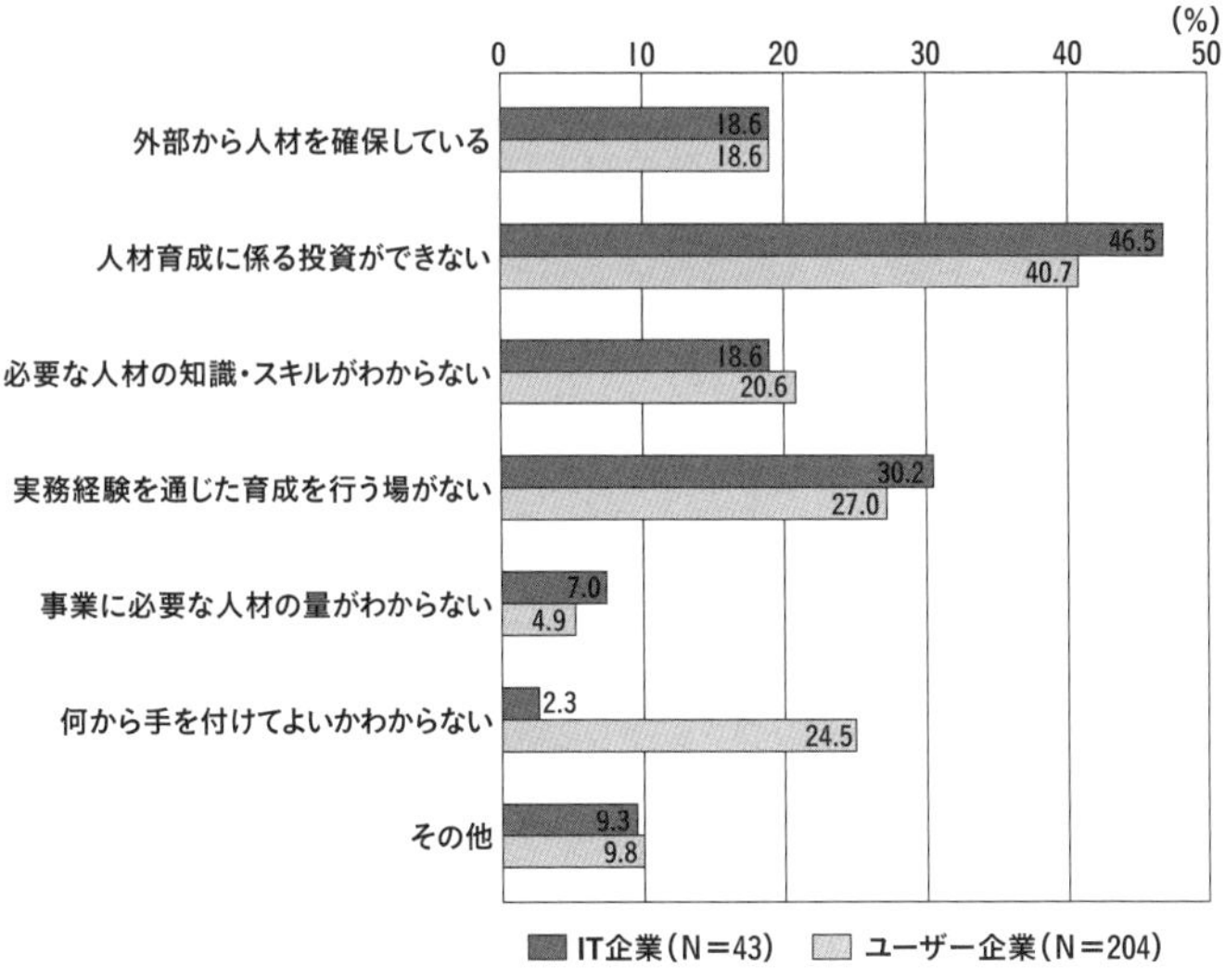

出典：独立行政法人情報処理推進機構「IT人材白書 2014」(2014年)

なる環境に身を置き、これまでにない別の考え方を持っている人たちと一緒に仕事をすることが重要である。そこで、固定概念にとらわれることなく、新しい考え方、また多種多様な視点と考え方を身に付け、そして、良い結果、悪い結果をしっかりと残し、自身の血肉にすることが重要なのであろう。外部に開かれた環境で、多様な価値観やバックグランドを持つ人材とのコミュニケーションを通した育成が効果的と考えられる。

しかし、一朝一夕にそのような育成の場を設けることは難しいかもしれない。特に外部の人材の協力を得るためには、ある程度の時間をかけて信頼関係を築いていくことが必要であるからだ。しかし、その点については、日本情報システム・ユーザー協会などをうまく活用することでクリアすることもできる。日本情報システム・ユーザー協会では、様々な業界・業種の企業のＩＴ担当者を集めて研究会を開催している。そのような研究会では、様々なバックグランドを持つＩＴ担当者と交流することで、今までにない視点や考え方に触れることができる。また、そこからつながるさらなる人脈も魅力的であろう。日本情報システム・ユーザー協会に限らず、今の社会では様々な交流会が開催されているため、それらをうまく活用することが望ましいであろう。

また、個々の人材に対してスキル育成を図ることは重要かつ不可欠であるが、組織全体のスキルの底上げと育成の効率化を目的として、システム企画や業務改革推進などの一見非定形的な業務であっても、検討プロセス、検討事項、評価指標などを標準化・ガイドライン化することは有効である。育成時間の捻出につながるだけでなく、業務品質のレベルの底上げの効果が期待できる。また、基本的な知識を幅広く周知させるといった効果も期待できる。

例えば、システムの企画・要件定義は、ユーザー企業が責任を持って行わなければいけない工程であるが、その役割を十分に果たせている企業は少ない。企画・要件定義における標準プロセスと企画書・要件定義書のフォーマットを要件定義標準マニュアルとして用意すれば、比較的容易にシステム企画の底上げができる。実際にいくつもの企業でこのような取り組みは行われており、個々の人材に対する育成と併せて実施することが望ましいであろう。

第6章

グローバルへ拡大するITマネジメント

1
グローバルでのITマネジメントとは

加速するグローバル化

国内市場の成熟や新興国の急速な経済成長に伴い日系企業のグローバル進出が加速している。日本情報システム・ユーザー協会（JUAS）の調査によれば、東証一部上場企業およびそれに準じる規模の企業の約五一・二％は既に海外進出をしており、売上高一〇〇〇億円以上の規模の大きい企業に限れば、その割合は七〇％を超えている（図表6－1）。

生産拠点（工場）の敷設、地域市場に販売網を有する企業の買収、地域の各拠点を統括するリージョン・ヘッドクォーター（R－HQ）の設置等により、企業におけるグローバル全体での組織形態は大きく変貌している。また、各組織には国籍や価値観、仕事のスタンスが多様なIT人材が所属している。このような状況の中で、これまでの情報システムやIT部門の延長線ではビジネス支援という情報システムの本来の役割を十分に果たせず、むしろビジネス展開の足枷になってしまうことさえもありうる。これらの背景を踏まえると、グローバルレベルでの情報システムやIT

部門の最適整備は重要な課題と考えられる。

　実際にＮＴＴデータ経営研究所のクライアントである大手日系企業からは、「経営層からＩＴ部門に対して、自社の情報システムやＩＴ部門のグローバル化のあるべき姿を検討するよう求められている」、「各海外拠点にＩＴ部門を保有しておくべきか、日本に集約すべきかについて検討しているところである」等の声が上がっており、ビジネスのグローバル化の加速に合わせ、近年、まさに直面している喫緊の課題と言える。

グローバルＩＴマネジメントとは

　そもそもグローバルＩＴマネジメントとは何か、その定義をすることから始めたい。ＮＴＴデータ経営研究所では「情報システムによるビジネス支援を最大化するために、統制や効率性と迅速性や柔軟性のバランスを考慮して、グローバル全体の情報システムを構築・運用・管理するこ

図表6-1❖ビジネスのグローバル化の状況

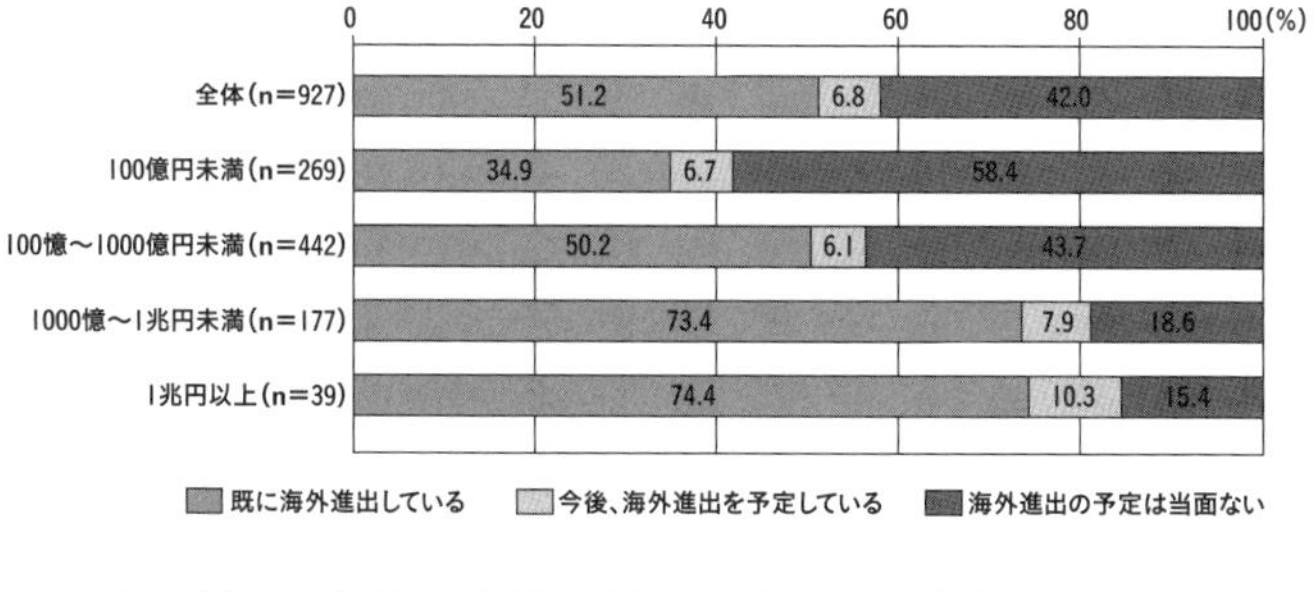

出典：日本情報システム・ユーザー協会「企業IT動向調査報告書2014」(2014年)

と、あるいはその仕組み」と定義している。つまり、グローバル全体の「情報システムのあり方（構築・運用）」と「IT部門のあり方（管理）」の両面をグローバルITマネジメントと捉えている。

ポイントは、範囲が国内であろうとグローバルであろうと、情報システムがビジネスを支援する役割を担うことには変わりはなく、最終的な目的は「情報システムによるビジネス支援の最大化」という点である。そのため、すべての検討はビジネスを起点とするべきであり、グローバルへのビジネスの進出形態（M&A中心、日本発の進出中心、等）やビジネスのガバナンス形態（日本本社主導型、各地域主導型、等）が各社多様であるため、ITマネジメントのあり方も企業により異なるべきである。

また、「統制や効率性と迅速性や柔軟性のバランス」もポイントと考えられる。グローバルでの情報システムの標準化やIT部門の機能のグローバル・ヘッドクォーター（G-HQ）への集約をした場合、各リージョンや拠点のビジネス、IT部門に対する統制が強化され、また情報システムやIT部門の機能の重複がなくなるため効率性も向上する。一方、投資判断に時間がかかり過ぎ、ビジネス側の求めるスピードに対応できない、地域独自の要件を情報システムに実装できない、リージョンや拠点特有の事情を加味した柔軟なプロセス・ルールを適用できない等の問題が発生する。このように、グローバルITマネジメントにおいては、統制や効率性と迅速性や柔軟性はトレードオフの関係にあると言え、企業特性に合わせてそのバランスを取ることが重要である。

2 グローバル全体での情報システムのあり方

日系企業における情報システムの統一化・標準化の現状

グローバル展開の初期、ほとんどの企業ではグローバル全体での情報システムの全体構想を描けていないまま、急速なビジネスのグローバル化に合わせて各リージョンや各拠点が独自に情報システムを構築しており、グローバルでの統一化や標準化が進んでいない。その結果、グローバル全体で類似システムが複数存在して維持・運用費がかさんでいる、新規拠点立ち上げ時に標準システムが存在しないために一から独自に開発する必要がありビジネス側の求めるスピードに間に合わない、各拠点がバラバラの定義（項目や粒度）で蓄積しているデータをエクセル等を活用して手作業で日本本社に収集しているためタイムリーかつ精度の高いデータに基づくグローバルな経営判断ができない、等の様々な問題が発生している。

ＮＴＴデータ経営研究所が株式会社ＮＴＴデータおよび株式会社クニエと共同で、海外拠点を有する上場企業等を対象に実施した「グローバルＩＴマネジメント調査」（アンケート調査）では、インフラもアプリケーションも九割近くの企業においてグローバルでの情報システムの集約・統合が進んでいないことが明らかになった（図表6-2）。

前述したポイントの「統制や効率性と迅速性や柔軟性のバランス」を考えると、すべてをグローバルで統一化・標準化することが望ましいわけではないものの、業務領域やシステムレイヤーによっては統制強化や効率化を目的に統一化・標準化を推進することは有効である。情報システムによるビジネス貢献を最大化するためには、どの領域やどのレイヤーをグローバル全体で統一化・標準化するか、どの領域やどのレイヤーをリージョンや拠点でそれぞれ独自に構築・運用するか、その全体構想を描き、それを実現することが求められている。

インフラの集約・統一化

これらの状況を踏まえて、日系企業においても、

図表6-2❖情報システムのグローバルレベルでの集約・統合状況

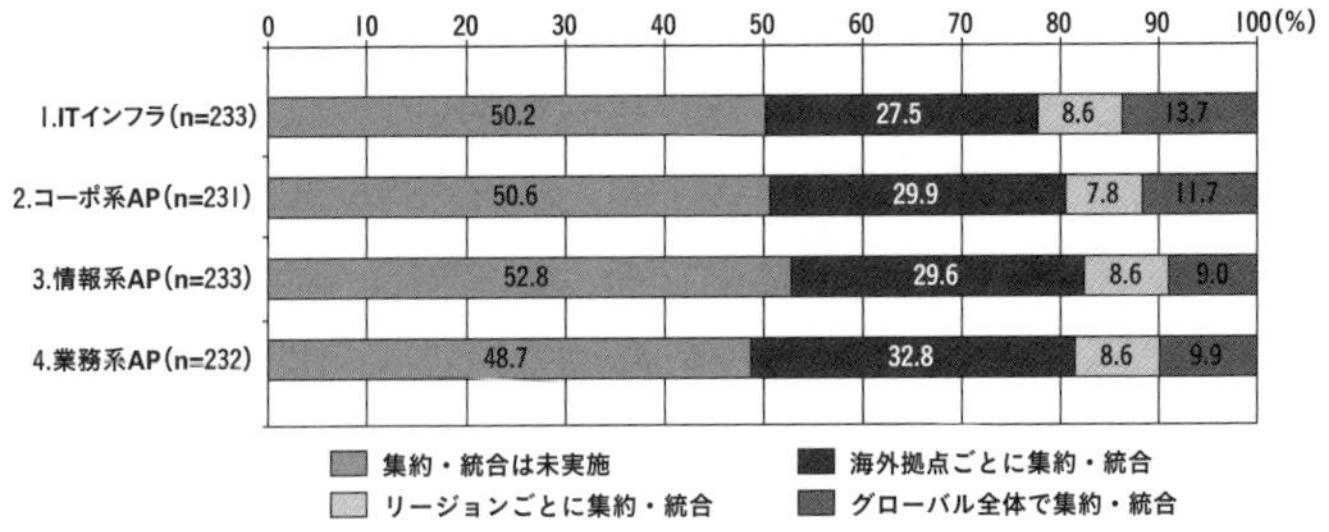

出典：NTTデータ／クニエ／NTTデータ経営研究所「グローバルITマネジメント調査」（2014年）

徐々にではあるがグローバル全体でのシステムの統一化・標準化の取り組みは開始されている。特にハードウェアやデータセンター等のインフラのレイヤーでは前述の調査結果からもわかるとおり、アプリケーションと比較すれば統一化の取り組みが若干ではあるが進んでいる。具体的には、グローバルデータセンターを構築してグローバル全体のハードウェアを集約する、プライベートクラウド基盤を構築してグローバル全体のアプリケーションをその基盤上に集約する等の取り組みが行われている。

これは、アプリケーションやデータのレイヤーと比較して、地域特性が小さく業務の変更を伴わないことやハードウェアの削減等につながり統合効果がわかりやすくかつ大きいため、取り組みに対して各リージョンや各拠点の賛同を得られやすいことが要因であると考えている。

しかし、地域特性が小さいとは言え、すべてを集約・統一化することが目指す姿とは言えない。集約・統一化を検討する際に何をどのように考慮すべきか、様々な企業のインフラ統合に関する事例を分析する中で抽出された要因を紹介する。

大きくは「業務継続性」に関する要因と「効率性」に関する要因が挙げられる。

グローバルデータセンター等にインフラ統合をする場合には、システムの設置場所とシステムユーザーの距離が物理的に離れてしまうためネットワーク障害に遭遇するリスクが高まる。例えば、高い継続性が求められる重要業務に利用されているシステムについてはネットワーク障害による業務停止リスクを回避するため、一部新興国のようにネットワークの信頼性が低い場合、グローバルデータセンター等へのインフラ集約は避けるべきと考えられる。実際に大手製造業B社では、生産管理システムのアプリケーションをグローバルで共通化しているものの、生産業務の停止リスクを回避するために、各生産拠点（工場）からグローバルデータセンターの同一サーバーにアクセスする方式はとらず、同一アプリケーションを各生産拠点のサーバーにそれぞれ配置することで、業務継続性の向上を図っている。このように、「業務継続性」に関する要因としては、「業務の重要性」や「システム利用地域におけるネットワークの信頼性」を考慮するべきである（図表6-3）。

　インフラの集約・統一化の目的は

図表6-3❖「業務継続性」の観点からのインフラの集約・統一化の考え方

システム利用地域におけるネットワークの信頼性		業務の重要性：低い	業務の重要性：高い
	高い	○ 高い業務継続性を求められないうえに、ネットワークの信頼性も高いため、物理的に遠く（グローバルデータセンター）に配置しても問題ない	△ ネットワークの信頼性が高いものの確実に業務継続するために、特に重要度の高い業務システムはユーザーの近くへの配置を検討することが望ましい
	低い	△ 高い業務継続性は求められないものの、ネットワークの信頼性が極端に低い場合には、システムを物理的にユーザーの近くに配置することが望ましい	× 確実に業務継続するために、システムを物理的にユーザーの近くに配置することが望ましい

○：インフラの集約・統一化に適している
△：状況に応じてインフラの集約・統一化を判断するべき
×：インフラの集約・統一化に適していない

様々あるが、最大の目的はやはり「効率化」であろう。しかし、アプリケーションごとにそれぞれ保有していたハードウェアを統合することでハードウェア導入・維持コストの効率化は図れる一方、システムの設置場所とシステムユーザーの距離が物理的に離れてしまうため、ネットワークコストは増加する。このようなことを考慮すると、インフラの集約・統一化の実施有無を判断するうえで考慮すべき要因として、「効率性」の観点からは、「連携システムの多さ／他システムとの連携データ量の大きさ」や「システムユーザーの地域的な分散」、「ハードウェアリソース活用の季節性」等、様々な要

図表6-4❖インフラの集約・統一化において考慮するべき要因（例）

	インフラの集約・統一化において考慮するべき要因（例）	要因の説明（各要因の考慮例）
「業務継続性」に関する要因	業務の重要性	高い継続性が要求される重要業務については、ネットワーク障害による業務停止のリスクを低減するために、グローバルデータセンターへの集約ではなく、物理的にユーザーの近くに配置しておくケースが多い
「業務継続性」に関する要因	システム利用地域におけるネットワークの信頼性	ネットワークの信頼性が高い場合には、ネットワーク障害による業務停止のリスクが低いため、グローバルデータセンターへの集約によるコスト低減を優先するケースが多い
「効率性」に関する要因	連携システムの多さ／他システムとの連携データ量の大きさ	連携システムが多い、あるいは他システムとの連携データが大容量の場合、同一データセンターに配置することや、同一ハードウェアに載せることにより、システム間連携（データ連携）にかかるコストが低減できる余地が大きいため、関連システムをセットで集約するケースが多い
「効率性」に関する要因	システムユーザーの地域的な分散	リージョンシステム等、ユーザーが特定の地域に集中している場合、システムをグローバルデータセンターに設置（集約）することにより、ネットワークコストが高くなるため、グローバルデータセンターへの集約はせずに、リージョンデータセンターや拠点データセンターに設置するケースが多い
「効率性」に関する要因	ハードウェアリソース活用の季節性	特定の時期にハードウェアリソースを大量に活用するシステム（決算関連システム等）の場合、統合ハードウェア基盤（クラウド基盤等）に集約することにより、他システムとのハードウェアリソースの共有ができ、コスト低減につながるため、ハードウェアを集約するケースが多い

因が挙げられる（図表6-4）。

インフラの集約・統一化の目指す姿を検討する際には、これらの要因について、自社の置かれた状況を把握したうえで、グローバル全体でのデータセンターやハードウェア基盤の配置、それらの基盤上に載せるシステム（アプリケーションやデータベース）の構成について、全体構想を描く必要がある。

アプリケーション・データの共通化・標準化

インフラと比較すると取り組みが遅れているものの、アプリケーションやデータにおいても共通化・標準化の取り組みを検討している企業は多い。インフラの集約・統一化の主要な目的が効率化であるのに対して、アプリケーションやデータの共通化・標準化には効率化以外にも多様な目的がある。

前述の「グローバルITマネジメント調査」の結果をもとに、アプリケーションをリージョンやグローバルで共通化・標準化している企業とそれ以外の企業を比較することにより、アプリケーションの共通化・標準化により達成しうる目的の特定を試みた。その結果、「顧客サービスの強化」や「営業力の強化」等の顧客接点系の目的については、共通化・標準化の状況とは関係性が低い一方、「業務プロセスのスピードアップ」や「グローバル経営の見える化」等の業務プロセス系や情報可視化系の目的については共通化・標準化により達成しうることが明らかになった（図表6-5）。つまり、グローバルでのアプリケーションの共通化・標準化は業務プロセスや情報可視化に関する課題解決に対して有効であることを示唆している。

また、個別に日系企業にアプリケーションの共通化・標準化の目的をヒアリングすると、「自社のコアコンピタンスである業務領域については、スクラッチ開発をした国内のアプリケーションを海外拠点に展開することにより、グローバル全体でのコアコンピタンス化を図っている」、「東南アジアや中国における経営管理レベルの向上を目的として、経営管理レベルが高い国内系基幹システムをベースにした基幹系システムのグローバル標準化を推進している」という声が上げられており、アプリケーションのグローバル標準化を梃子《てこ》にした業務プロセスに関する課題解決を図るケースが多いことが、ヒアリン

図表6-5❖アプリケーションの共通化・標準化により達成しうる目的

ビジネス目的の分類	該当するビジネス目的の例
リージョンやグローバルでのアプリケーションの共通化・標準化により達成しうる目的	・グローバル経営の見える化 ・業務プロセスのスピードアップ ・業務プロセスの質・精度の向上 ・企業間の情報連携推進 ・ビジネスのグローバル化の推進
リージョンやグローバルでのアプリケーションの共通化・標準化とは関係性が低い目的	・顧客サービスの強化 ・営業力の強化 ・商品・サービスの差別化・高付加価値化

出典：NTTデータ／クニエ／NTTデータ経営研究所「グローバルITマネジメント調査」（2014年）

グ結果からも確認できる。

アプリケーションの共通化・標準化には、それを利用する業務プロセスが同一であること、あるいは共通化・標準化と同時に業務プロセスを統一することが必要となる。効率化の観点のみを考慮した場合、グローバルですべての業務プロセスを統一し、アプリケーションも共通化・標準化されていることが望ましいが、現実には難しい。リージョンや拠点により市場環境や法制度・商慣習が異なるため、グローバル全体で統一化された業務プロセスでは競争力が削がれてしまうことやコンプライアンスの観点から問題となることがありうる。また、リージョン間や拠点間での現状の業務プロセスの違いが非常に大きい場合には、無理に統一することにより、移行期には業務効率や業務品質が許容できないレベルで低下してしまうことも危惧される。

アプリケーションの標準化と一言で言っても様々なパターンがある。具体的にどのようなパターンがありうるか、標準化の範囲と目的の観点から整理する。

標準化の範囲については、グローバル視点では、大きく「グローバル全体標準化」、「リージョンをまたいだ標準化」、「リージョンごとの標準化」、「各拠点バラバラ」の四つのパターンがある(図表6－6)。「リージョンをまたいだ標準化」についてはさらにいくつかのパターンが存在する。例えば、グローバル全体を日本や欧米等の先進国(先進リージョン)と南米や日本を除くアジア等の途上国(途上リージョン)の二つのグループに分けて、それぞれ別々の標準アプリケーションを整備して展開していくパターンが考えられる。これは、先進国と途上国では事業規模に大きな差があることから、アプリケーションに求める機能レベルが異なるためである。無理にグローバル全体で標準化することにより、先進国では機能レベルが不足してビジネスニーズを満たせない、途上国では求める機能レベルに対して過剰な機能の標準アプリケーションが提供されるためコストが高くなる等の問題が発生する可能性がある。また、日本発の拠点（リージョン）とM＆Aした拠点（リージョン）でグループを分けることも考えられる。両者の現状の業務プロセスの違いが大きすぎる場合には、無理にグローバル全体を標準化すること

図表6-6❖グローバルレベルでのアプリケーションの標準化のパターン

アプリケーションの標準化のパターン	パターンの説明
グローバル全体標準化	すべてのリージョン／拠点に共通の標準アプリケーションをそのまま、あるいは多少のカスタマイズをして利用している状態
リージョンをまたいだ標準化	複数のリージョンおよびそのリージョン内のすべての拠点が同一の標準アプリケーションをそのまま、あるいは多少のカスタマイズをして利用している状態 求められる機能レベルや負担できる費用を考慮して、「先進リージョン向け標準アプリ」と「途上リージョン向け標準アプリ」の2つの標準アプリをグローバルで保有している事例等がある
リージョンごとの標準化（リージョン内の標準化）	各リージョン内のすべての拠点がリージョン標準アプリケーションをそのまま、あるいは多少のカスタマイズをして利用している状態
各拠点バラバラ（標準化なし）	グローバルでもリージョンでもアプリケーションが標準化されておらず、各拠点が独自に構築したアプリケーションを利用している状態

による業務効率や業務品質の低下を回避するためである。

また、同じ標準化をするのでも、前述のとおりその目的は様々であり、大きくは「戦略的標準化」、「効率的標準化」がある。また、あえて標準化しない「戦略的独自化」という考え方もある。

「戦略的標準化」は、グローバルで標準化することによるコスト面での効率化効果は限定的なものの、標準化することにより、様々な戦略の実現を図るパターンである。例えば、グローバル経営の意思決定に必要なデータを生成する情報システムについて、各リージョンからバラバラな形式のデータが連携されてきては迅速かつ精度の高い意思決定ができないことから、データ形式を統一するために標準化するケース、標準アプリケーションに詰まった日本国内の業務ノウハウをグローバルに展開するために標準化するケース等が挙げられる。

「効率的標準化」は、主に競争力につながらない業務について、アプリケーションを独自に構築・維持することはコスト高になるため、アプリケーションを標準化することによりグローバル全体でのコスト低減を図るパターンである。将来的なオペレーションの集中化・シェアードサービス化を見据えて業務プロセスの統一を図るために標準化することもある。

「戦略的独自化」は、グローバルで標準化することによる効率化効果を捨ててまで、あえてリージョンや拠点で独自のアプリケーションを利用することにより、様々な戦略の実現を図るパターンである。例えば、市場環境がリージョンごとに大きく異なり、標準化することで一部リージョンにおける競争力を削ぐ可能性があるためにリージョンごとに独自に構築・維持するケース、ビジネス環境変化が早くシステム対応スピードが重要成功要因となっており、リージョン独自の判断で迅速かつ柔軟な機能追加を可能にするためにリージョンごとに独自に構築・維持するケース等が挙げられる。

実際にアプリケーションの標準化を進める際には、ここまで紹介したアプリケーション標準化の範囲や目的のパターンごとの考え方を参考に、自社を取り巻く状況を踏まえて、どの領域をどのような目的でどの範囲で標準化するかを整理して、アプリケーションマップとして全体像を可視化し、ステークホルダーと合意形成を図ることが重要である。

情報システムの統一化・標準化のアプローチ

ここまで各レイヤーにおける統一化・標準化における考え方を説明した。実際にグローバルでの情報システムの統一化・標準化に取り組む場合には、限られた予算で最大限の効果を創出するために、まずは全体構想を策定する必要がある。全体構想の検討アプローチについて簡単に説明する。基本的なアプローチは、①現状把握、②目指す姿の策定、③課題抽出・施策想起、④施策評価・ロードマップの策定のステップで検討していくことになる（図表6-7）。

①現状把握では、グローバル全体の情報システムの現状について把握し、グローバルシステムマップを作成する。大概のケースでは、リージョンや拠点で独自に構築してきた情報システムが多

く、G‐HQではグローバル全体の情報システムが把握できていないため、R‐HQ等の協力を得ながら全体像を把握する必要がある。②目指す姿の策定では、前述の様々な要因を考慮して自社に適したグローバル全体での情報システムのあり方を検討し、ステークホルダーとの合意形成を得ながら決定する。③課題抽出・施策想起では、現状と目指す姿のギャップを課題として抽出したうえで、課題を解決する施策を想起する。リージョンごとにバラバラのアプリケーションをグローバルで標準化する場合には、SAP等のパッケージソフトをベースに標準テンプレートを構築してグローバル全体にロールアウトする、いずれかのリージョンで既に利用しているアプリケーションをベースに標準アプリケーションを構築しグローバル全体にロールアウトする等、複数の施策を想起することが望ましい。④ロードマップの策定では、抽出した施策について、投資や効果に関する様々な観点から評価した

図表6‐7❖情報システムの統一化・標準化の全体構想の検討アプローチ

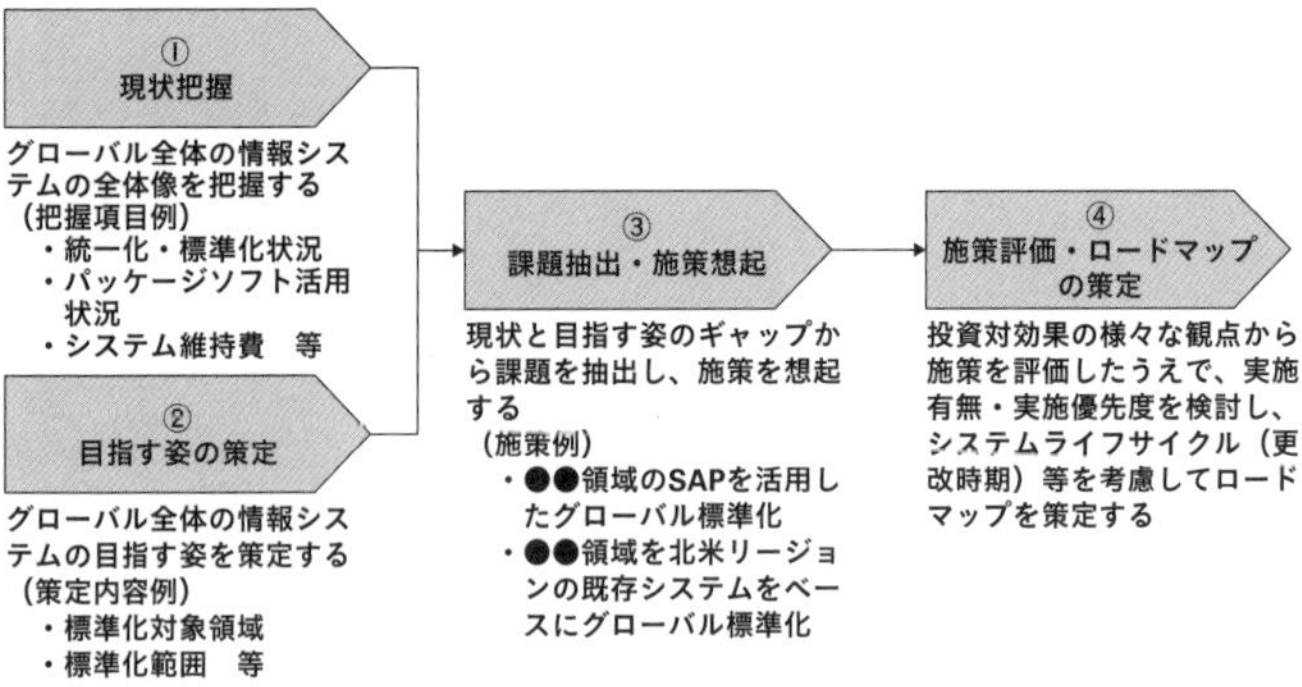

①
現状把握
グローバル全体の情報システムの全体像を把握する
（把握項目例）
・統一化・標準化状況
・パッケージソフト活用状況
・システム維持費　等
②
目指す姿の策定
グローバル全体の情報システムの目指す姿を策定する
（策定内容例）
・標準化対象領域
・標準化範囲　等
③
課題抽出・施策想起
現状と目指す姿のギャップから課題を抽出し、施策を想起する
（施策例）
・●●領域のSAPを活用したグローバル標準化
・●●領域を北米リージョンの既存システムをベースにグローバル標準化
④
施策評価・ロードマップの策定
投資対効果の様々な観点から施策を評価したうえで、実施有無・実施優先度を検討し、システムライフサイクル（更改時期）等を考慮してロードマップを策定する

うえで各施策の実施有無、実施優先度を決定し、標準化活動に利用可能な予算や要員リソース、既存システムのライフサイクル（更改時期）等を考慮して、いつ、どの施策を実施するかの計画を策定する。

このようなアプローチで作成した目指す姿やロードマップを絵に描いた餅に終わらせないためには、検討において各リージョンを巻き込むことが非常に重要である。

各リージョンの情報システムに関する投資権限は、G-HQのIT部門ではなく、R-HQの業務部門が保有していることが多い。グローバル全体でどんなに効果が大きく優れた目指す姿やロードマップを策定しても、これらのステークホルダーの協力なくして実現することは困難である。ステークホルダーと合意形成を得ながら検討を推進していくためには、グローバル全体のメリットと同時に、各リージョンにとってのメリットを追求し、リージョンの経営層や業務部門に訴求していくことが求められる。例えばグローバル全体でアプリケーションを標準化した場合、アプリケーションの構築や維持にかかる費用を利用する各リージョンにどの程度按分するか、リージョンにとって納得感のある按分方法を考え、丁寧に説明・説得していく必要がある。

また、策定した目指す姿についてはグローバル全体方針としてルール化し、一定のガバナンスを働かせることも重要となる。各リージョンにおける情報システムの新規構築や更改等の投資案件が、目指す姿の実現に沿った案件なのかを見定めて、投資案件の採否を決定していく必要がある。具体的には、グローバル全体方針の適用／逸脱基準、逸脱の承認プロセスや承認者等のガバナンスルールを策定する、グローバル全体方針との整合について判断するガバナンス委員会を設置する、各地域における標準適用（グローバル全体方針適用）をサポートする社内コンサルタントの体制整備をする等の対応が考えられる。

さらに、策定した目指す姿やロードマップについては定期的に見直す必要がある。各リージョンの市場動向変化、企業の売却や買収等により、事業環境は絶えず変化する。また、そもそも策定した目指す姿やロードマップが最適なものとは限らず、実際に推進する中で様々な課題が見えてくることもある。こうしたことから、目指す姿やロードマップは定期的にその妥当性を確認し、実現効果が高く推進可能な構想にブラッシュアップしていくことが有効である（図表6-8）。

このように、構想の策定、ガバナンスを働かせることによる構想の推進、および構想の見直しのサイクルを回すことにより、構想を絵に描いた餅にしないことが重要である。


図表6-8❖グローバル全体構想の実現に向けたサイクル

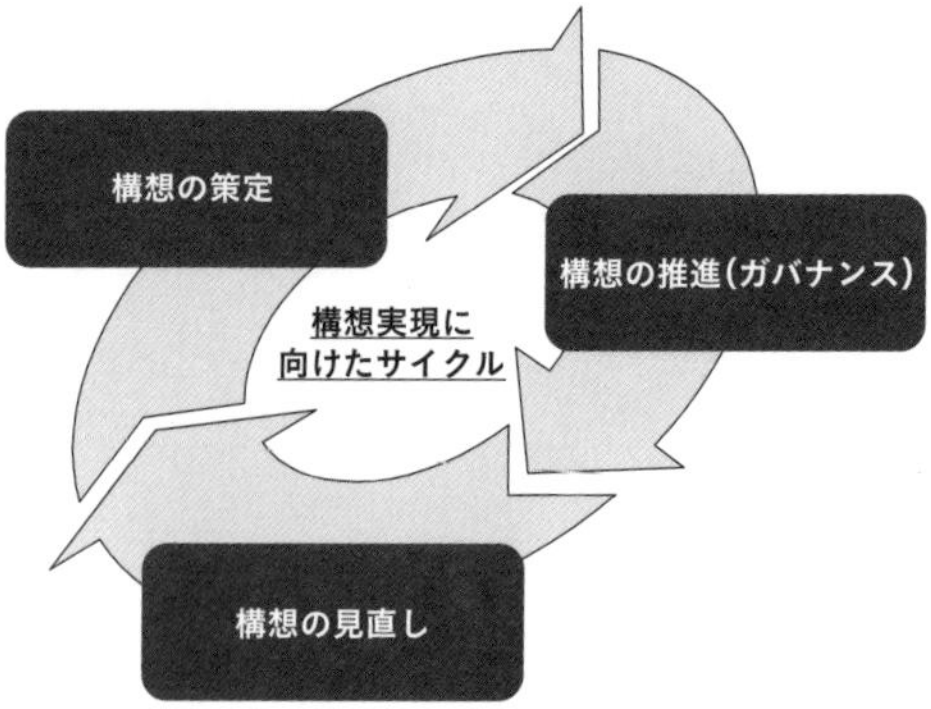

3 グローバル全体でのＩＴ部門のあり方

日系企業におけるグローバル全体のＩＴ部門の現状

一般的に海外の先進企業では、G-HQにITマネジメント機能の大部分を集約し、R-HQや拠点のIT部門は、G-HQのIT部門とリージョン内のビジネス部門を仲介するリエゾン（取次ぎ役、橋渡し役）のような役割を担っていることが多い。具体的には、リージョン内のビジネス部門に対する情報システム導入等の各種施策の説明、G-HQのIT部門へのリージョン内の市場動向やビジネス部門からのニーズのフィードバック等、役割が限定的である。これは前述のトレードオフの関係で統制や効率性を重視したやり方と言える。

一方、日系企業では、程度は様々であるものの、G-HQのIT部門へ集約する機能は限定的で、R-HQや拠点のIT部門が独自にITマネジメント機能を有しているというケースが多いように思われる。これはR-HQごとに取り巻く環境に適したITマネジメントを整備・実施することにより、トレードオフの関係の中で迅速性や柔軟性を重視したやり方と言える。

前述のとおり、企業を取り巻く社内外の環境に応じた「統制や効率性と迅速性や柔軟性のバランス」が重要であるため、どちらが優れているという議論は不毛であるが、現状では迅速性や柔軟性を重視した結果というよりは、むしろ成り行きでこのようになっているケースが多い。

自社を取り巻く環境に合わせて、G-HQがどの程度リージョンや拠点のIT部門の機能を集約するか、管理するかを検討したうえで、G-HQ、R-HQ、拠点のIT部門間での最適な役割分担や相互関与のあり方を実現するべきである。この検討に活用できるフレームワークについては、「5 グローバルITマネジメント研究会」の節にて紹介する。

マネジメント基盤の選択

グローバル全体でのIT部門の役割分担を検討し、各IT部門の体制を整備するうえで、すべてをゼロベースで検討して構築するわけではない。日本本社のIT部門が国内で適用していたIT戦略策定やIT投資管理のプロセス・ルール等をベースに構築し、日本人主導でグローバル全体のマネジメントを実施する等、既存のマネジメント基盤をベースにグローバルでのIT部門の体制を整備していくことで、これまで培ったマネジメントノウハウを活かしつつ、迅速な体制整備が可能となる。日系企業のIT部門のグローバル化の事例を分析すると、マネジメント基盤の選択については、いくつかのパターンが存在する。

M&Aによるものではなく、日本発で海外に生産拠点(工場)や販売拠点(販社)の現地法人を設立しグローバル化を進めている企業では、日本本社のIT部門における既存のマネジメント基盤を活用し、各種プロセス・ルールをグローバルで適用できるようにカスタマイズし、各拠点に展開していくケースが多い。同様のプロセス・ルールでグローバル全体のIT部門を運営することにより、グローバルでのガバナンスを効かせている。これは、M&Aによるグローバル化をしていないために、そもそもベースにできるマネジメント基盤が一つしかなく、また海外拠点が日本発で設立されている経緯から組織の価値観や文化が日本本社と大きくは異なっておらず、日本型のマネジメントが比較的受け入れられやすいためである。

一方、M&Aによるグローバル化を果たした企業においては状況が異なる。日本本社のIT部門と買収先企業のIT部門と、ベースとして活用可能なマネジメント基盤が複数存在し、どちらのマネジメント基盤をベースとすることもありうる。

日本本社のIT部門のマネジメント基盤をベースとする場合、多くの場合では買収先企業とのすり合わせが非常に重要である。一般的に日本のマネジメントスタイルは海外とは異なると言われているため、日本のマネジメント基盤をベースにしつつも、グローバルでの共通指針をしっかりと定義し、買収先企業に受け入れられるプロセス・ルールを確立したうえで展開していくことが重要である。

買収先企業のIT部門のマネジメント基盤をベースに、グローバル全体のIT部門の体制を整備することも考えられる。買収先の欧米企業が既に優れたグローバルITマネジメント体制を整備している場合には、そのマネジメント基盤をベースにグローバルに展開することが、優れたグローバルITマネジメント体制を整備する近道かもしれない。実際に日系の大手製造業C社では、自社よりも規模が大きい欧州の企業を買収し、買収先企業のグローバルITマネジメントの一地域として日本のIT部門を組み込むことでグローバルITマネジメント体制を構築した。C社のグローバル全体のCIO（最高情報責任者）には買収先企業の外国人のCIOが就任し、日本のIT部門におけるIT戦略策定、IT投資管理等のプロセス・ルールを買収先企業に合わせることで、グローバルITマネジメント体制を確立した。

このようにグローバルITマネジメント体制を整備するうえでのマネジメント基盤の選択にはいくつかのパターンがある。各社の事情によりとるべきパターンは異なるが、ビジネスに貢献できるIT部門を構築するという観点から、自社に最適なパターンを検討することが求められている。

IT部門間でのコミュニケーション

グローバルで複数のIT部門が存在し、それぞれがITに関するビジョンを掲げ、IT戦略を策定し、情報システムの構築やITマネジメント体制の整備等の施策を推進している場合、IT部門間でのビジョン、戦略、施策の整合性確保が重要となる。例えば、近年、ビッグデータが着目され、世界中で企業が自社ビジネスへの活用を模索しており、実際にビッグデータの蓄積・分析に関するシステム基盤の構築に着手している企業も多い。自社の複数のリージョンが時を同じくして類似のビッグデータのシステム基盤の構築に着手した場合、グローバル全体で見れば重複投資が発生する。また、それぞれが独自の設計思想で基盤構築してしまえば、将来的な連携や統合も困難になる。この場合、システム基盤構築の施策が構想された段階でリージョン間で情報共有できていれば、両リージョンで活用可能なシステム基盤を共同案件（共同投資）として実施するという意思決定が可能となり、それぞれのリージョンにとってコストメリットがある。

グローバル全体のIT部門間でのビジョン、戦略、施策の整合性を確保するためには、そのための仕組みを構築する必要がある。実際にこれらの整合性を確保するための取り組みをいくつか紹介する。

最も一般的な取り組みは、グローバル全体でITビジョン、IT戦略、施策等を共有する会議体の設置である。企業によって呼び方は様々であるが、多くの企業においてグローバル全体のIT部門の幹部層が顔を合わせるグローバルステアリングコミッティのような会議体を年に一～二回程度実施している。会議体の場では、グローバル全体のITに関する方針共有、各リージョンのIT戦略・主要施策の共有、主要なグローバルプロジェクトの進捗状況の共有等を実施することで、G-HQや各R-HQのIT部門がグローバル全体の状況を把握したうえで、調整が必要な事項を認識し、各IT部門との整合を図るアクションへとつなげている。

また、各R-HQにおけるIT戦略の策定・管理プロセスに、他R-HQとの整合を組み入れているケースもある。年次でIT戦略を見直していく中で、次年度のIT戦略の素案を作成した段階でR-HQ間で共有し合い、すり合わせを行ったうえで各リージョンIT戦略を仕上げている。既存の管理プロセスに組み入れることにより、グローバル全体で整合のとれたIT戦略の策定を実現している。

現地駐在員をハブにした情報共有も有効である。各R-HQのIT部門にG-HQのIT部門から駐在員を出向させているケースは多いが、駐在員に対して、「R-HQにおける施策の立案状況をG-HQに報告する」というミッションを与えることで、G-HQがリアルタイムにR-HQのIT部門における施策の立案状況を把握することができ、迅速にR-HQ間での調整等のアクションにつなげられる。

いずれの取り組みにおいても共通的に言えるが、各R-HQのIT部門にとって、ITビジョン、IT戦略、施策等の検討状況についてグローバル全体に共有することのメリットを設計し、十分に理解してもらうことが重要である。各R-HQにとって、共有することによりG-HQから管理され、場合によってはIT戦略の変更や施策の中止等を余儀なくされるようでは、リアルタイムで正確な情報共有は望めない。R-HQでグローバル全体にとって有益な施策を検討している場合にはG-HQから予算をつける、G-HQから有識者を派遣する等、R-HQにとってメリットとなるバックアップを実施できる仕組みや体制を整えることにより、グローバル全体のIT部門が円滑にコミュニケーションをとり、整合のとれたＩＴビジョンやＩＴ戦略のもとで、最適な体制で各種施策を推進することが可能となる。

4 グローバルIT人材

グローバルIT人材の現状

グローバルITマネジメントの議論をしていると、ほとんどの企業の方は「最大の課題はグローバルIT人材の育成・確保」と言われる。実際に前述の「グローバルITマネジメント調査」では、グローバルITマネジメントの課題として「取り組みを推進するグローバルIT人材が不足している」を挙げる企業が最も多かった（図表6−9）。

グローバルIT人材とは

ではグローバルIT人材とは具体的にどのような人材を指すのか。NTTデータ経営研究所では、二種類の人材をイメージしている。まずはグローバルITマネジメントを推進する人材で、グローバルIT戦略の立案やグローバルでのIT投資管理を実行する役割を担える人材を想定している。もう一種類はグローバル共通システム構築や標準システムの地域へのロールアウト等のグローバルプロジェクトをPM（プロジェクトマネージャー）等の立場でリードできる人材を想定している。

　これらのIT人材は、国内のITマネジメントやプロジェクトのみに関わってきたIT人材では簡単に担うことはできず、プラスアルファの知識・スキルが必要であることは言うまでもない。前述のグローバルIT人材像を想像すると、例えば以下の知識・スキルが必要になると考えられる。

図表6-9❖日系企業におけるグローバルITマネジメントの課題

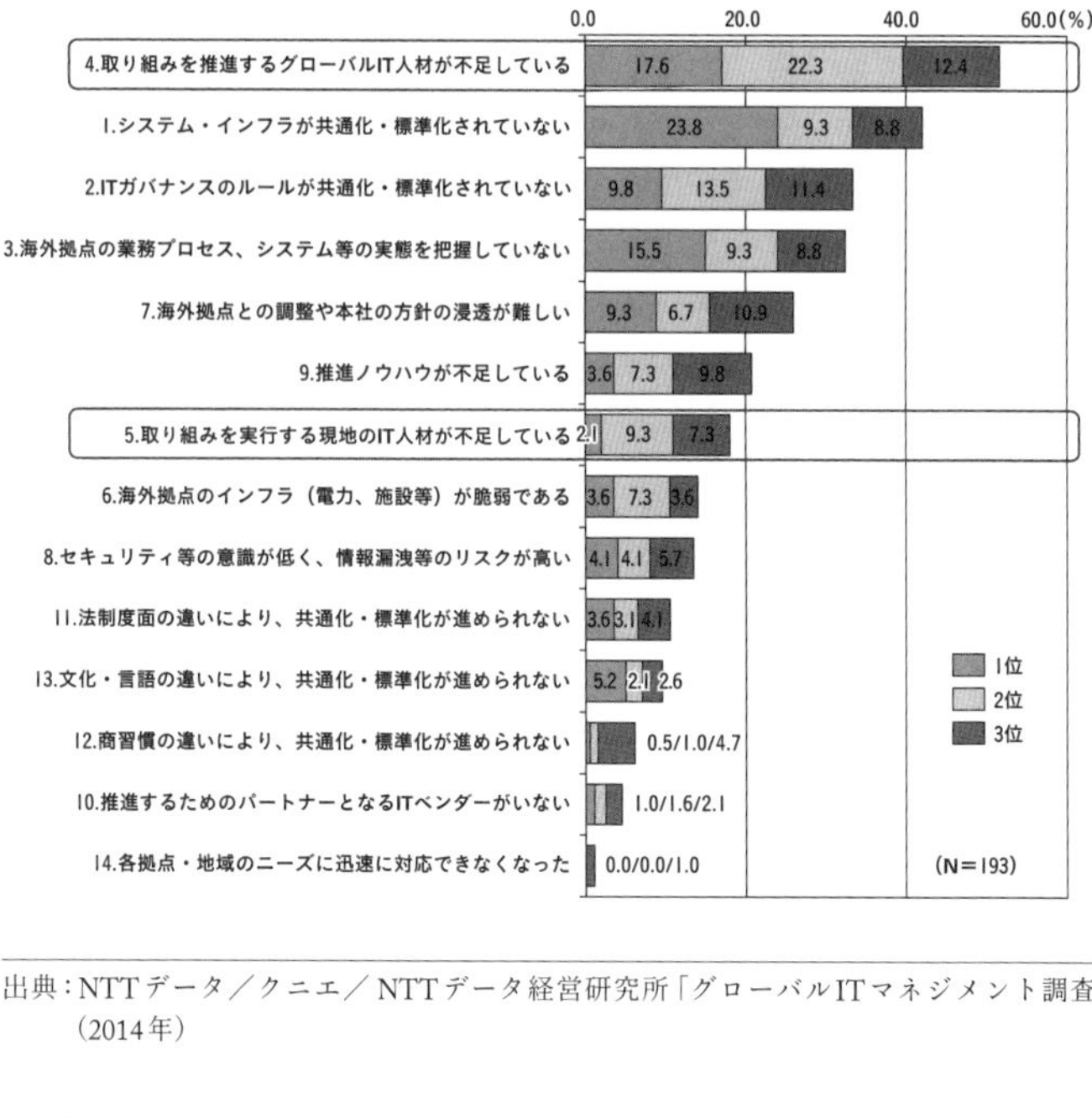

出典：NTTデータ／クニエ／NTTデータ経営研究所「グローバルITマネジメント調査」（2014年）

【知識】
・リージョンや拠点のビジネス・システム、商習慣、法規制に関する知識
・文化の違いやIT部門の成熟度を配慮したマネジメント手法、ロールアウト手法に関する知識
・海外ITベンダーに関する知識（商習慣、各プレーヤーの動向等）
【スキル】
・語学力
・多国籍の人材で構成されるチームのマネジメント能力（文化や価値観の違いに伴うワークスタイルやコミュニケーションスタイルが異なる人材をマネジメントする能力）
・方針・ルールの展開における海外ステークホルダー（現地CEO、現地CIO、現地ベンダー等）との調整能力

グローバルIT人材の育成・調達

このような要件を充足するIT人材を確保するためには、社内IT人材の育成、あるいは外部からのIT人材調達が必要となる。

社内IT人材の育成については、まず国内人材のグローバル化が挙げられる。企業の方々とグローバルIT人材の議論をしていると必ず行きつくのは素質と経験が重要であるという結論であ

る。ではどのように国内で素質がある人材を見極めてどのように経験を積ませるべきか。大手製造業D社では、有望な国内人材に最大三回、各二〜三年程度の海外駐在を経験させている。一回目はトレーニーとして、二回目はグローバルプロジェクトの中核メンバーとして、三回目は現地CIOの補佐として駐在させている。すべての人材を三回駐在させるわけではなく、経験を積ませる中でグローバルIT人材としての素質を見極め、徐々に人数を絞り込んでいる。このように海外駐在と選抜を繰り返すことにより、素質のある人材に重点的に経験を積ませグローバルIT人材を育成している。

社内IT人材の育成は、国内人材のグローバルIT人材化だけではなく、海外拠点が現地採用したIT人材を日本本社に出向させ、日本本社の組織風土や仕事のスタイルを学ばせ、グローバルIT人材として現地に戻す逆トレーニー制度をとることも考えられる。

海外の先進企業では、日本と労働市場環境が異なることもあり、外部からのIT人材調達も積極的に行っている。実際に、あるエネルギー商社（英国）や製薬業企業（英国）では、国内外の複数の人材紹介会社とパートナーシップ契約を締結しており、プロジェクトの発足やメンバーの退職で必要が生じるたびにIT人材を調達している。人材紹介会社とパートナーシップ契約を結ぶことは、必要なタイミングでIT人材を調達しやすくなることに加え、人材紹介会社に自社の求めるIT人材像やスキル要件について深く理解してもらうことができるので、最適な人材紹介を受けられることもメリットのようである。諸外国と比較して人材流動性が低い日本においては同様な方法ではうまくいかない可能性もあるものの、自社の海外拠点におけるＩＴ人材の調達においては、人材紹介会社とのパートナーシップ契約は一つのヒントになるかもしれない。

グローバルＩＴパートナーの活用

ＩＴ人材の育成は成果が出るまでに時間がかかる。また、(特に日本では)ＩＴ人材の調達も簡単にはいかない。IT人材の育成や調達が自社のグローバル展開のスピードに追い付かない場合には、外部リソースの活用も有効な手段となる。プロジェクトの発生都度、ＩＴベンダーを選定することも可能だが、グローバルＩＴプロジェクトでは自社のグローバル全体のビジネス・システムを熟知していることが重要となるため、グローバルＩＴパートナーを選定することも有効である。グローバルに拠点を有するＩＴベンダーをパートナーにすることにより、グローバルＩＴプロジェクトを迅速に立ち上げられることや、自社のビジネス・システムについてＩＴベンダー内でのグローバルでの情報蓄積・共有が進みグローバル全体最適を考慮したプロジェクト推進に力を貸してもらえること等が期待できる。特に近年は、日本のＩＴベンダーのグローバル化も進んでいる。日本のＩＴベンダーであれば、日系企業独特の仕事のスタイルを理解したうえで、自社のグローバルＩＴマネジメントやグローバルＩＴプロジェクトの推進を支援してもらうことが期待できる。

5 グローバルITマネジメント研究会

研究会の概要

ＮＴＴデータ経営研究所では、二〇一三年度より、株式会社ＮＴＴデータ、株式会社クニエと共同で、グローバルレベルでのＩＴやＩＴマネジメントの整備を担務されている大手日系企業八社の担当者とともに、グローバルＩＴマネジメントに関する研究会を発足しており、二〇一三年度は全五回の研究会を開催した。研究会では、ユーザー企業が実際にグローバルＩＴマネジメントを確立する際に活用可能なフレームワークの構築を志向している。ユーザー企業とともに共同研究することにより、実際に企業がＩＴマネジメントのあり方を検討する際に、何を考慮して、何を検討しているのか、そのエッセンスを取り込むことが有効であると考えたためである。

本節では、本研究会で構築しているフレームワークについて紹介する。

グローバルITマネジメントフレームワーク

海外の先進企業では、例えばIT投資管理の領域では、一定金額以上のIT投資案件はすべてG-HQが投資判断を実施している等、R-HQや各拠点にて行うITマネジメント活動に対して、G-HQが強く関与することが多い。一方、日系企業においては、G-HQが中央集権的に強く関与するのが必ずしも目指す姿とは言えず、むしろどの程度関与するかを明確にすることが重要であるとの議論があった。

そこで、ITマネジメントのフレームワークでは、G-HQがリージョンや各拠点のITマネジメントにどの程度関与するか（以下〝管理の強さ〟と呼ぶ）に着目して、具体的な管理態勢・管理方法のパターンを定義することとした。IT戦略策定・管理やセキュリティ管理等のITマネジメントの業務領域ごとに、管理が弱い状態から強い状態までを1～6の六段階（六つのパターン）を定義した（図表6-10）。

例えば、「IT戦略策定・管理」については、グローバルIT戦略の有無やその記載内容の範囲（リージョンの戦略も含むか）、リージョンIT戦略間での整合性確保の有無の観点から〝管理の強さ〟を定義した。具体的には、最も管理が弱いレベル1は、「ローカル個別IT戦略」と定義した。これは、グローバルやリージョンレベルのIT戦略は存在せず、各拠点が個別にIT戦略を策定・管理している状態である。一方、最も管理が強いレベル6は、「グローバル／リージョン統合IT

図表6-10❖「グローバルITマネジメント研究会」で構築した“管理の強さ”のフレームワーク

	弱 ←― 管理の強さ ―→ 強					
	1	2	3	4	5	6
IT戦略策定・管理	**ローカル個別IT戦略** グローバル／リージョンIT戦略なし	**リージョン個別IT戦略** グローバルIT戦略なし／リージョン間整合性非確認	**リージョンIT戦略** グローバルIT戦略なし／リージョン間整合性確認	**グローバルIT戦略に基づくリージョン個別IT戦略** リージョン間整合性非確認	**グローバルIT戦略に基づくリージョンIT戦略** リージョン間整合性確認	**グローバル／リージョン統合IT戦略** 個別リージョンIT戦略なし
IT予算管理	**ローカル個別IT予算管理** G-HQ／R-HQ／ローカルがそれぞれ独自にIT予算を策定	**R-HQ主体の個別IT予算管理** R-HQがローカル含めたIT予算を策定／リージョン間の整合性非確認	**R-HQ主体のIT予算管理** R-HQがローカル含めたIT予算を策定／リージョン間の整合性確認	**G-HQ主体の個別IT予算管理** G-HQがリージョン含めたIT予算を策定／リージョン間の整合性非確認	**G-HQ主体のIT予算管理** G-HQがリージョン含めたIT予算を策定／リージョン間の整合性確認	**グローバル／リージョン統合IT予算管理** G-HQがリージョンの予算も含むグローバル予算を策定
個別IT投資管理	**ローカル個別IT投資管理** リージョン／ローカル個別のIT投資はそれぞれが独自管理	**リージョン個別IT投資管理** R-HQがローカルのIT投資を管理	**リージョン／グローバルのハイブリットIT投資管理** リージョン個別投資は投資目的等に応じてG-HQあるいはR-HQが投資判断			**グローバル／リージョン統合IT投資管理** リージョン個別投資はG-HQが一元管理
外部委託先管理・調達管理	**ローカル個別外部委託管理／実行** 各拠点ごとに独自ポリシー・ルールを策定	**R-HQ主体の外部委託管理／ローカル実行** R-HQごとにポリシー・ルールを策定し、ローカルが実行	**R-HQ主体の外部委託管理／実行** R-HQごとにポリシー・ルールを策定し、R-HQが実行	**グローバルポリシーに基づくリージョン個別外部委託管理／ローカル実行** G-HQが策定したポリシーに基づきR-HQでルールを策定し、ローカルが実行	**グローバルポリシーに基づくリージョン個別外部委託管理／実行** G-HQが策定したポリシーに基づきR-HQでルールを策定し、R-HQが実行	**グローバル統合外部委託管理／実行** G-HQでポリシー・ルールを策定し、G-HQが実行
セキュリティ管理	**ローカル個別セキュリティ管理** 各拠点ごとに独自ポリシー・ルールを策定	**R-HQ主体のセキュリティ管理** R-HQごとにポリシー・ルールを策定	**R-HQ主体のセキュリティ管理／グローバル監査** R-HQごとにポリシー・ルールを策定し、G-HQが監査	**グローバルポリシーに基づくリージョン個別セキュリティ管理** G-HQが策定したポリシーに基づきR-HQでルールを策定	**グローバルポリシーに基づくリージョン個別セキュリティ管理／グローバル監査** G-HQが策定したポリシーに基づきR-HQでルールを策定し、G-HQが監査	**グローバル統合セキュリティ管理／実行** G-HQでポリシー・ルールを策定
IT-BCM（事業継続管理）	**ローカル個別IT-BCM** 各拠点ごとに独自ポリシー・ルールを策定	**R-HQ主体のIT-BCM** R-HQごとにポリシー・ルールを策定	**R-HQ主体のIT-BCM／グローバル効果検証** R-HQごとにポリシー・ルールを策定し、グローバル全体で効果検証	**グローバルポリシーに基づくリージョン個別IT-BCM** G-HQが策定したポリシーに基づきR-HQでルールを策定	**グローバルポリシーに基づくリージョン個別IT-BCM／グローバル効果検証** G-HQが策定したポリシーに基づきR-HQでルールを策定し、グローバル全体で効果検証	**グローバル統合IT-BCM** G-HQでポリシー・ルールを策定
IT人材管理・配置	**ローカル個別IT人材管理・配置** ローカルがIT人材を管理把握し、ローカルIT人材のグローバルプロジェクト、定常業務へのアサイン権限保持	**リージョン主体のIT人材管理・配置（IT定常業務は除く）** R-HQがIT人材を管理把握し、リージョン内IT人材のグローバルプロジェクトへのアサイン権限のみ保持	**R-HQ主体のIT人材管理・配置** R-HQがIT人材を管理把握し、リージョン内IT人材のアサイン権限も保持	**R-HQ主体のIT人材管理・配置（G-HQ把握）** G-HQがIT人材を管理把握しているが、リージョン内IT人材のアサイン権限はR-HQが保持	**グローバル統合IT人材管理・配置（IT定常業務は除く）** G-HQがIT人材を管理把握し、リージョン内IT人材のグローバルプロジェクトへのアサイン権限のみ保持	**グローバル統合IT人材管理・配置** G-HQがすべてのアサイン権限を保持

出典：NTTデータ／クニエ／NTTデータ経営研究所「グローバルITマネジメント研究会」にて作成

戦略」と定義した。これは、グローバルIT戦略とリージョンIT戦略を統合した一つのIT戦略をG-HQが策定・管理している状態で、グローバルレベルでの管理は最も強いと言える。レベル2〜5についても、徐々にグローバルレベルでの管理が強くなるように、管理態勢・管理方法を定義している。

このような定義を「IT戦略策定・管理」、「IT予算管理」、「個別IT投資管理」、「外部委託先管理・調達管理」、「セキュリティ管理」、「IT-BCM（事業継続管理）」および「IT人材管理・配置」について行い、〝管理の強さ〟のフレームワークを整理している。

フレームワークの活用イメージ／期待効果

実際に本フレームワークをどのように活用し、それによりどのような効果が見込まれるかについて説明する。グローバルITマネジメントの整備のアプローチは、①現状把握、②目指す姿の策定、③実現施策の検討、④ロードマップの策定の四段階を想定しており、各段階で以下のようにフレームワークが活用できると想定している。

まず①現状把握では、自社の現状の〝管理の強さ〟がどのレベルに該当するかを評価・マッピングすることを想定している。次に②目指す姿の策定では、どのレベルを目指すかを検討・マッピングすることを想定している。自社がベンチマークする企業におけるレベルをマッピングする等ができれば、目指すレベルの検討に役立つ。③実現施策の検討では、現状および目指す姿のギャップを可視化し、そのギャップを埋めるために必要な施策を抽出する。各施策がどのギャップを埋めるために必要かを可視化することは施策優先度の検討等において役立つ。最後に④ロードマップの策定では、抽出した施策について投資規模や効果、実現難易度等の観点から多面的に評価し優先度を判定したうえで、ロードマップとして整理する。

①～④のいずれの段階でも、ステークホルダーと合意形成を図りながら推進していくことが重要な成功要因と考えられ、その際に共通言語として本フレームワークを活用することにより、認識齟齬を回避し円滑に調整ができるものと期待している。また、現状と目指す姿を一枚で可視化できるため、経営層やIT部トップ等のエグゼクティブレベルのコミュニケーションにおいても活用しやすい点が特徴である。

本フレームワークを自社の事情に合わせてカスタマイズして活用することで、自社に最適なグローバルITマネジメントの検討とその推進に役立ててほしい。

第II部

サービスを創造するＩＴイノベーション

第7章

イノベーション創出に向けたIT戦略

1 ITでイノベーションを生み出す

「イノベーション」を求める声が、企業経営において急速に大きくなってきている。高度成長期において国内企業において編み出されてきた「勝利の方程式」が徐々にしかし確実に崩れ始めている状況下で、全く新しいサービスや製品を生み出すことへの渇望がそこにはある。そして、ITをイノベーション創出のための有効な武器として認識し期待する声も同時に存在する。

過去を振り返ればITは多くのイノベーションを起こしてきている。例えば、一九六四年の東京オリンピックでは、日本で初めて本格的なオンラインシステムが導入された。"Tokyo Olympic Tele-Processing System" と呼ばれるこのシステムは、三二の競技場と代々木のデータセンターを結び、競技情報の蓄積、競技結果の配信といった機能を提供している。このシステムが実現したイノベーションは、「全公式記録を最終日の閉会式が始まるまでに、すべて集計・印刷を終えオリンピック大会委員長に手渡した」ということだ。これだけでは何がすごいことなのかご理解いただけないかもしれないが、一つ前の一九六〇年のローマオリンピックにおいては、競技結果を手計算等で集計・検算し、委員長に報告できたのは、閉会式が終了してから一か月後だったという話を聞くと、ＩＴ導入によるイノベーションの大きさを理解できると思う。

オリンピックはある意味「最新技術のショーケース」としての側面を持ち、その後の大会においても様々なチャレンジがなされている。一九七二年の札幌オリンピックでは、日本電信電話公社データ通信本部がシステム開発を実施している。札幌オリンピックでは、選手・役員等のデータ管理や各種の情報案内処理と合わせて、「競技における結果情報をリアルタイムで集計・表示する」というイノベーションを起こしている。スキーのジャンプ競技において、計時装置、電光表示板と直接接続し、審査業務そのものをＩＴによって支援している。日本が金・銀・銅メダルを独占した「日の丸飛行隊」を覚えている方も多いと思うが、その競技の裏にはこのような取り組みがなされていたのである。

翻って、最近の日本企業において大きなイノベーションがＩＴによって生まれているということは残念ながらあまり聞こえてこない。グーグル、アマゾン、ツイッター、フェイスブック等、ＩＴによって新しいビジネスモデルを創り出している企業がどんどん生まれてきている米国等と比べて、日本はかなり寂しい状況にあるように見える。

試みに日本と米国の民間分野におけるＩＴ投資推移を比較してみよう（図表7－1）。

一九九五年をベースとしたとき、米国は多少景気の影響は受けているとは言え、二〇〇〇年代後半のＩＴ投資は四倍以上にも達している。それに対し、日本は若干伸びているとは言え、二倍にも満たない程度でしかない。技術の進展に伴って、ＩＴのコストパフォーマンスが良くなっていることを考慮すると四倍以上の伸びは驚異的である。なぜ日米においてIT投資性向にこのような大きな差が生まれているのであろうか。ここで九州大学の篠崎彰彦教授によるIT投資による日米の生産性向上についての比較分析を紹介したい。

まず米国を見てみると、一九八〇年代においては、IT投資を増加させている割には、効果は実は上がっていないことがわかる（図表7-2）。この時代はちょうど米国でIT投資に関する効果を疑問視した「ソロー・パラドクス」が議論されていたころと合致する。しかし、二〇〇〇年代においては、IT投資の増加に対して大きな生産性向上が実現されている。ちょうど米国で投資を増やしていくことによって限りなく景気が良くなっていくという「ニューエコノミー」への期待が大きかった時期にも重なる。

同様の分析を日本に対して実施してみると、米

図表7-1❖日米における民間情報化投資の伸び

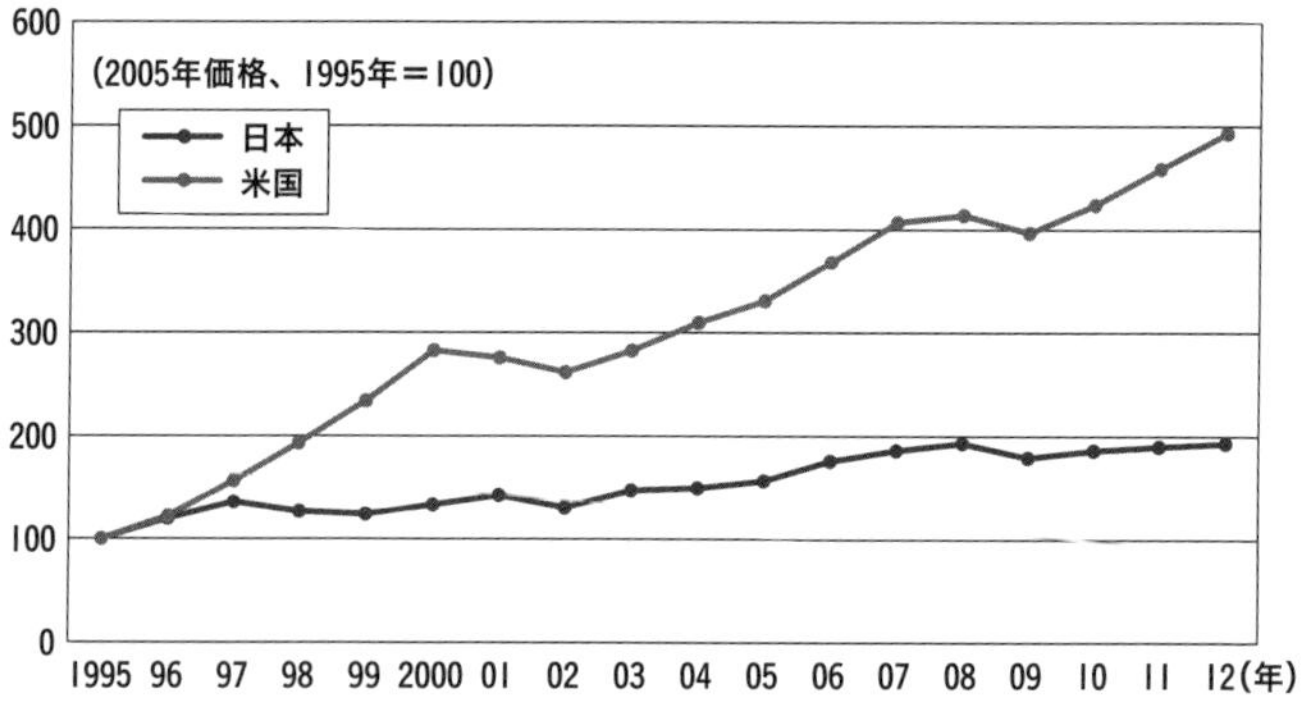

出典：総務省「平成25年度 ICTの経済分析に関する調査報告書」(2014年)

国とは大きく異なる状況が見られる（図表7-3）。一九八〇年代の日本では、微増傾向にあるＩＴ投資に対して、とても大きな効果が上がっていることがわかる。よく比較される日米両国ではあるが、少なくとも一九八〇年代においては、日本のほうがＩＴをうまく活用できていたのである。しかし、二〇〇〇年代以降においては話が変わり、ＩＴ投資はほぼ横ばいになっている状況で、効果は格段に減少している。つまり、ＩＴ投資による生産性向上については、日本と米国で全

図表7-2❖IT投資による生産性向上（米国）

パラドクスとニューエコノミーを経た米国　(%)

		1973〜1995年	1995〜2006年
投資	IT資本深化	0.4 ↑	0.8 ↑
効果	労働生産性（ALP）	1.5 ↓	2.6 ↑
	全要素生産性（TFP）	0.4 ↓	1.0 ↑

出典：篠﨑彰彦「情報技術と経済成長」（2009年）をもとに作成

図表7-3❖IT投資による生産性向上（日本）

パラドクスもないが、ニューエコノミーもない日本　(%)

		1986〜1990年	1996〜2000年
投資	IT資本深化	0.4 ↑	0.4 →
効果	労働生産性（ALP）	3.7 ↑	1.5 ↓
	全要素生産性（TFP）	1.6 ↑	0.4 ↓

出典：篠﨑彰彦「情報技術と経済成長」（2009年）をもとに作成

く逆の状況を示しているのである。

これらの現象はなぜ起こったのだろうか。あくまで一つの仮説であるが、一九八〇年代と二〇〇〇年代とでＩＴの使い方そのものが大きく変わってきているのではないかと我々は考えている。一九八〇年代は、企業においてＩＴ導入を行う目的のほとんどは、現場業務の省力化や自動化にあった。そして、この目的に対しては、米国に比べて現場を構築するメンバーの平均的能力が高く、強い「現場力」を持っている日本企業のほうが、うまくＩＴを使いこなしていた。しかし、二〇〇〇年以降のＩＴ導入は新しいサービスやビジネスモデルを構築し、企業を変革することを目的とし始めている。付加価値向上を目的とした事業そのものに直結するＩＴ活用にシフトしているのである。そしてこのパラダイムにおいては、この分析結果を見る限り、今のところ米国に軍配が上がっているようだ。強力なトップダウンによってビジネスモデルそのものを迅速に変化させることができる米国では、変革を加速するためにＩＴをうまく使いこなしているのだろう。

残念ながら日本ではこのようなＩＴの活用はあまりうまくいっていない。実際、日本のＩＴ投資は業務効率化等の「守り」を目的としたものが多く、新しい製品・サービス創出に直結するような「攻め」の投資は少ないということはよく言われている（図表7-4）。

これまで述べてきたことは、日本の企業にとっては実はかなりのホラーストーリーである。日本企業におけるＩＴ投資は省力化を目的としたものがほとんどで、その状況は昔も今も全く変わっていない。一方、得られる効果は、既に刈り取られてしまっている。東京、札幌オリンピックのようなＩＴ導入は、今ではイノベーションでも何でもない。このまま同じ形でＩＴ投資を継続していっても、これ以上新しい効果は得られない可能性が高い、という辛いストーリーである。あえて前向きに言い換えるなら、日本企業においては、付加価値向上を目的としたＩＴ投資の余地がたくさん残っている。これまでのＩＴ投資領域に加えて、この新しい領域への投資を活性化していくべきであろう。日本企業の国際競争力はまだまだ向上する可能性は残っているはずだ。

図表7-4❖ITに対する期待（IT予算が増える理由）

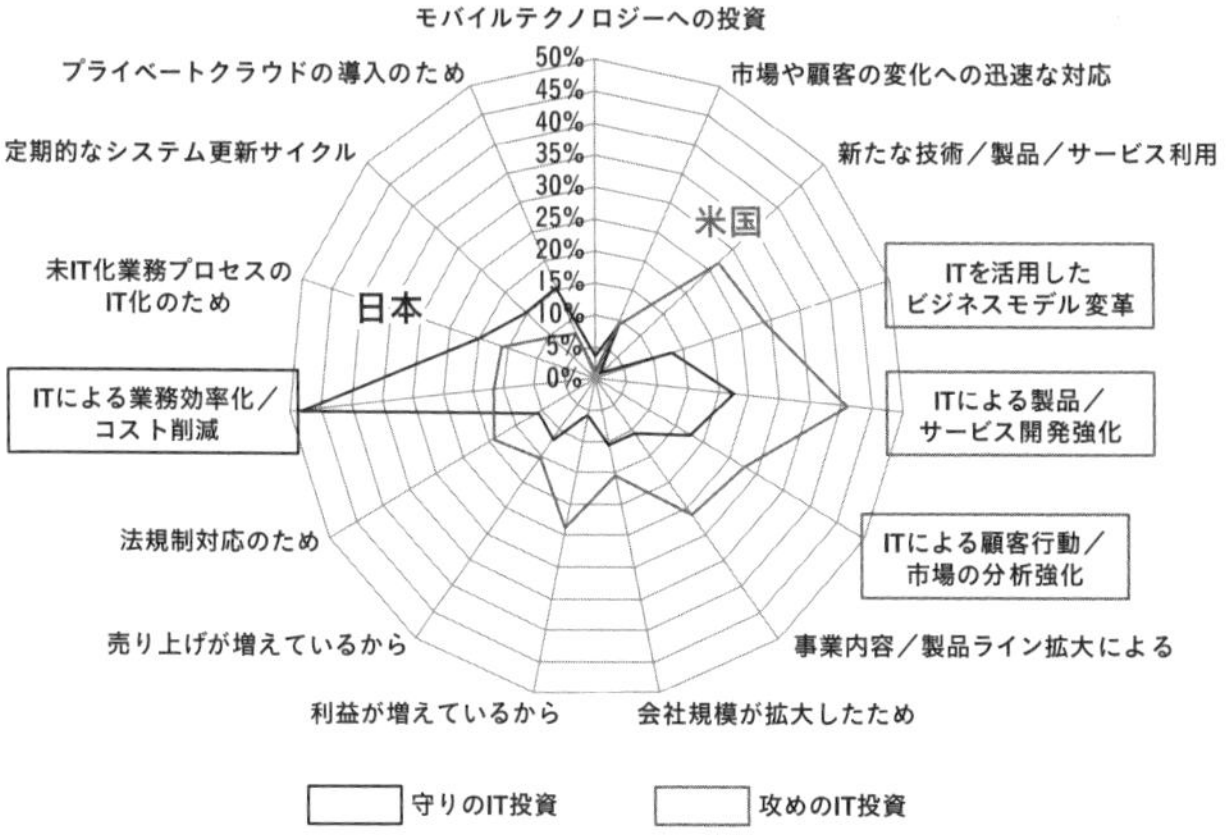

出典：電子情報技術産業協会（JEITA）「ITを活用した経営に対する日米企業の相違分析」調査（2013年）

2　どこにIT投資すべきなのか

ここで、これまで述べてきたことを二つのIT投資領域として整理し、定義しておきたい（図表7−5）。これまで日本企業において注力してきたIT投資は、社員が担当してきた作業の一部を手助けし、省力化・自動化することを目的としたもので、定型的作業の比較的多い、人事・給与管理、生産・流通管理等を対象とした領域であった。ERP（Enterprise Resource Planning）の導入、SCM（Supply Chain Management）の実施等は典型的なこの領域のテーマになる。本章ではこのような投資対象を「バックエンドIT」と名付ける。

一方、今後向かうべきIT投資は、新しいビジネスを生み出すこと自体に直接関与し、企業に付加価値向上をもたらすものである。対象は、顧客との接点に直結する部署で実施されるサービスや製品の企画開発、提供等の非定型業務である。同じくこのような投資対象を、「フロントエンドIT」と名付ける。例えば、インターネット経由で提供されるサービス等はその代表である。

バックエンドITへの投資は、現在のビジネスを安定的に稼働させていくために、当然ながら必要不可欠であり、今後もその位置付けは変わらない。しかし、企業において今までとは異なる全く新しいイノベーションを喚起させるためには、バックエンドＩＴに加えて、フロントエンドＩＴへの投資を強化させていかなければならない。

実際、成長の著しい日本企業において、明確に「バックエンドＩＴ」から「フロントエンドＩＴ」へ投資をシフトさせているケースが増えてきているように思う。

小売業においては、ＳＣＭ等の物流プロセスをはじめとする、まさにバックエンド業務の合理化については、ほぼ完成形に近づきつつある一方、顧客満足向上を目指し、顧客接点に関連するＩＴ投資を増やし始めている。映像装置を利用した新しい広告媒体であるデジタルサイネージの活用や、実店舗やネットショップ等すべての販売チャネルや流通チャネルを統合し、顧客がいつでもどこからでも商品を購入できる環境を構築するというオムニチャネルへの挑戦等はその代表的な取り組みであろう。流通業では、莫大な量の荷物を確実に収集し、正確な場所と時間に配達するビジネスそのものが既にＩＴなしでは実施できなくなっている。加えて、顧客接点となる宅配便等

図表7-5❖2つのIT投資領域

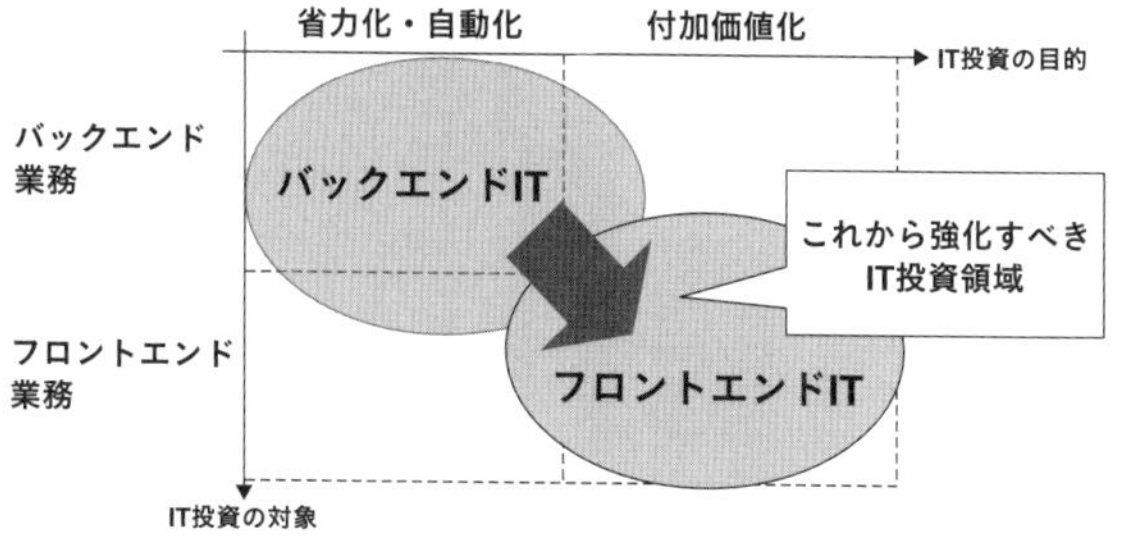

の戸別配達において様々な顧客要望に応えるようなサービスがITを活用することによって実現され始めている。製造業においては、生産管理等における効率化をITによって支援することによって、グローバルレベルで大きな成果を挙げているところは少なくない。昨今はこれにとどまらず、ソーシャルメディア等を含めたビッグデータ活用によるマーケティング業務の高度化も行われつつある。

また、製造される製品自体におけるソフトウェアの比重は既に大きくなっているが、それだけではなく、提供する製品とITによるサービスを組み合わせてより高い顧客経験価値を創り出していくことも行われ始めている。さらに提供した製品同士がネットワークと接続されるIOT(Internet Of Things)と呼ばれる環境を作ることによって、製品個々のコンディションを遠隔監視し、必要に応じてメンテナンスをすることも行われている。これらのいわゆる「製品（モノ）のサービス化」というコンセプトにおいてもITは強力なツールとなる。

シュンペーターは、イノベーションを「経済活動の中で生産手段や資源、労働力などを今までとは異なる方法で『新結合』すること」と定義している。また、日本の国家戦略である「世界最先端IT国家創造宣言」には、「情報資源の活用こそが経済成長の鍵であり、情報資源の収集・蓄積・融合・解析・活用により新たなイノベーションを可能とする社会の構築につなげる必要がある」という内容が述べられている。新結合も情報資源の活用も、意味するところは単なる省力化・自動化ではなく、新しい付加価値を創り出すことである。フロントエンドITへの投資を活性化させていくことが必要不可欠なのである。

3 なぜ今イノベーションが必要なのか

「今まで同様、現在のビジネスを成長させればそれでよい。新しいことなど不要だ」という意見もあるかもしれない。このような問いかけに応えるために、ここで企業経営において、なぜ今イノベーションが必要となっているかを整理していきたい。

まず、日本の国際競争力が先進国の中でもかなり低いレベルにあるという事実を示す（図表7－6）。二〇一三年における先進国の労働生産性の国際比較を見ると、日本はギリシャよりも低い最下位に近い状況で、一位のルクセンブルグの約五割、三位の米国の約六割程度でしかない。長時間労働という日本企業独自の習慣が悪影響を及ぼしているとも言われているが、投入した労働力に対して得られる付加価値が諸外国に比べてとても少ないのはまぎれもない事実である。一九七〇年から一九八〇年代の日本の労働生産性が世界一だったことを考えると、日本企業のビジネスモデルそのものが劣化傾向にあることは否めない。高度成長期から行われているビジネスモデルでは、どれだけ努力しても、付加価値を生み出すことが困難になってきているという事実。これこそが、今イノベーションを起こし、全く新しいビジネスモデルを創出しなければいけない最大の理由である。

二つめは、マーケット環境においてこれまでにはない大きな変化が起こっていることである。スタンフォード大学の計算機科学者であるテリー・ウィノグラードは、市場はその成長段階に応じて異なる動きを示すと主張している（図表7-7）。

最初にあるのが「技術主導」による市場である。電灯や電話、自動車や飛行機等、新技術が発明されるとともに、それを求める顧客が現れてできあがる市場がこれにあたる。その後、当該技術の成熟度が高まりコモディティ化（日用品化）してくると、今度は価格等の要素が重要になる。つまり、同じ製品であればコストが安く、品質が高いモノが望まれる「経済性主導」の市

図表7-6❖国際競争力の低下

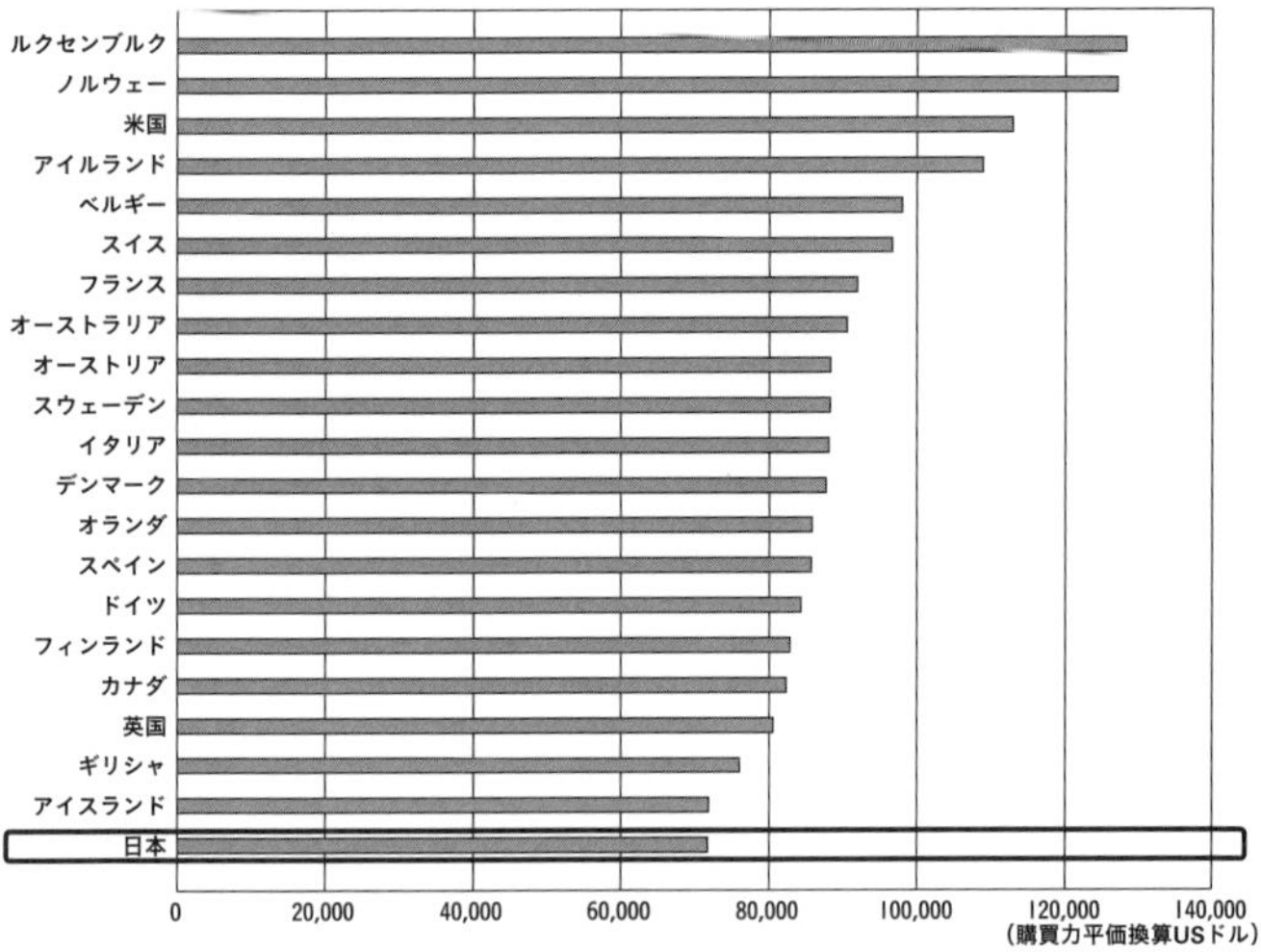

出典：日本生産性本部「日本の生産性の動向2013年版」（2013年）

場が生まれてくるのである。言うまでもなく、日本の高度成長は、この経済性主導の市場において、世界有数のパフォーマンスを挙げることによって実現したのである。

しかし、近年この経済性主導の市場がさらに次のステップへと変わり始めている。生活に必要なモノはすべて消費者が手に入れてしまっているような社会文化的成熟度が高い世の中になってくると、単純な費用対効果だけではモノを買わなくなる。代わって美的感覚や満足度、心地よさ、面白さというような主観的な視点が購買決定において重要な要素となってくる。これを「感性主導」の市場と呼ぶ。現代はこの市場の様相が強くなってきているのである。多くの日本企業では、一つ前の「経済性主導」市場に最適化された戦略をそのまま引きずっており、新しい「感性主

図表7-7❖マーケット環境の変化（テリー・ウィノグラードによる）

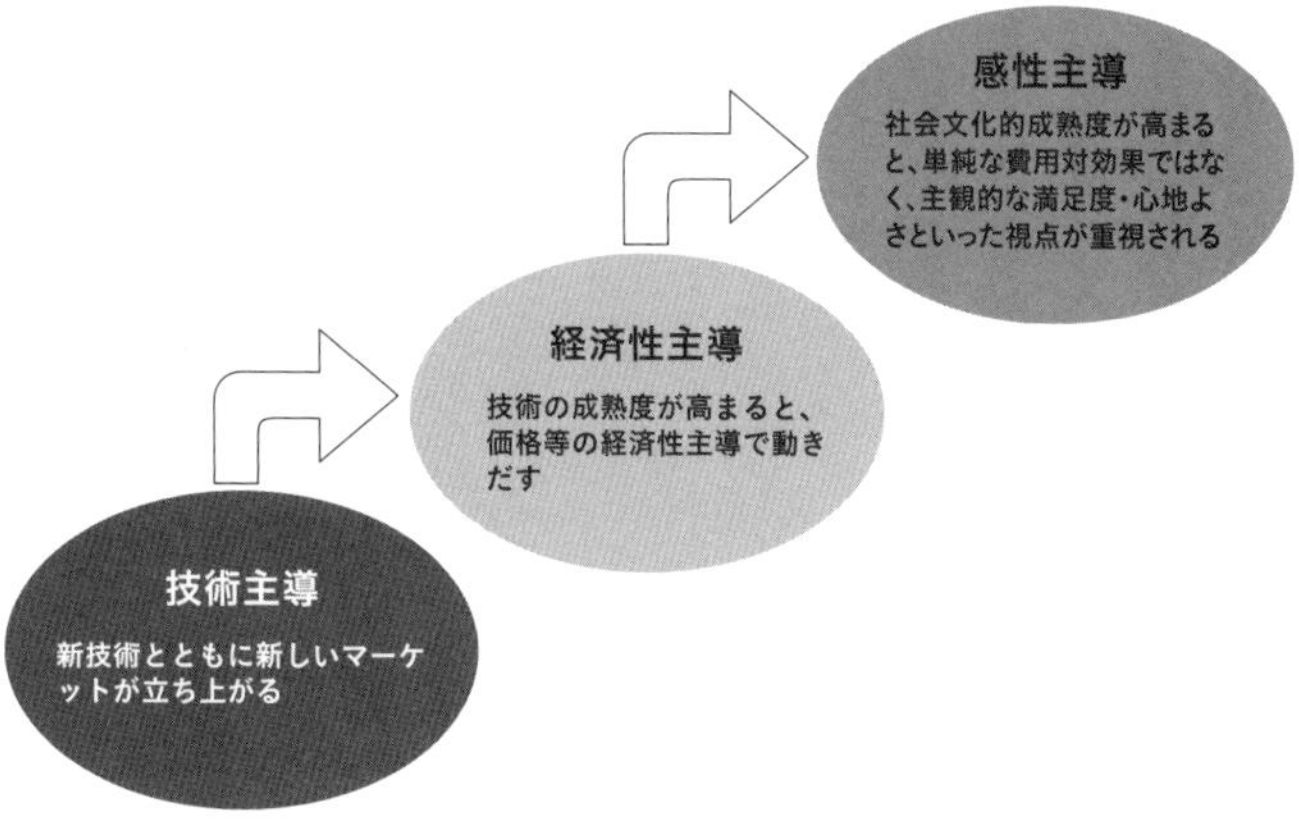

出典：安岡美佳「デザイン思考──北欧の研究と実践」をもとに作成

導」の市場には対応できていない。イノベーションによって従来の慣習を打破し、この新しい市場に適したビジネスモデルを迅速に作り上げることが必要なのだ。

「感性主導」市場という新しいパラダイムが既に訪れつつあるということをいくつかの事例で示してみたい。

よく例示されるのが、アップルの代表的製品の一つ"iPod"である。多くのデジタルオーディオプレーヤーが製品化されていた中で、iPodだけが爆発的な売れ行きを見せたのは、まさに利用者の感性に訴求する価値を備えていたからだと言える。アップルがこの商品を生み出した起点は、「世界中の音楽をポケットに」というコンセプトからだと言われている。新しい技術の適用から製品化を考え始めるのではなく、このコンセプトを実現することからiPodは構想され、必要となる大容量ハードディスクを内蔵し、パソコンに蓄積された楽曲との同期を高速化する機能を実現、さらには大量の楽曲をコントロールしやすいユーザーインターフェイスとしてスクロールリングを実装することになった。さらには、パソコンで動作する音楽プレーヤー"iTunes"、そして音楽を販売する専用のダウンロードサイト"iTunes Store"を含めたトータルなリスニング環境を準備することによって、利用者にとって満足度の高い体験を提供することができたのである。

また、任天堂の家庭用ゲーム機"Wii"も同様に利用者の感性に訴求することによって成功した事例である。より高性能なハードウェアでリアリティのある描画を行うゲームソフトを追求する競争を行っていた当時の家庭用ゲーム業界において、Wiiは、「家族の誰もが楽しめる」という新しいコンセプトの実現を目指した。（Wiiという名前も、英語のweをイメージしたものである）親から嫌われ、子供が自室に閉じこもって遊ぶマシンではなく、家族の真ん中にあたかも「鍋」のように置かれ、老若男女を問わず楽しい体験を提供できるようなマシンを作り出すために知恵を絞った。ボタンの数を極力減らし、軽量で容易なアクションで操作できるコントローラーの採用、マニア向けでなく、初心者を含む家族みんなで楽しめるゲームソフトの開発等、コンセプトを実現するための試みが行われている。また、「家族の団らんの中心に置かれる鍋」を目指すために騒音を抑えるための簡素な冷却ファン機構も採用されている。ちなみに、簡素な冷却ファン機構で対応できるようにするためには、発生する熱量の小さなCPU、つまり低スペックのCPUを導入する必要が出てくる。当時の家庭用ゲーム機業界における性能を競う環境下で、この選択はかなり思い切ったものだったと推察される。高機能・高性能を求めるのではなく、作り出したいコンセプトを明確にし、それを実装していく。このとき初めてそのコンセプトに賛同したユーザーによって新しい市場が生まれるのである。Wiiは結果として、世界累計販売台数二〇〇〇万台を発売から約六〇週で達成した大ヒット商品になっている。

「経済性主導」から「感性主導」に市場がシフトしている現代には、どのような経営戦略が必要となってくるだろうか。

従来の経済性主導市場においては、企業経営における主要成功要因（CSF：Critical Success Factors）は、製品やサービスをいかに安く作り出すか、いかに高品質で作り出すかということにあった。

従って、実施すべき経営戦略は、いかに少ないインプットからいかに大きなアウトプットを作り出すか、つまり「どのようにして効率的に作るか」(How to make)というとても単純なもので、ビジネスの「効率化」を追求する戦略だと言える。

しかし、感性主導市場においては、安くても品質が高くてもそれだけでは売れない。いかに、顧客が満足してくれる経験を与えるような製品やサービスを作り出すかということ、つまり「何を作り出すか」(What to make)ということが重要になってくる。企業が作り上げたアウトプットのうち、どの程度が顧客の潜在的ニーズに合致するかという「有効性」を向上させる戦略を考え出さなければならないのだ(図表7-8)。

ここで再度、ITの話に立ち戻る。従来の経済性主導市場において、企業が目指していた

図表7-8❖効率性から有効性への経営戦略とIT戦略のシフト

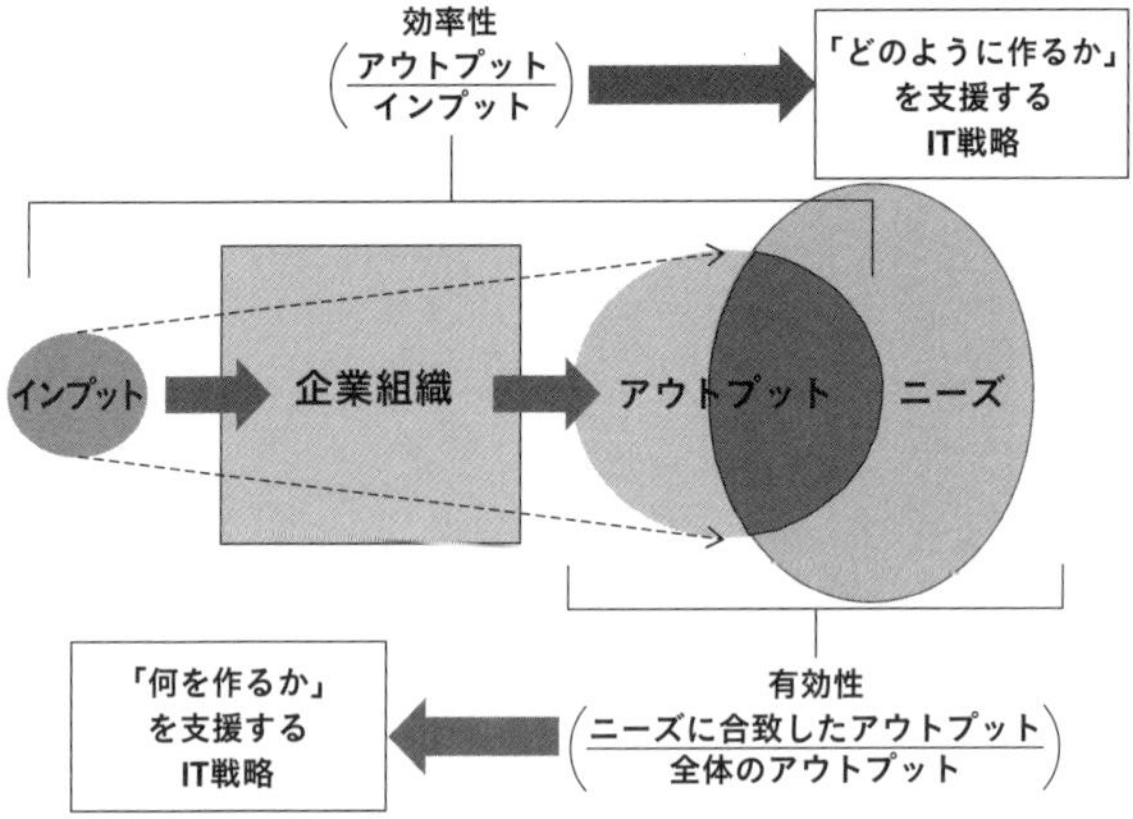

ものは「効率性」である。従って、この時代に経営戦略をサポートするＩＴは、「効率性向上」を目的としたものであって問題はない。しかし、訪れつつある感性主導市場において企業が目指すものは「有効性」である。とすれば、これから目指すべきＩＴは、顧客の潜在的ニーズを捉えた製品やサービスを作り出すこと、「何を作るか」そのものを支援する方向で活用すべきである。これは先に述べた「フロントエンドＩＴ」の方向性と全く同一のものである。

4

なぜイノベーションが起こりにくいのか

「これからはイノベーションを起こしていかなければならない。今までにない付加価値の高い、新しいビジネスをITで創り上げていくのだ」。これまで述べてきたことはとてもシンプルなメッセージではある。しかし、ご想像のとおりこれは言うほど簡単なことではない。これだけイノベーションが必要だということが声高に言われ続けているということは、そのままそれを実行することのハードルが高いことを意味する。

このハードルの高さ、すなわち「イノベーションがなぜ起こりにくいのか」を紐解くことはとても有意義である。イノベーションを創り出せない理由を整理することは、逆説的にイノベーションを起こす方策を見出すことにつながる。ここでは、ユーザー企業の有識者を集め、我々も参画して実施された「日本の競争力向上研究会」(日本情報システム・ユーザー協会/イノベーション経営カレッジ)における議論を参考にしつつ、日本企業でイノベーションが起こりにくい背景について述べていきたい。

成功体験による自縄自縛

企業において、中でも長い歴史を持つ大企業においてイノベーションが起こりにくい最大の足枷は、「過去の成功体験」を捨てられないことにある。日本の大企業の多くは、高度成長期において成功を収めてきている。当然ながら、企業組織や人材育成・評価の仕組みは、成功時のビジネスモデルに最適化した形で企業内に実装されている。さらに言えば、最も従来のビジネスにおいて実績を挙げ、強い成功体験を持っているのが現在の経営者であろう。いかに経営者自身が事業の今後について危機意識を持ち、従前とは全く異なるイノベーションの重要性を認識していたとしても、自らの存在意義と直結する「成功体験」を捨て去ることは正直難しい。また、極めて優秀な経営者が、この自縄自縛を突破し、イノベーションを起こす方向に経営の舵を切ったとしても、巨大な組織全体がビジネスの方向性を短時間に大きく変化させることが困難であることも容易に想像できる。

日本企業は、過去の成功体験から「より良いモノを作れば必ず売れるはず」という考えを強く持っていることがよく指摘される。技術、品質重視で、最終的に製品やサービスを利用するユーザーからの視点を軽視する傾向にある。言い換えれば企業としてのマーケティング機能が弱いと言える。先に述べたとおり、経済性主導の市場における成功要因となってきたこのような特性は、感性主導の市場においては役に立たない。いかに過去の成功を断ち切るかが重要なポイントになる。

また、このような環境下で大鉈を振るうべき経営者を支援するための組織機能が不十分ということも挙げられる。本来、経営参謀的機能を持つべき経営企画部門があまり機能していないということが多くの大企業においてよく言われる。これは、経営企画部門のレベルが低いという単純なことではなく、確立されたビジネスモデルの維持が優先され、現場の権限が強い状況が長く続いてきたため、新しいビジネスを経営者とともに作り出していく機能よりも、各現場組織の調整機能、統括機能が重要視されてきた結果にほかならない。組織としての経営参謀機能の復活・強化が望まれる。

タテ組織の功罪

二つ目は、日本の企業組織における歴史的な特色である「タテ組織」の功罪についてである。

戦後の日本企業は、「タテ組織」、すなわち所属している組織における上司・部下、先輩・後輩というタテのつながりを強く意識した構造になっていると言われている。階層構造を前提とした組織形態で、新卒の横並び入社、個々人の資質の違いよりも年功序列を重視した評価、組織全体としての求心力を強化し、安定的な組織力を維持していくことを目指している。公私を問わず長時間一緒に過ごすことにより、組織内での仲間意識を強くし、終身雇用を前提として、キャリアチェンジをあまり推奨しない雇用環境を作っている。この「タテ組織」は、組織に求められる特定の機能を効率的に発揮するにはとても良い形態である。集団結束力が高く、人材がほぼ固定化されるため、様々な暗黙知がそのまま永続的な成果に結び付いていく。この組織特性が近代化・工業化の時代における日本企業躍進の原動力の一つであったことは否めない。

しかし、残念ながら全く新しいビジネスをデザインしていくためにはこのタテ組織の特性自体が障壁になってしまう。上下関係が強固なため上司への異論はなかなか口に出しにくく、フレッシュな若手のアイデアが採用されることは少ない。組織内の結束力が高い半面、個々の組織の壁が厚くなり、他組織とのコミュニケーションが行われにくく、自社内であっても組織間連携が起こりにくい。企業間をまたぐような連携はさらに困難で、たとえ自社で保有しない機能が必要なときでも、それを持っている他企業とアライアンスを組むのではなく、自社内でゼロからその機能を作り始めることもよく見られる現象である。これまでの日本企業の強みだったタテ組織が、そのままイノベーション創出への阻害要因になる側面を持つことは十分認識しなければならない。

リスク過剰反応文化

最後に、リスクに敏感に反応しすぎ、それを容認しにくい企業文化の存在についても述べておきたい。

強力なビジネスモデルが存在し、右肩上がりに成長し続けている組織においては、現状と異なる取り組みを行うことは、それがどのようなものであってもマイナスに評価されることが多い。また、当面の失敗を極端に嫌う、減点主義の文化が少なからず蔓延していることもよく指摘される。何かに取り組む場合、それ自体の内容よりも、必ず今までの組織慣習との違いや、業界内での先例があるかどうかのほうが重要視される。「新しい」だけでそれを行うことが否定される風潮は、自由な発想を生み出すことを大きく阻害するのは間違いない。

また、昨今、企業経営そのものが、長期的な成長よりも、短期的な利益を確実に得ることを指向する風潮にあることも、リスクをとらない文化を助長しているように思う。当年度どころか、四半期決算を重要視する投資家の視線そのものがイノベーションを阻害している可能性がある。実際、世界においてイノベーティブな成果を出している企業の中には、あえて非上場の道をとり続けている組織も存在する。また、昨今の個人情報等を対象としたセキュリティ、プライバシー確保や、内部統制等のコンプライアンス確保への要請に対して、リスクに過剰反応しすぎる結果、企業内における情報流通が阻害されていることも大きな課題である。ITによるイノベーション創出の肝は、先に述べたとおり高度な情報活用にある。情報流通を活性化させることがその第一歩であるにもかかわらず、必要以上にリスクを重視し、付加価値の高い情報を死蔵させることは企業経営にとって大きなマイナスにつながることを意識すべきであろう。

以上述べてきたような日本企業におけるイノベーションの阻害要因を十分認識したうえで、それを打破するための道筋を考えていかなければならない。

5 ＩＴ組織に必要となるケイパビリティ

さて、それでは企業においてイノベーションを起こしていくためにＩＴ組織はこれから何を行っていかなければならないだろうか。

まず大前提として、従来からのミッションである現在企業内に保有している「バックエンドＩＴ」に属する情報システムの維持管理については、現状のビジネスを維持していくためにも引き続き確実かつ安定的に実施していかなければならない。

加えて、企業のイノベーション創出に直結する「フロントエンドＩＴ」という新しい領域の企画・開発を進めていくことも行っていく必要がある。ただし、「新しい製品やサービスをＩＴで作り出していく」というこの新しいミッションをこなしていくためには、従来からＩＴ組織が持っている能力とは異なる全く新しい能力が必要になってくる可能性が高い。

ＩＴ組織が今後取得すべき新しいケイパビリティについて、本項では三つにまとめて提示していきたい。

エンドユーザー起点の新しい上流工程を作る

ＩＴ組織で、現在行われている上流工程は、業務部門からの要望を明確化し、情報システムに求められる仕様として落とし込んでいくことを意味する。この工程では曖昧な要望を可視化し、矛盾のないシステム仕様を作り込むことが重要となる。

しかし、新しいビジネスを実現するためのＩＴを作る場合には、今から創り出すものがどのようなものなのか、誰にも全く見えていないところから始めざるをえない。ＲＦＰ（Request For Proposal）はどこにもないのだ。業務部門から提示されたＩＴによる課題の解決方法を考えるのではなく、解くべき課題自体を発見することから始める必要がある。課題解決よりも課題発見のほうがより重要で、かつ難しいという指摘は、古くからよく言われている。ＫＪ法で有名な川喜田二郎氏は、仮説（課題）を検証する「実験科学」だけが科学ではなく、ありのままの自然を観察し、仮説を思いつくための科学を「野外科学」と呼び、これを重視していた。

また、課題発見を行う場合の議論の相手は業務部門ではなく、これから生み出すサービスを実際に活用するエンドユーザーになる。エンドユーザーを起点として課題を発見するための新しい上流工程が必要となるのだ。

この新しい上流工程の舞台は、エンドユーザーがいる「現場」そのものである。これからのＩＴ部門は、業務部門から要件を提示されるのではなく、それこそ業務部門を引き連れ、エンドユーザーのいる現場にともに飛び込んでいき、課題を発見することから活動を始めていくべきなのである。ノーベル経済学賞を受賞したハイエクは、「情報は場に存在しており、どんな天才でもすべてを見渡すことはできない」と述べている。すべての情報は「場（現場）」にあり、そこに足を運ばない限りそれを得ることはできないということである。

エンドユーザーのいる現場で、実際に課題を発見する方法としては、「エスノグラフィー」が有名である。これは、仮説なしに現場を観察し、エンドユーザーに対する共感を得ることで言語化されていないニーズを見出すための手法である。もともと、文化人類学における研究手法の一つで、民族の文化を理解するために、民族の日常に長期間にわたって入り込み、対象者の行動様式を詳細に記述する方法（語源は「民族（ethno-）を記述（-graphy）する」）であったが、これをビジネス開発に応用しようとする動きが最近盛んになってきている。

現場で対象者の行動を観察することによって、潜在的なニーズを探ることが有意義なのは、人間は自分の行動のすべてを理解しておらず、自ら言語化できるのは行動のごく一部に限られるためである。人間は自らの常識や、所属するコミュニティの暗黙のルールのようなものを前提に行動していることが多いが、その常識やルールそのものに対する自覚はほとんどないのだ。従って、人間の心の奥底にある潜在的なニーズは、表層的なアンケートやインタビューだけでは把握することはできないことになる。観察者が現場に飛び込み、対象者のいる空間と時間を共有化し、対象者の感情に「共感」することによって、初めて見えてくるのである。エスノグラフィーの具体的な実施方法については、専門書に任せるが、「エンドユーザーがいる現場そのものにこそ真実は存在する」という考え方自体は、昔から日本でも存在することも付け加えておく。日本の製造業で昔からよく聞かれる「現場主義」(企業経営において現場そのものの理解を深め、現場での対応や処理を重視する考え方)、「三現主義」(問題解決を行う姿勢として、「現場」に出向き「現物」に直接触れ、「現実」を捉えることを重視する考え方)等は、かなりエスノグラフィーの意図していることと重なる。

さらに、エンドユーザーを観察することの重要性を示すものとして、「ユーザーイノベーション」という現象も併せて説明したい。ユーザーイノベーションは、マサチューセッツ工科大学のヒッペルが提唱したイノベーション発生の原理を言う。従来のように大企業の研究所等が主体となるのではなく、ユーザー自身が、自らの目的を達成するために起こすイノベーションのことである。ユーザーイノベーションが起こる要因の一つが、「情報の粘着性」だと言われている。情報の粘着性とは、今そこにある情報を別の場所に移転するためにどの程度コストがかかるかを意味し、移転コストが高いものを「粘着性が高い情報」と呼ぶ。潜在的なニーズを含む情報は、極めて粘着性が高く、現場でしか把握することができないため、結果として、イノベーションがユーザー側でしか起こらないというわけである。

神戸大学の小川進教授によれば、マウンテンバイク、スケートボード、ウインドサーフィン、カヤック等の「過激なスポーツ」領域でのトッププレーヤーがユーザーイノベーションを起こすことが多く見られるそうだ。小川教授はこの理由として、トッププレーヤーが多数のユーザーが今後抱くだろう新しいニーズに自身が直面していること、ニーズを満たすイノベーションを実現することで自分自身が大きな便益（例えば大会の優勝等）を期待できることを挙げている。本質的なニーズはそれを欲するユーザー自身にしか見えないのである。ユーザーのいる現場を観察することがとても重要であることが理解してもらえるだろうか。

企業の現場に最初に情報システムを導入した時代にシステムエンジニアであった諸先輩から「我々の時代のSEは今と違ってイノベーションを生んでいた」と言われたことがあった。昔は会議室で書類を見ながら仕様を詰めていくという近代的なプロセスなどなく、エンドユーザーと一緒に、現場で文字どおり同じ釜の飯を食べながら、課題を発見しその解決のためにシステムが提供すべき機能を作り込んでいったのであろう。科学的なシステム開発手法を研究してきたこれまでの歴史を全く否定はしないが、その中でいつの間にかユーザーと現場でともに過ごす濃密な体験そのものを捨ててしまったことには反省すべき点があるように思う。

提示されている要求に基づいて仕様を固めていくのではなく、解くべき課題そのものを発見することから関与していくこと。業務部門の意見を絶対に遵守すべきバイブルとして扱うのではなく、一緒にエンドユーザーのいる現場に出かけ、潜在的なニーズをつかみとること。いずれも従来IT部門が実施してきたこととは全く異なる行為である。「そんなことはやったことがない」、「今まで習ってきたことと違う」という考えがよぎることは理解できる。しかし、先に述べたように過去の成功体験を捨て去る勇気がイノベーションへの最初の一歩である。是非、新しい上流工程を

ＩＴ組織に実装することをチャレンジしていただきたい。

組織を超えた「対話」を行う

従来のＩＴ組織におけるコミュニケーションの主な目的は、正確に間違いなくシステムを開発するために必要となる伝達や周知が中心であった。従って、コミュニケーションの対象は基本的に組織内で、自らが所属する小グループに閉じたものが中心になる。加えて、システム化要件を聞くためにユーザー部門の話を聞くこと。あるいはシステム開発を一部アウトソーシングするために、ＩＴベンダーと話をすること、これがＩＴ組織におけるコミュニケーションのほとんどだと考えていい。筆者も経験したがＩＴ組織に配属された新人は、自分の名刺を使うチャンスはあまりないのが一般的である。

しかし、新しいイノベーションを起こす起点となる、「解くべき課題」の多くは複雑で重層的なものが多い。言い換えると、個人や単一組織だけでは解決できないような課題だけが目の前に残っていると言える。このような課題を解くためには組織に閉じず、多様な視点、観点を持った様々な立場の人々を議論に巻き込むことが必要になる。つまり、ＩＴ組織は新しいコミュニケーション能力を取得しなければならないのだ。

「よそ者、若者、バカ者がイノベーションを生む」という言葉をソーシャルイノベーション分野の著名な方からお聞きしたことがある。あまり素敵な言葉ではないが、良い意味での客観性、第三者性が現状にとらわれない考え方を生むことはとても理解できる。パラダイムシフトという言葉を作った科学史家のトーマス・クーンも「本質的な発見によって新しいパラダイムへの転換を成し遂げる人間の多くが、年齢が非常に若いか、或いはその分野に入って日が浅いかのどちらかである」という同じような言葉を残している。

コミュニケーションが閉鎖的であり、かつ組織内で異論を唱えにくい日本企業だからこそ、困難な課題解決の糸口を見つけるために職位の上下の壁を突破し、内部に閉じず他の組織、さらには社外の人たちを巻き込んだコミュニケーションを意図的に行う必要があるのだ。中央省庁や自治体で行われる各種の審議会等をイメージしてもらうとわかりやすいと思うが、あるテーマに対して異なる専門領域を持っている有識者を集め、ディスカッションを行うことは、想像以上に有意義な成果につながることが多いものだ。

また、コミュニケーションの形態としては、「ダイアログ（対話）」を推奨したい。

日本の組織では、意見を収束させるためのディスカッションを行う場面が多いが、難しい課題の解決方法を探る場合には、すべての参加者の声に深く耳を傾け、様々な立場を理解していきながら議論を深めていくダイアログが有効だと言われている。ディベートのように、A案とB案のうちどちらが良い意見かについて議論を戦わせるのではなく、A案とB案それぞれの立ち位置を理解したうえで、対話を積み重ね、集団としてより良いC案を導き出すようなコミュニケーションが重要なのである。

欧州、特に北欧を中心にダイアログを支援するための手法が数多く研究され、教育現場で活用されている。多人数が参加している場合に、少人数グループによる対話を積み重ねながら深めていく「ワールドカフェ」。組織における職位や個人の性格、他メンバーとの関係にこだわらない自由な発想を生み出すために、出席者に様々な色の帽子をかぶってもらい、色に応じた発言を強制的に行ってもらう「シックスシンキングハット」(ちなみに、白は「事実と数値」、赤は「怒りや情熱」、黒は「警戒や注意」、黄は「積極性、希望、肯定的」、緑は「創造性、新しい考え方」、青は「冷静さ、調整」を意味する)等がよく知られている。日本の製造業で昔からよく言われている役職、年齢、性別を超えたコミュニケーション「ワイガヤ」もダイアログの一つの形であろう。

参加者が自発的にかつ双方向に発言できる環境を作り、それぞれの立場を理解したうえで、合意形成を得つつ、集団としての意見を作り上げていくいわゆるワークショップもとても有効な手段である。ある世界的な大企業において、イノベーションを促進する組織風土を作り上げる一環として社内のほとんどの会議体をワークショップ形態に切り替えていると聞いたこともある。ワークショップが有効なのは、対話を仕切るファシリテーターの存在があるからのようだ。ファシリテーターの役割は、ワークショップの進行自体をデザインすること、参加者から対話を引き出し活性化させること、場に出た意見を構造化すること等である。日本の企業内における「打ち合わせ」では、組織における自分の立場をいつも考え、「空気を読んだ」会話が行われることが多い。提示された意見は、「○○部長の意見」や「○○課長の意見」として、発言者を意識した意見として処理されてしまう。これがイノベーティブな議論を妨げてしまうことにつながるのである。ファシリテーターは、場に出た意見を発言者から切り離す役割を担う。つまり「○○部長の意見」ではなく、発言が完了した瞬間から、ただの「○番目の意見」として意見内容のみを扱っていくのである。その結果、組織内の立場を超えて、純粋に意見そのものを注視し、その場としての共通見解を作り上げていくことができるのだ。

さらに、欧州等では、「フューチャーセンター」という施設を活用した議論も行われている。フューチャーセンターは、組織の中長期的課題を議論するための施設である。参加者の内省を促進し、発想を喚起し、対話を促進させるために、一般的な会議室等とは大きく異なる形状、色彩が採用され、特殊なオブジェや什器類とともに「非日常的な」環境を作り上げている。デンマーク等では、企業だけではなく行政機関がフューチャーセンターを保有し、活用している事例もある。考えてみると、多くのステークホルダーが存在する社会課題に関する議論を行うには、このような施設の存在はとても有効であろう。日本の中央省庁や自治体においても、是非検討してみてはいかがであろうか。

ＩＴ組織が率先して日本の企業組織の特性である「タテ組織」を突破し、組織の壁、企業の壁を乗り越えた対話を活性化させていくことによって、課題解決の糸口を探っていくこと。オープンなコミュニケーションを実践できる能力を持つことが必要なのである。

試作と評価プロセスの高速化

これまでは、要求された機能を完璧に実装したバグのないシステムを、納期どおりに提供することがＩＴ組織に求められている最も重要なことだった。確実なプロジェクトマネジメントの推進がＩＴ組織の重要な役割であり、サービス開始後に障害が発生することを何よりも恐れていた。

しかし、エンドユーザーに歓迎される新しいサービスをゼロから作り上げていく場合には、必要となる機能を事前にすべて洗い出すことはほとんど不可能である。サービスが世の中に受け入れられるかどうかは、サービスを世の中に提示してみなければ絶対にわからないのだから。

従って、今後ＩＴ組織に必要となるのは、アイデアそのものは曖昧なままであっても、できるだけ早く形のあるサービスとして作り込んでしまう力である。今までこだわりにこだわっていた品質確保の優先順位を下げ、スピード優先で、“Quick & Dirty”に試作品を作り上げていくことが必要なのである。そのうえで、作った試作品をエンドユーザーに即座に利用してもらい、評価をフィードバックしてもらうこと。その評価をもとにサービスの内容を、迅速にリファインし続けていくこと。この一連のルーチンを組織として高速化していくことが重要なのである。

新規事業開発において「リーンスタートアップ」という手法に注目が集まっている。新たな事業を行う際、できるだけ小さく始めて成功しそうかどうかを早期に見極めて、すぐに製品やサービスを改良したり、ビジネスモデルを変更したりして、修正を繰り返していくことを言うが、今まで述べてきたことは、これにかなりイメージが近い。

ＩＴ組織の方々には、ウォーターフォール型開発ではなく、アジャイル型開発を指向するというと理解しやすいかもしれない。最近、"Dev-Ops"というキーワードを耳にすることがある。これは、開発部門（Development）と運用部門（Operations）が一体となって、要求に対して、柔軟かつスピーディに対応していくというコンセプトのことだが、これも同じ方向性を意味していると考えていい。

検討の初期段階から、新しいサービス開発であれば、具体的なユーザーインターフェイスを含めて作り上げ、ＩＴを組み込んだ製品であれば、そのモックアップまで実際に作り込みエンドユーザーに評価してもらえる状況にしなければならない。迅速にサービス等を作り上げていくことも必要ではあるが、エンドユーザーからのフィードバックを短時間にもらえる環境を整えることがキーポイントとなる。今、このような環境を最もうまく実現しているのは、ネットワーク越しに常にエンドユーザーが存在しているインターネットサービスやモバイルゲーム等を開発している企業である。同様のことを、リアルビジネスを行っている企業のＩＴ組織で行うためには工夫が必要となる。ユーザーを集めたコミュニティを自社で構築・維持しておき、短期間のテストマーケティングを繰り返す環境を作ること。あるいはソーシャルメディアによって得られるエンドユーザーからの声を活用していくこと等が考えられる。

グーグルの会長、エリック・シュミットの言葉に、「一定量の時間あるいは努力の中で行える試みの回数を、世界の誰よりも多くするのが我々のゴールです」というものがある。まさに試行と評価を行うスピードを上げていくことが生命線なのである。試行と評価を繰り返し続けることは、言い換えると「失敗というリスクを恐れない」ということを意味する。曖昧な仕様でサービスを作り上げ、エンドユーザーから悪い評価をもらうこと。バグがあるかもしれない不十分な品質のプログラムを提供してしまうこと。今までのＩＴ組織であれば絶対に避けたいと考えるこれらの失敗をあえて容認することが必要なのである。リスクを恐れずより良いサービスをＩＴで作り上げるためチャレンジを繰り返せる資質をＩＴ組織は獲得しなければならない。

以上、ＩＴ組織が今後必要となる三つのケイパビリティについて述べてきた。いずれも容易にできることだとは全く思ってはいない。しかし、全く手も足も出ないことでは決してない。その資質を得るために莫大な資金が必要なものでも、長い時間が必要なことでもない。組織として具体的な実践経験を積み重ねることで十分獲得できるものだ。

問題はこれらのケイパビリティを得るには、これまでＩＴ組織が経験し蓄積してきたことと、全く異なる価値観を受け入れなければならないことにある。従来の慣習を捨てて新しいルール、原則を受け入れられるかどうかが勝負になるのだ。

6 IT組織へのメッセージ

ＩＴの指数関数的発展により、情報システムを活用するためのコストパフォーマンスは劇的に向上している。その結果これまで述べてきたとおり、情報システムの利用目的は省力化から付加価値向上に高度化し、適用対象範囲は、組織内、企業内、企業間さらには社会全体へと拡大してきた。

一方、全く同様の理由で、見方を変えると、ＩＴという技術そのものが急速にコモディティ化してきている。従来、情報システムを開発することはとても専門的な技能であった。今さら言うまでもないがスペシャリティが高い技術が必要だったからこそＩＴ組織が生まれてきたのだ。これが今大きく変わろうとしている。モバイルコンピューティングの普及により、個人ベースでのデジタルデータによる情報発信が容易になり、クラウドコンピューティングの進展によって、システム開発・運用環境の確保が極めて容易になった。最近、プログラミングを大学の教養課程で学部を問わずに教えるべきという議論がなされたり、小学校向けのプログラミング塾が開講されたりしているのも、ＩＴがコモディティ化していることの証左であろう。ＩＴは特別なものではなく、ハサミや鉛筆といった文房具に近い存在になってきているのだ。

この二つのトレンドの結果、「拡大しつつあるＩＴでやれること」と「多くのＩＴ組織が現在やっていること」とのギャップが生じ始めている。このままでは、ＩＴ組織の存在価値は間違いなく減少していく。このギャップを埋めていくために、ＩＴ組織は新しいミッションを持つ姿に衣替えしていくべきである。本章で筆者が主張してきたことは、結局このメッセージにつきる。

「情報システムをどのように作っていくか」ということの付加価値が減少していくにつれ、相対的に「どのような情報システムを作っていくか」ということは重要になっていく。ＩＴ組織は、従来の「情報システム開発・運用組織」に加えて、「ＩＴサービスデザイン組織」という新しい顔を持つべきである。ここで言うデザインとは、表層的な形状や見た目を作ることではなく、「自ら課題を見出し、それを解決する」という意味を含んだものである。システムエンジニアが要求された仕様に沿った情報システムを作り上げる人材のことを示すのであれば、これからのＩＴ人材は、自らが考えたビジネスをＩＴで作り上げる「ビジネスデザイナー」を目指すべきである。ＩＴ組織には優秀な人材は多いと思う。そして、情報システム開発そのものがコモディティになったとしても、ＩＴの本質的な価値を理解しており、企業内外の情報を高い目線で俯瞰できる能力を持っているＩＴ組織の人材は、十分「ビジネスデザイナー」になるポテンシャルを持っている。新しいＩＴ組織は、ＩＴを最大限に活用して、企業や社会に新たなイノベーションを巻き起こしていくことができるはずだ。

第8章

ＩＴ組織のための付加価値創造のハウ・ツー

ＩＴ組織のこれからのあり方として、ＩＴサービスデザイン組織としての顔も持ち、新しい付加価値創造のためのフロントエンドＩＴの構築に尽力していく必要があるというのは前章のとおりである。このフロントエンドＩＴ構築を実現するためには、ＩＴ部門も業務部門とともにサービス企画に参加、もしくは自らサービス企画を主導していくことが求められていく。こうしたＩＴ組織の新たな役割である新しい付加価値創造を実現する方法として、私たちは「サービスデザイン」と「オープンイノベーション」の二つに着目している。本章では、そのうちの「サービスデザイン」による新しい付加価値創造の進め方について詳述したい。

1 サービスデザインとは

これまでプロダクトデザイナーが製品を生み出すために実施してきた思考の手順が、昨今新しい問題発見・解決の手法として「デザイン思考」、「デザインシンキング」という呼称でまとめられている。アップル社のiPodもそのデザイン思考を用いて企画・開発されたという経緯から、新たな付加価値を創造する手法として注目され、書籍や記事でも目にする機会が多くなってきた。サービスデザインとは、デザイン思考の手法をベースに、新しいサービスを企画する取り組みだ。ここで言う「デザイン」は、造形や色合いなど表現方法を中心にレイアウトを考える狭義の意味ではなく、人間が作るありとあらゆるものを企画・設計・計画することを指す広義の意味で捉えるものである。言葉の持つ意味からしても、デザイン思考がありとあらゆる分野の問題発見・解決に活用できる手法であり、サービスデザインはそれをサービス構築に活用し、方法を取りまとめているものとご理解いただけるだろう。

サービスデザインのプロセスについて説明することは、ほぼデザイン思考のプロセスについて説明することと同義であるため、まずはデザイン思考について簡単にまとめておこう。デザイン思考はスタンフォード大学d.school[1]が提示している五つのプロセスが有名である（図表8－1）。

d.schoolが提唱するデザイン思考のプロセスは「Empathize（共感）」「Define（定義）」「Ideate（発想）」「Prototype（試作）」「Test（試行）」の五つのフェーズから成る。

まずはユーザーがいる現場に出向き、現場観察やインタビューを通じてユーザーがどういった環境に置かれているか、何を嬉しいと感じ何を嫌だと感じているか、何を求めているかなどを理解し、ユーザーに共感するところからプロセスがスタートする（共感）。共感フェーズのインプット情報を踏まえながら、ユーザーが潜在的に求めている真のニーズをあぶり出し（定義）、その真のニーズを叶える商品・サービスのアイデアを出していく（発想）。そのアイデアをすぐさま目に見え、手で触れられる簡易なプロトタイプに落とし込み（試作）、それを実際のユーザーに使ってもらってフィードバックを得ながら、さらに改良を加えていく（試行）。この一連の流れを何度も繰り返し、試行錯誤と発散と収束のプロセスを重ねながら、ユーザーが潜

図表8-1❖d.schoolによるデザイン思考の5つのプロセス

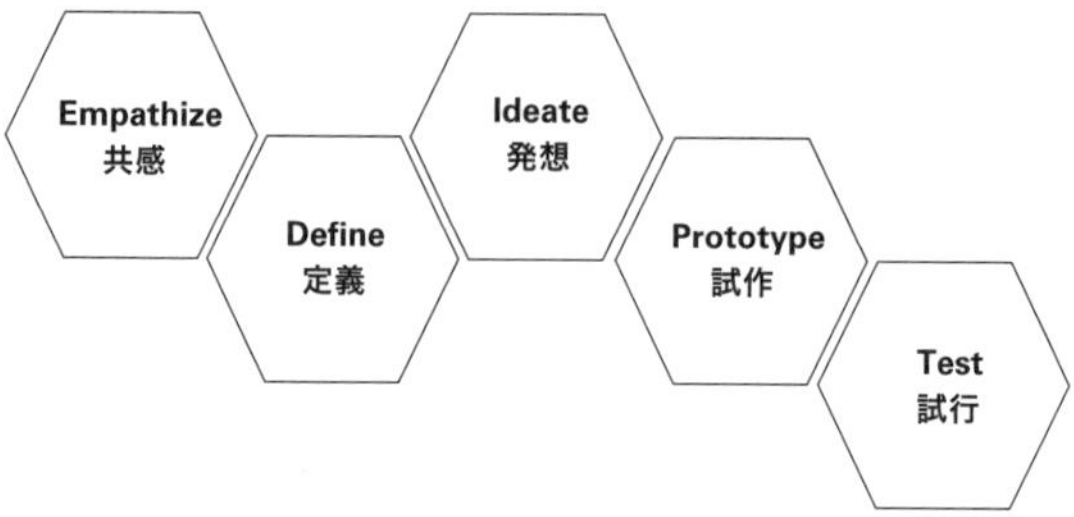

在的に求めている商品・サービスを企画していく、これが一般的なデザイン思考の進め方だ。
プロセスから言えるデザイン思考のポイントは大きく二つある。

・ユーザー中心で考える
・プロセスを何度も繰り返し試行錯誤する

これはサービスデザインでも同様である。

ユーザー中心で考える

最初にユーザーのいる現場に行き共感し、試行のフェーズでは商品・サービスのプロトタイプをユーザーに見せフィードバックを得ながらアイデアを修正していくというプロセスにも表れているとおり、サービスデザインは商品・サービスの受け取り手であるユーザーが本当に求め、心地よいと感じるものを企画し提供しようという「ユーザー中心」の考え方をベースとしている。

ユーザー中心の考え方は、前章でも言及した感性主導の社会における商品・サービス開発に非常に適した手法であると言える。感性主導の社会においては、文字どおりユーザーの感性に訴えかけ、商品・サービス、ひいてはそれを提供している企業に共感し、ファンになってもらうことが重要だ。そのためには、企業側はユーザーに対して、自社だからこそ提案・実現できる新しい「経験」を提供し、機能や最新技術はその経験を実現するための手段として実装されなければならない。

ここで言う「経験」とは、ユーザーが商品・サービスを利用する際の経験のみを指すのでなく、ユーザーがその商品・サービスを知り、店舗に訪問し、手にとり、購入し、購入後サポートを受ける、といった自社とユーザーの接点すべてにおける経験を指す。つまり、すべてのユーザーとの接点において、コンセプトに基づいた一貫した経験がユーザーに提供されていることが必要になる。それを満たすためには必然的に商品やそれを取り巻くサービス全体をユーザー中心の考え方で設計し、ユーザー経験を充足させていくことが重要になっていくのだ。

私たちがＩＴ組織の次なる武器として、サービスデザインに着目する理由はまさにこの点にある。感性主導の社会において、ＩＴ組織が貢献できる余地は非常に大きい。現在提供されているサービスでＩＴが関わらないものはほとんどないに等しい。サービスの実現にＩＴは必要不可欠な存在になっている。今求められている一貫性のあるサービスを実現するためには、ＩＴ組織が企画段階からコアメンバーとして入り込み、企画段階で描かれたサービスコンセプトをいかにＩＴで実現するかデザインしていくことが非常に重要なポイントになってくる。

プロセスを何度も繰り返し試行錯誤する

ウォーターフォール型の開発に慣れているＩＴ組織にとって、一度たどったプロセスフェーズにもう一度戻って再度同じフェーズを実行するということは、「手戻り」と捉えられ、プロジェクトマネジメントが悪かったと判断されがちだ。しかし、サービスデザインではプロセスの繰り返しはむしろ歓迎されるべきものだ。サービスデザインのプロセスではユーザーへの共感、ユーザーからのフィードバックがアイデアを作るための最大のインプットとなる。これらのインプット情報を得るごとに、それに合わせてアイデアを改変していくことしか、ユーザーの真のニーズに応えるアイデアを作る最短の道はない。それゆえ、むしろプロセスを繰り返していかないとユーザーから共感を得られるサービスを生み出すことはできないのである。

2 日本企業でのサービスデザインの進め方

ここからは、ＩＴ組織が新しい付加価値創造のために知っておくべきサービスデザインの方法を順を追って説明する。なお、各フェーズで活用できるワークショップやまとめ方の手法はこの中でも少し紹介しているが、手法自体は多種多様に存在する。それらを紹介した書籍も多数存在しているため、ここで紹介しているものにとらわれず、ご自身の組織、プロジェクトに合ったものを活用していただけるとよいだろう。

日本企業でのサービスデザインの実行にあたり、d.schoolの五つのプロセスに加えて、私たちはプロジェクト開始時に組織の目指す姿、実現したい社会像を確認し、新規サービスのドメインを確定する「Value（意義付け）」のプロセスを追加することを提案している（図表8-2）。

意義付け

このフェーズでは、チームメンバーがプロジェクト実施意義を理解し、自分たちの提供価値、目指す姿、実現したい社会像（ビジョン）を共有している状態を目指す。

デザイン思考やサービスデザインの方法論が体系化された欧米では、暗黙のうちの了解事項となっているのかプロセスとして明示されていないが、日本企業では特に、サービス企画開発などの新規事業創出にあたって、組織のミッションを再確認し、なぜ新しいサービスを企画しなければならないのかメンバーに腹落ちさせることが必須であると考えている。

新規サービスの創出には様々な困難があり、決して一筋縄ではいかない。メンバーがその困難にめげずに新規サービス企画を進めていけるよう、組織の提供価値、プロジェクトの実施意義を確認することで内発的動機付けをし、この企画を実行しなければならないという想いを持ち続けることが必要だ。言われた仕事だからと義務感だけで企画を進めた新規事業が、その後上層部から理解を得られないなどのハードルを乗り越えられず、むし

図表8-2❖日本企業で実施する際のデザイン思考の6つのプロセス

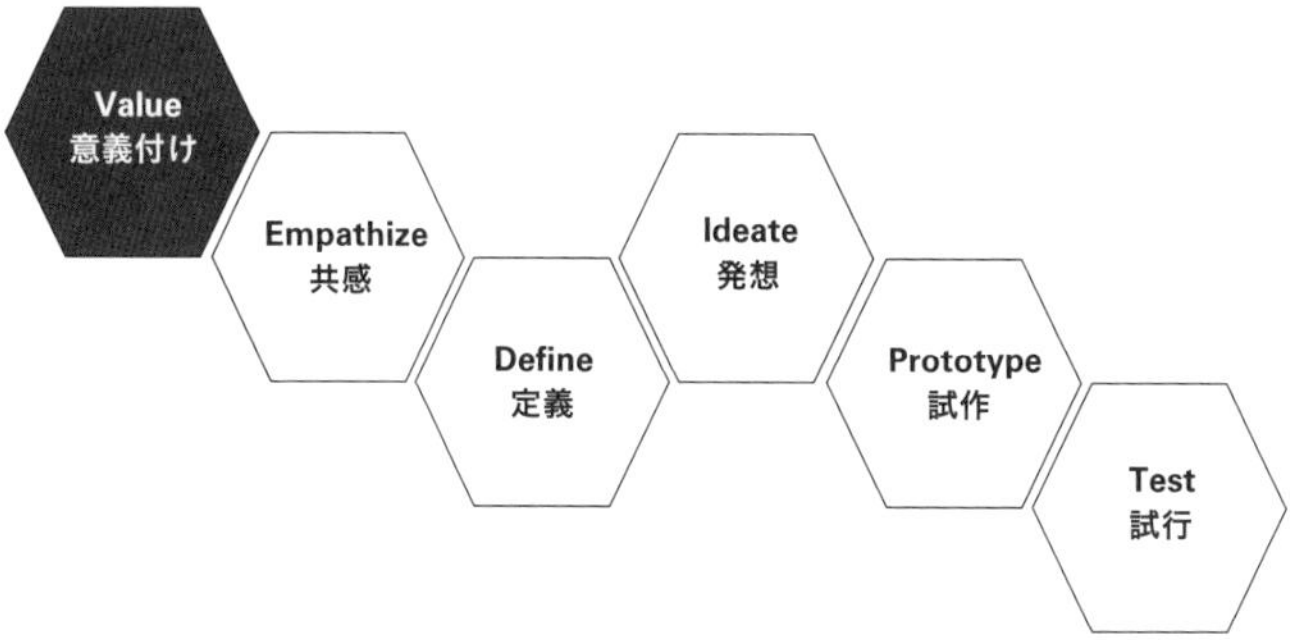

ろそういった逆風を企画を続けないことの言い訳にして、企画そのものが立ち消えてしまった例は枚挙に暇がない。企画メンバーがプロジェクトに対して意義を感じ、情熱を持って取り組んでいける土台作りからまずは実施し、そのうえでサービスデザインのプロセスを実施していくことが必要だ。

また、このフェーズはチームビルディングを兼ね、自分たちが何に向かってプロジェクトを進めていくかの合意形成をするため、企画から開発、社外協力者に至るまで、このプロジェクトに関わるすべての人に参加してもらうことが望ましい。

進め方としては、提供価値の確認、ビジョンの共有、共通項の抽出の大きく三つのフェーズに分けられる。

①提供価値の確認

自社(自組織)、顧客、競合の過去〜現在の活動実績を振り返り、自分たちのチームがこれまでお客様や社会に対し

図表8-3❖提供価値の確認

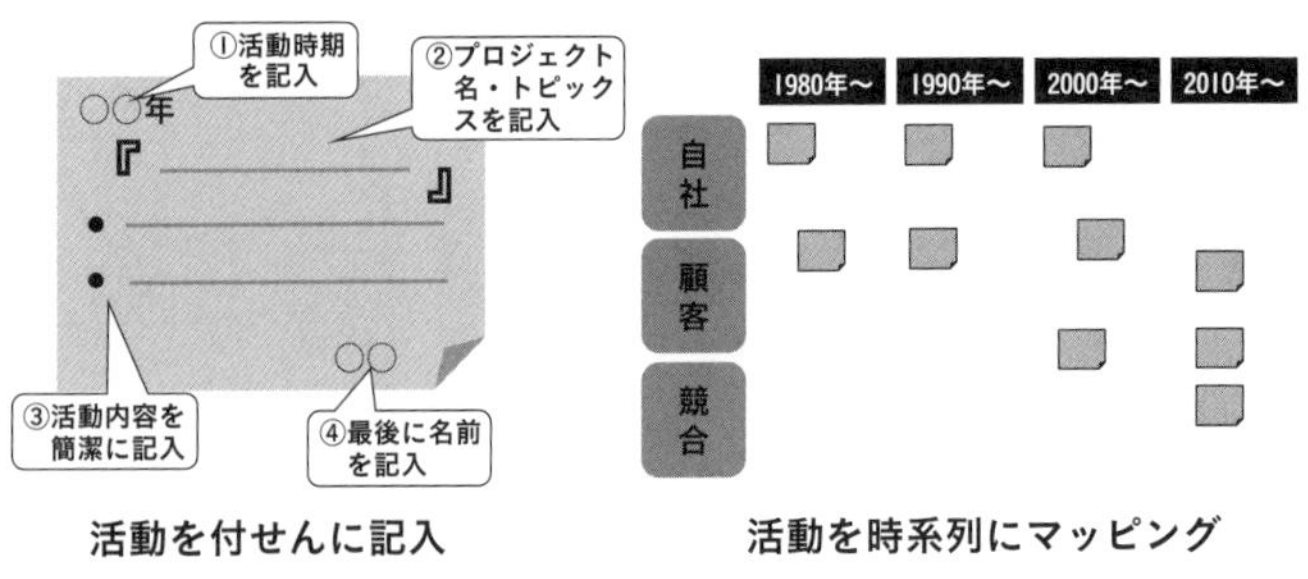

てどのような価値を提供してきたのか、またそのときの外部環境を確認する。

過去〜現在の自分たちの活動を振り返って自分たちの提供価値は何か、プロジェクトの実施意義を確認する（図表8-3）。

②ビジョンの共有

過去、現在を踏まえたうえで、これから社会に対してどのような価値を提供したいか、それによってどのような社会を実現したいか未来志向で考え、自分たちの未来の姿をイメージする。表現方法は様々なものが考えられる。例えば粘土やレゴで世界観を表現したり、新規ビジネスが実現したときにどのように報道されたいか「未来新聞」を描くなどの方法がある（図表8-4）。

図表8-4❖ビジョンの共有——未来新聞

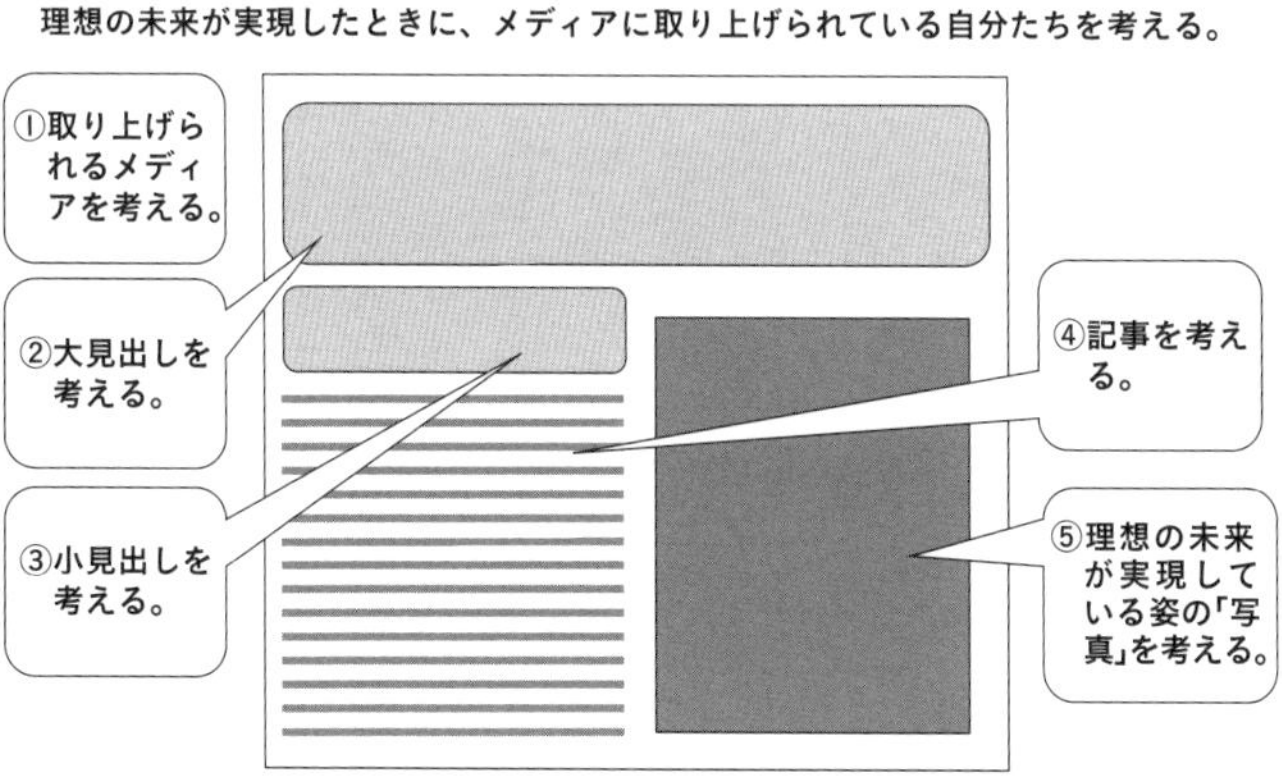

③共通項の抽出

各人、各グループが描いた目指したい未来の姿に表れる共通的な要素を抽出、統合していき、チーム全体としての目指す姿をビジョンとして確立する。

共感

このフェーズは、ユーザーのいる現場に赴き、実際にユーザーが置かれている環境に身を置き、話を聞き、ユーザーの現状を理解することがゴールとなる。

ここで言うユーザーとは、サービスに関係するすべてのユーザーを指す。例えばビジネスモデルがBtoBtoCの場合であれば、直接のユーザー（B）もエンドユーザー（C）もどちらも含む。できる限りどちらのユーザーに対しても理解を深めることが望ましい。

ここで重要なことは、ユーザーが置かれている環境、生活、その人の価値観を、先入観なくそのまま理解することだ。事前にユーザーに対する仮説を構築し、それを検証するためにユーザーのもとに行くやり方では、その仮説に思考がとらわれてしまい、ユーザーの真のニーズを捉えることが難しくなる。

進め方としては、現場の設定、現場観察・インタビュー実施、結果共有となる。

①現場の設定

まずは行く現場を設定する。新規サービス企画の場合、メインターゲットユーザーだけでなく、エクストリームユーザーと呼ばれる、サービスや商品の極端な利用の仕方をするユーザーも現場観察・インタビュー先として設定する。エクストリームユーザーは、利用の仕方が極端な分、一般的なユーザーに比べてニーズが極端に出る。そのニーズを拾うことによって、一般のユーザーのニーズもカバーすることができると言われている。障がいを持つ方々のニーズを検討することによって、一般利用者にとっても便利で使いやすいサービスを生み出すことができるというのも、このエクストリームユーザーから示唆を得る方法の例の一つである（図表8-5）。

②現場観察、インタビュー実施

現場観察は、仮説を持たずに実施し、現場の環境そのものを観察することが重要となる。現場観察対象とし

図表8-5❖エクストリームユーザーの考え方

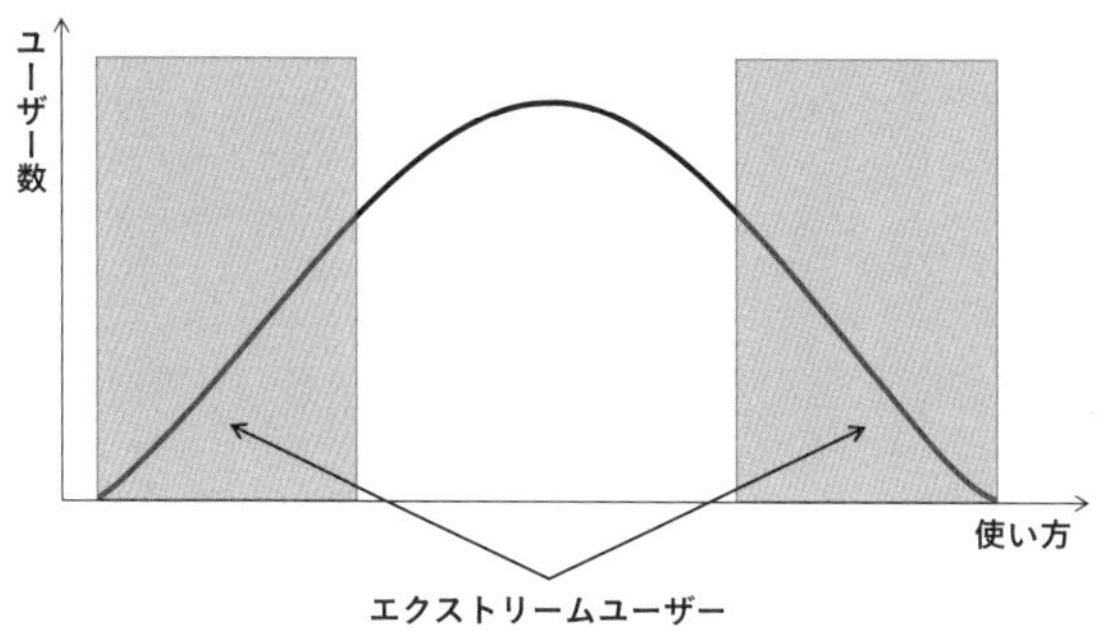

たユーザーが普段どのような環境で勤務、生活しているのかを実際に見て確認する。併せてユーザーに対してインタビューを実施し、現場観察時の疑問を確認することが望ましい。さらにその際には、なるべくユーザーの代表的な一日の生活や、仕事、生活で欠かせないツール、大事にしているものなどを聞き、ユーザーの人となりや価値観を把握することが重要になる。それらが、現場で行われていた行動や、ニーズの背景を探るヒントになるからである。

③結果共有

現場観察、インタビュー結果は記憶が新しいうちに早めにまとめておくことが望ましい。現場観察結果をまとめる方法論としてはいくつか考えられるが、ここではそのうちの代表的な手法をご紹介する。

・現場観察の場合：AIUEOの観点で観察結果をまとめると網羅性がある（図表8－6。アルファベットの順番でAEIOUと言うこともある）。

AIUEOとは、

A：Actions（行動）

I：Interactions（相互作用）

U：Users（人）

E：Environment（環境）

Ｏ：Objects（もの）

の頭文字をとったものである。

誰が現場にいたか（人）、その人がどのような行動をとっていたか（行動）、人同士、人とものの間のやり取りはどのように行われていたか（相互作用）、現場はどのような場所にあり、どのような間取りで、どのような雰囲気だったのか（環境）、何が置かれていたのか（もの）を記載する。これらを網羅することによって、現場の様子、現場で起こっていたことを、効率的に現場に行っていなかった人にも共有することができる。

・インタビューの場合：共感マップでインタビュー結果をまとめる（図表8−7）。

図表8-6❖AIUEOシート

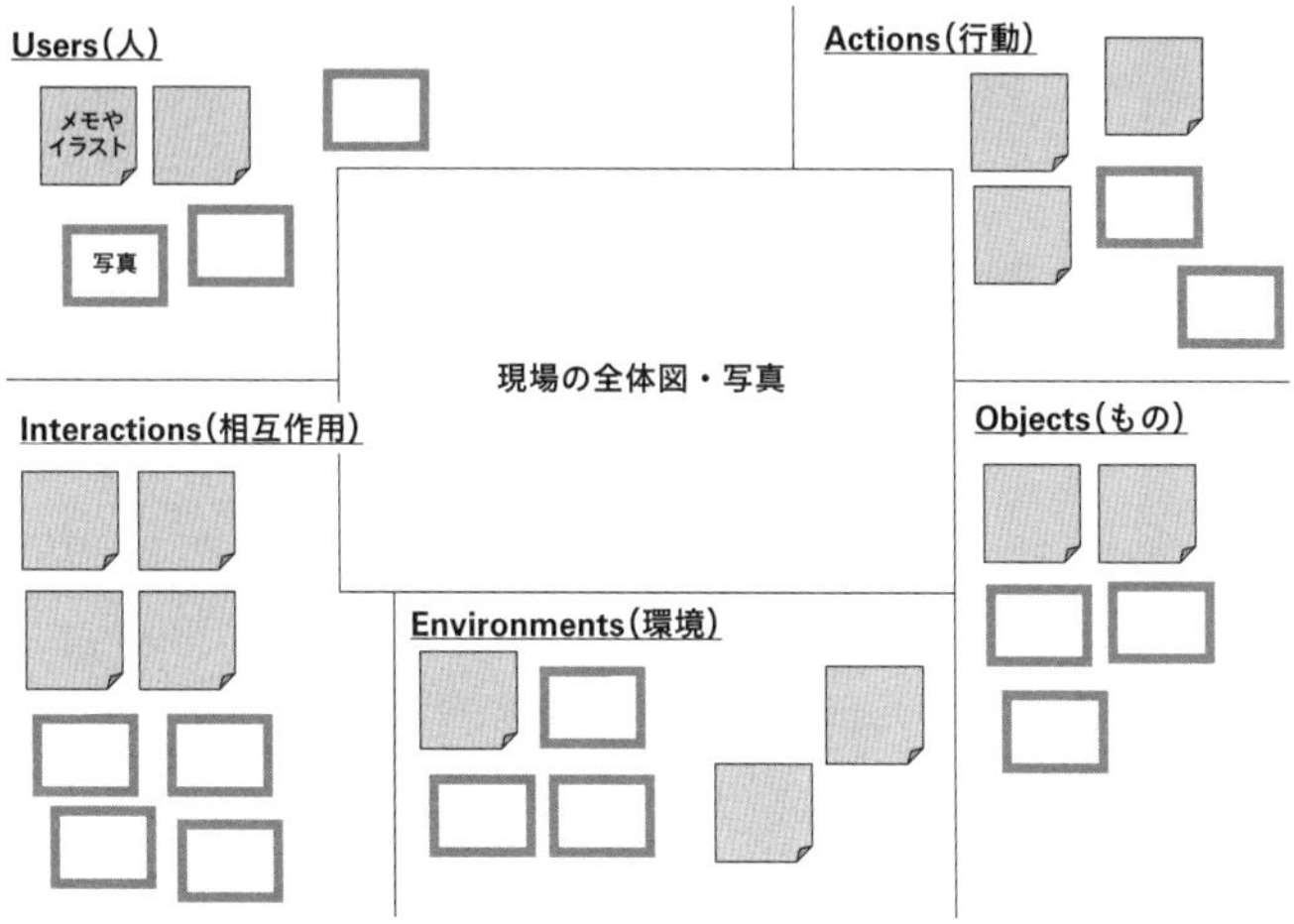

共感マップは図表8-7のとおり、
インタビュイーが
Say：言っていたこと
Do：実施したこと
Think：考えている（であろう）こと
Feel：感じている（であろう）こと
をまとめる。

言っていたこと、実施したことはインタビューや現場観察の結果からそのまま記載する。考えたこと、感じたことは、言動の裏にある考えや気持ちまでインタビューで聞き出せていた場合はそれを記載する。

定義

このフェーズでは、自分たちが解決策を考えるべきユーザーの真のニーズがわかり、チーム内で合意・共有できていることがゴールとなる。サービスデザインの中で一

図表8-7❖共感マップ

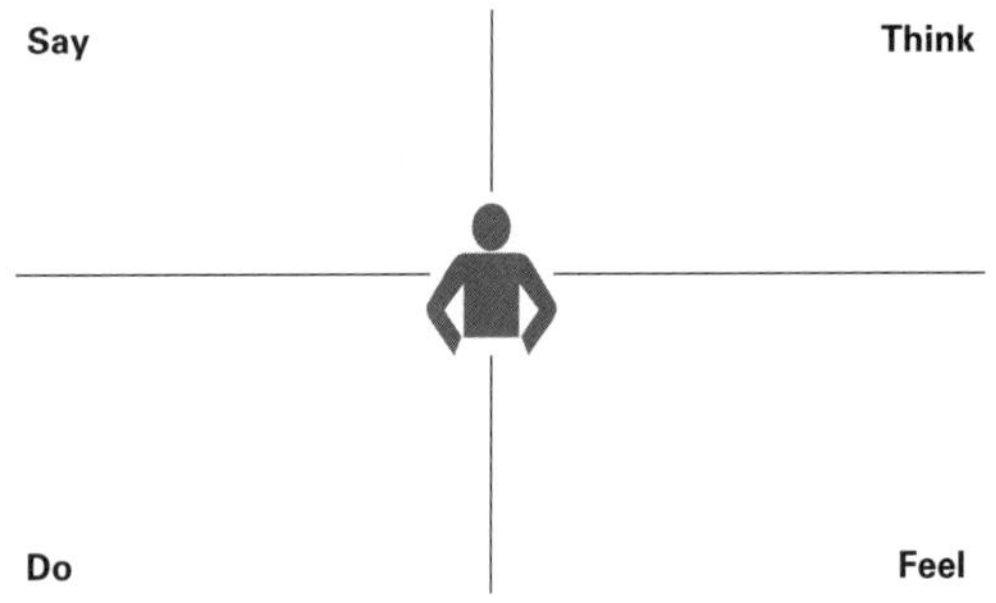

番重要なフェーズといっても過言ではない。

実際に現場に赴いたメンバーがその現場に関する責任者となり、メンバーの疑問の解消や、意見が割れた際の最終的な判断を行う。

進め方としては、現場観察結果の棚卸し、ユーザーの真のニーズの抽出となる。

①現場観察結果の棚卸し

現場観察結果をチームメンバー全員で共有する。現場観察結果はＡＩＵＥＯの観点でのまとめ、インタビュー結果は共感マップの内容を中心にすべての内容をシェアすることが望ましい。この後ユーザーの真のニーズの抽出を全員で行うために、現場に赴いていないメンバーも、各現場の様子、ユーザーの様子をすべて理解しておく必要があるためである。

②ユーザーの真のニーズの抽出

現場観察結果の共有ののち、現場で起きている事象のうち特に気になったことを抽出し、それが「なぜ起きているか」を因果関係で整理し構造化していく。その際に、現場観察で得られた事象に「Why」を重ねていくことが重要になる。因果関係はユーザーへのインタビュー結果に表れている場合もあれば、現場の状況から判断し、推測で導出する場合もある。

何度かWhyを重ねた結果、最終的にたどりついた事項に、ユーザーの真のニーズ、解くべき課題が隠されている（図表8－8）。

発想

定義したユーザーの真のニーズに対する解決案を多く出し、その中から試作品を作成するアイデアの選定ができている状態がゴールとなる。

アイデア出しにはなるべく多様な価値観を持つ人が集まるとよい。アイデアに幅が出て、自分たちだけでは思い浮かばなかった突飛なアイデアが、解決の突破口になることも多いため、自分たちのチームだけでなく、外部の人にも協力を仰げるとより発想が広がる。イベントとしてアイデアソン★2を実施し、多様な人を集めるという手もある。

アイデア出しのルールとしてよく言われることではあるが、質より量、アイデアの良い・悪いの判断は先送りにする、人のアイデアの否定をしない、という

図表8-8❖真のニーズの抽出

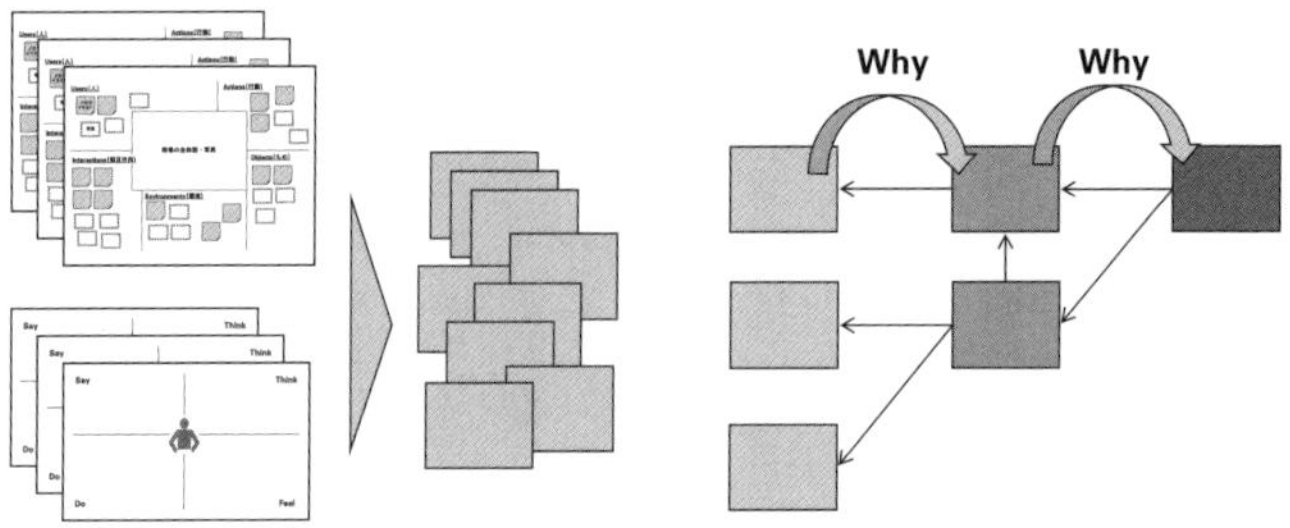

現場観察の棚卸結果から、
テーマに応じた「気になること」を抜き出す。

「気になること」が起こっている原因を
考える。
考えた結果を、体系的に整理する。

のはこのフェーズでも有効である（図表8-9）。

進め方としては、アイデア出し、アイデアの選定となる。

①アイデア出し

定義したユーザーの真のニーズを解決するアイデアをたくさん出すために、ブレインストーミングや、アイデアスケッチ、強制発想法など、様々なアイデア出しの手法を活用できる。

ブレインストーミングは、グループでのアイデア出しの手法で、誰かが出したアイデアや自分が出したアイデアに着想を得て、さらに発想を広げていき、アイデアを広げていく。

個人ワークを中心に、絵でアイデア出しを行うのがアイデアスケッチである。メンバーそれぞれがまずは個人ワークでアイデアを絵で表現し、シェアをしながら新たなアイデアが生まれた場合はさらに絵でアイデアを表現していく。ある程度具体化し、アイデアの要素をコア部分のみに簡素化しないと絵で表現できないため、絵で表現するというプロセスを経ることで、アイデアが具体化し、具体化された中でコア部分が決まっていく。他の人のアイデアにかぶせて次々にアイ

図表8-9❖アイデア出しのルール

- 質より量を出す
- アイデアの良い・悪いの判断は先送りにする
- 人のアイデアの否定をしない
- 人のアイデアに乗っかる

デアが出てくるブレストよりもアイデアの数は少ないが、より具体的なアイデア出しをすることができる。

強制発想法は、例えば使用するデバイスが決まっている場合など、アイデアの実現に何らかの制限がある場合に、「もしユーザーの真のニーズを◯◯を使って解決するとしたら……?」といった問いを作ってブレインストーミングをしていく。また、アイデアは、何の制限もなく考えるよりも制限を設けて考えたほうが発想しやすくなる効果があるため、前述の問いの◯◯をいろいろなものに変えていきながら、アイデアを広げていくことができる。

②アイデアの選定

数多く出たアイデアの中から、試作品を作ってユーザーに有効性を確認するアイデアを選定する。多数決でアイデアを決定する場合もあるが、選択基準を設けるとすれば、自分たちのビジョンが実現できるか、ユーザーにとって嬉しいアイデアかの二点が特に重要になる。ここで前のフェーズで検討してきた内容に立ち戻り、改めて自分たちが誰に対して何をしたいと思っており、そのターゲットが何を真に欲しているのかを確認し、その内容にどれだけ沿っているかでアイデアを選定するのが望ましいだろう。チームメンバーが納得できるアイデア選定基準を設定し、確信を持って次に進める選択をするべきである。

前フェーズで定義したユーザーの真のニーズを、ここで選択したアイデアによって解決していくことが、企画している新サービスのコンセプトとなる。

試作

アイデアの試作品を作成するフェーズとなる。プロダクトがある場合は、実際にユーザーが触って試せる簡単なモックアップ[★3]を作成する。サービスの場合は、サービスブループリント[★4]や映像など、サービスの流れを可視化するツールを活用しユーザーの経験全体を表現する。

ここで試作品を作る目的は、次の試行のフェーズでユーザーにアイデアを理解してもらい、具体的なフィードバックをもらうためである。試作品(モノ、サービス、ビジネスモデルすべて含む)が具体的であればあるほど、ユーザーからも具体的なフィードバックをもらうことができる。どうやったらアイデアの核となる部分の経験をリアルに伝えることができるか、そのためにどんな試作品を作るかを予算との兼ね合いで判断する必要がある。

進め方としては、試作品の内容決定、試作品作成、ビジネスモデル作成の三つに分けられる。

①試作品の内容決定

試作品には、紙と有り合わせの文房具で作った一番簡単なペーパープロトタイプから、リアルなプロダクトやサービスに限りなく近く作成するものまで多様な種類が存在する。

最初は、ペーパープロトタイプのような非常に簡単な試作品でもよく、ユーザーにアイデアの細部ではなく、自分たちのビジョンが伝わっているか、定義したユーザーの真のニーズが本当に解決できているか、出したアイデアの方向性は合っているか、前のフェーズで実施してきたことの整合性を確認する。不整合があった場合は、問題があったフェーズまで戻り、アイデアを修正する。ユーザーとの認識が合ってきたら、試作品の細部の機能やデザインを確認してもらう。このように、試作品もユーザーに何を確認してもらいたいかによって、具現化度合、洗練度合をコントロールする必要がある(図表8-10)。

②試作品の作成

実際に試作品を作成する。自作する場合は、粘土やレゴなどを活用する場合もある。モック

図表8-10❖試作品の分類

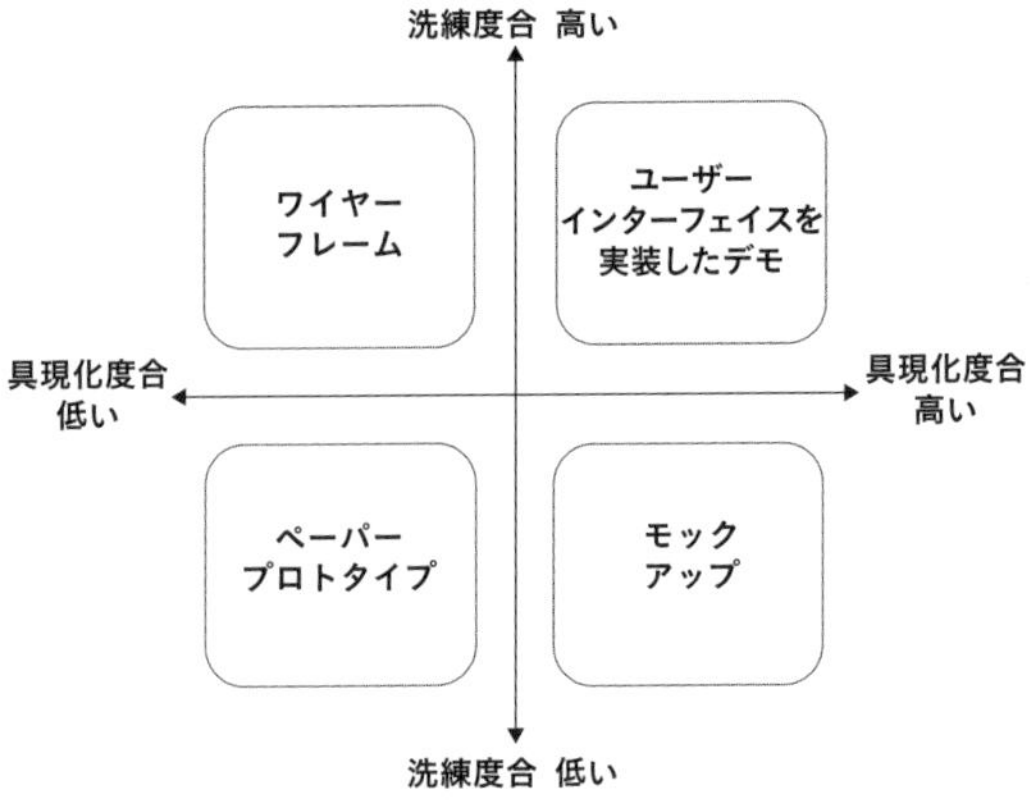

アップとペーパープロトタイプの中間として、個人用3Dプリンターなど近年話題のデジタルファブリケーション機器を活用し、試作品を作成するということも考えられる。

アプリ開発やリアルに近い試作品の開発など、専門の外部リソースを活用する場合は、できるだけ自分たちが表現したい内容を詳細に伝え、アイデアのコア部分を外すことなく忠実に再現してもらうように注意しなければならない。

モノではなく、サービスの場合は、サービスの流れを可視化する。サービスブループリントを活用し、サービスの具体的な流れを紙面上で整理するやり方や、検討しているサービスの一連の流れ、そのときの提供者とユーザーの動きを寸劇やレゴを活用したシミュレーション、映像作品で表現することも

図表8-11❖試作品の例

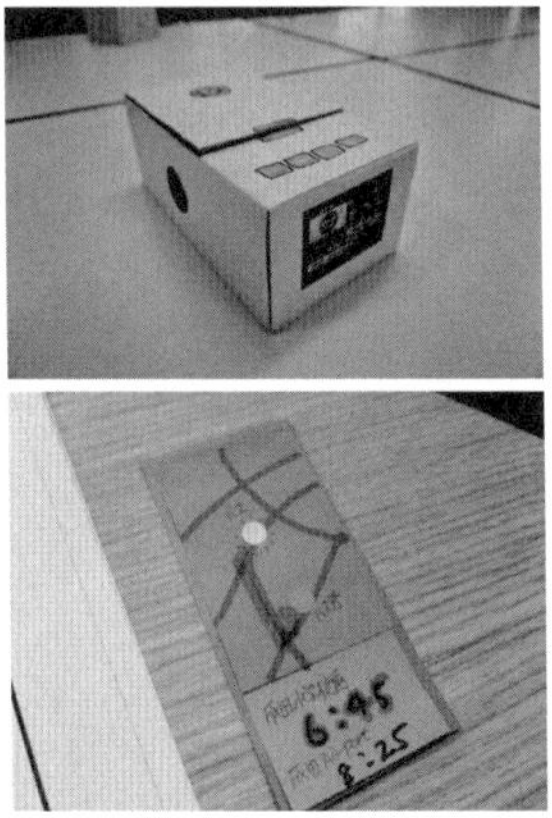

ペーパープロトタイプ

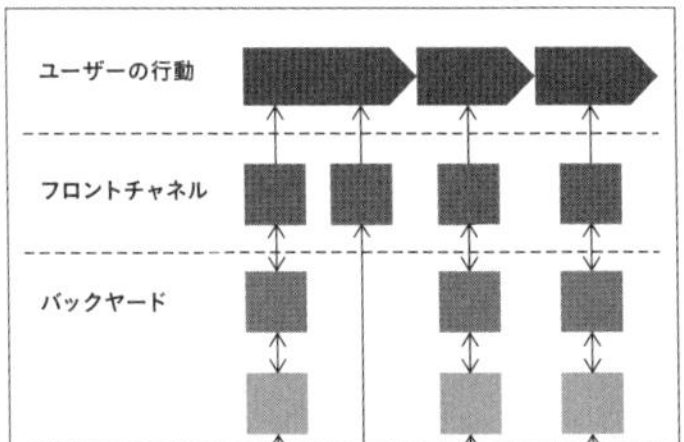

サービスブループリント（イメージ）

ある（図表8-11）。

③ビジネスモデルの作成

モノ・サービスの流れの試作品作成に合わせて、ビジネスモデルを検討する。ビジネスモデルも試行錯誤を繰り返して洗練させていくことが望ましい。

まずはビジネスモデルキャンバス★5を活用して、ビジネス検討に最低限必要な要素を洗い出し、それをもとにビジネスのステークホルダーとその間の価値の交換を表現したビジネスモデル図を作成する。また併せてビジネス規模の試算も実施する。

試行

ユーザーにアイデアの試作品を見てもらったり、あるいは簡単に経験してもらったりして、自分たちのビジョン、ユーザーの真のニーズ、アイデアの方向性、細部の機能・デザインの整合性がとれているか、サービスがユーザーにとって心地よいものになっているかを確認し、修正点を確認するフェーズとなる。

ユーザーがアイデアに触れたときに、どこに対してなぜ違和感を感じているかをあぶり出し、どこのフェーズまでプロセスを戻せばいいかを判断することが重要になる。

ユーザーフィードバックを受けて、修正するという行為を素早く実施する。

①ユーザーフィードバック

作成した試作品をユーザーに見たり触ったりしてもらい、フィードバックをもらう。この際に、フィードバックをもらいたいポイントを明確にし、それに応じた問いを用意しておく必要がある。例えば、アイデアそのもの、またそれを導き出したユーザーの真のニーズの定義の部分に納得感があるかフィードバックを得たいのであれば、アイデアの機能や細部のデザインに関する質問はこの段階では不要になる。

現場観察のインタビュー時と同じで、試作品に対してユーザーが何を感じるのか、なぜそう感じるのかを引き出すことに注力してインタビューを実施する。

②修正

ユーザーからのフィードバック内容をもとに、問題があるプロセスまでさかのぼり、アイデアを修正する。

③プロセスの繰り返し

修正したらまたユーザーに試作品を見せフィードバックをもらい、繰り返し修正をかけていく。

3 アイデア実装にあたって

試作品に対し、ユーザーから良いフィードバックをもらったら、いよいよアイデアをシステムで実装していく。アイデア実装の段階になっても、これまでの姿勢と同様、ユーザー中心で考え試行錯誤する姿勢を維持し続けることが必要になる。特に実装段階では、IT組織は企画段階で生まれたアイデアの実装に責任を持つ部門として、サービスコンセプトを実装完了時までキープし続けることが求められる。その方法として、アジャイル開発を意識することは有効である。

アジャイル開発とは、開発対象を多数の小さな機能に分割し、プロセスを反復させ都度確認しながら一つずつ機能を追加開発していく手法である。アジャイル開発のやり方、進め方の詳細は既に多くの書籍が出ているためそちらに譲りたいが、アジャイル開発のメリットは、これまでのウォーターフォール型の開発と異なり、プロセスを反復させながら進めていくことができるため、企画段階のサービスコンセプトがなくなっていないか、ビジョンはキープされているか、ユーザーの真のニーズに応える機能になっているかを都度確認しながら開発を進めていくことができる点にある。

これらの方法を実践し、より多くのＩＴ組織のメンバーに新規サービス企画に関わっていってもらいたいと思っている。自分たちが作り出したものによって社会や人々の生活が快適になることを実感し、新しい付加価値創造にシステムで貢献するという、ＩＴ組織の技術者が本来持っているであろう矜持と、その喜びを思い出すことで、生き生きとシステムに関わる人が増え、ＩＴ業界全体に活気が戻ることを期待したい。

註

★1　スタンフォード大学d.school：米国カリフォルニア州パロアルト、スタンフォード大学にあるデザイン思考を学べる学科横断型プログラム。http://dschool.stanford.edu　どの分野でもデザイン思考は活用できるとして、あらゆる専攻の学生の履修が可能。基本的には大学院生向けのクラスが多いが、一部学部生に向けても開講している。夏期には社会人向け、エグゼクティブ向けのデザイン思考の集中講座も設けられ、積極的に保有メソッドを公開している。一般社団法人デザイン思考研究所が邦訳した「デザイン思考家が知っておくべき三九のメソッド――the d.school bootcamp bootleg」もその一つ。こちらも無料でダウンロードできる。http://designthinking.or.jp/index.php?39

★2　アイデアソン：ある決まったテーマのもと、多様な参加者を集めて、イベント的にブレインストーミングを行うもの。

★3　モックアップ：プロダクトの外観のデザインのみを作った試作品。模型。

★4　サービスブループリント：サービスの流れをユーザー、フロントチャネル（ユーザーと直接接点を持つ各チャネル）、バックヤード（ユーザーと接点を持たないが、フロントチャネルでの業務を支える職務、システムなど）別に表記し、ユーザーのサービス経験、それを提供する側の動きを一覧にして整理したもの。

★5　ビジネスモデルキャンバス：ビジネスモデルを九つの構成要素として定義し図式化するフレームワーク。①顧客セグメント、②提供価値、③チャネル、④顧客との関係、⑤収益の流れ、⑥経営資源、⑦企業の主要活動、⑧パートナー、⑨コスト構造を規定していくことで、大まかにビジネスモデルを整理できる。

第9章 オープンイノベーションに取り組みマネジメントを行う

1 なぜ、オープンイノベーションに取り組むのか

複雑な問題解決が新規事業領域に

国内市場が成熟化する状況のもと、多くの企業で新規事業開発に力を入れている。しかし、多くの市場では既に「やりつくしている」状況であり、新しい事業領域を探すのは困難になっている。その中で新規事業領域として残されているのは、今まで手を付けていなかった「複雑な問題の解決」である。

アダム・カヘンによると複雑性は、原因と結果の空間的・時間的な遠さに原因がある物理的複雑性(Dynamic Complexity)、予測不可能性の高さに原因がある生成的複雑性(Generative Complexity)、見解の相違の大きさに原因がある社会的複雑性(Social Complexity)の三つに区分される(図表9-1)。物理的複雑性の代表例として、環境問題が考えらえる。今起こっていることの影響が、すぐに表れるのではなく、時間的に遅れて、また違う場所で影響が表れる。生成的複雑性の代表例は、自然災害。予測が可能になってきてはいるが、その原因として考えられるパラメーターが多く、予測が難しい。

社会的複雑性の代表例は、現在各地で起こっている地域紛争。宗教的な対立、グローバルとローカルの価値観の相違など、社会的複雑性にその原因があることが多い。現在、未解決の問題は、この一つもしくは複数が含まれている問題である。

企業は今までに、その製品・サービスによって生活・社会に関する様々な問題を解決してきた。その結果、成熟化した市場では、単純な問題(複雑でない問題)については、既に企業が解決策を製品化もしくはサービス化することで解決されている。しかし、カヘンの指摘する複雑性を持つ問題は、解決が難しく依然として未解決のまま残っている。そして、その問題を解決することが、今後の新規事業領域として残されている領域だと考えられる。

複雑な問題を多様性で解く

では、複雑な問題に対して、どのように取り組むのか。

図表9-1❖複雑な問題

複雑性のタイプ	複雑性の原因	問題例
物理的複雑性 (Dynamic Complexity)	原因と結果の空間的・時間的な遠さ	環境問題(原因と結果の時間的遠さ) 食料問題(原因と結果の距離的遠さ)
生成的複雑性 (Generative Complexity)	予測不可能性の高さ	災害対策(予測不可能性の高さ)
社会的複雑性 (Social Complexity)	見解の相違の大きさ	地域紛争(宗教的な価値観、グローバルとローカルの価値観) 少子化問題(企業と個人の価値観、世代間の価値観) 貧富の差の拡大(個人間の価値観、社会と企業の価値観)

ここにオープンイノベーションが求められる理由がある。

オープンイノベーションとは、企業が自社の中だけで閉じて研究開発するのではなく、他社、大学とコラボレーションし、企業の内部、外部の技術・アイデアを組み合わせて、新しく革新的なプロダクト、サービス、ビジネスモデルを創り出すこと。多様な技術、アイデアを活用して、複雑な問題を解決することでイノベーションが生まれる。

問題を解決するためには、何が起こっているのかを正確に把握する必要がある。そして、複雑な問題の場合、この何が起こっているのかを正確に把握するのが難しい。先の事例を見ていただいてわかるとおり、複雑な問題は、その起こっていることの範囲が大きく、広い。また関わっている人も多い。そのため、何が起こっているのかを把握するためには、一つの価値観で考えるのではなく、複数の違う価値観で考える必要がある。問題に関わる様々な人々の価値観で起こっていることを多角的に考えることで、初めて全体象が把握できる。問題の全体像を把握するためには、多様な価値観を理解し、それぞれの視点で見る必要がある。複雑な問題の全体像が間違っていれば、正しい問題設定ができず、その結果、どんないい解決のアイデアを作り、実行しても無駄になってしまう。

複雑な問題を解決するためには、全体像の把握だけでなく、その解決策の実行にも多様性が必要になる。複雑な問題は、取り組むべきことが広範囲にわたるため、その解決のためには、複数の角度から時間的、物理的に同時に取り組む必要がある。そして、その実施のためには、様々な技術

／専門性を持った人が多数必要になる。

成熟化した市場では複雑な問題の解決しか新規事業領域はない。そして、複雑な問題を解決するためには、その全体像の把握、解決策の実行の双方で、多様な価値観／立場の人の知見、経験が必要になる。そのような状況の中、複数企業、大学、個人が連携して新しい価値を創出するオープンイノベーションが注目されている。

2 オープンイノベーションの進め方

では、実際にオープンイノベーションを進めるためには、何をしなくてはいけないのか。そのためには、四つのポイントがある。

一つ目は、イコールパートナーシップで結ばれたチームを作ること。二つ目は、チームがイコールパートナーシップで結ばれるための「共通の未来」を作ること。三つ目は、企業側の新規事業創出プロセスに「開かれた」部分を作ること。四つ目は複数の企業と共同で検討を行うために検討のルールを作ることである。

オープンイノベーションの従来の進め方との違いは、「いかに多様性を確保するか」ということである。効率化を優先したチームでは、いかにチーム内で同じ考え方、行動の仕方ができるかという「均一性」に着目していた。しかし、均一的なチームでは、複雑な問題を多角的に見ることができない。そのため、問題の本質を誤って捉えてしまい、その結果、検討したアイデア、サービス企画が的外れなものになってしまう。オープンイノベーションでは、多様性を維持するために、違う価値観・立場の人についてお互いに知り、尊重し、互いに責任を持ち、気を配ることが求められる。

それは、従来の組織で行動する価値観とは大きく違うため、人によっては考え方、行動（振る舞い）を大きく変える必要がある。オープンイノベーションを起こすためには、従来のやり方では非常に有効的だった、均一性に着目したマネジメント・行動がすべて裏目になってしまう。ここにオープンイノベーションの難しさがある。

オープンイノベーションの前提はイコールパートナーシップ

オープンイノベーションを起こすためには、イコールパートナーシップが前提になる。イコールパートナーシップとは、目的達成のために、参加者が共通の未来を共有し、参加者それぞれが目的達成に向けて、その貢献をコミットした対等な関係性のこと。チームがイコールパートナーシップで結ばれ、自主的かつ自律的に活動を行うことで、初めてオープンイノベーションが起こる。

イコールパートナーシップで結ばれたチームでは、それぞれの人が目的に対して何が貢献できるのかを表明し、そのことを自分でリスクをとり、自主的かつ自律的に実行する。そのような個々の行動が積み重なることで、シナジー、セレンディピティが生まれ、当初考えてもみなかったアイデア、サービスが生まれる。このようなことは、従来のチームの均一性に着目した、固定的な計画、指示にそった行動からは生まれない。その意味では、従来の医者と患者の関係性のような問題が明確で、一方がクライアントとして依頼をし、一方が専門家としてクライアントの抱える問題を分析し、解決策を指示する問題解決の関係性とも、一方が問題を抱える当事者として問題解決に取り組み、一方がその活動を助け、支援するプロセスコンサルテーションの関係性とも違う。イコールパートナーシップは、参加者すべてが主体者になり、自律的に行動する新しい問題解決の関係性モデルと言える（図表9-2）。

共通の未来を作る

イコールパートナーシップの基本は、多様な価値観・考え方をする人がお互いを尊重し、共通の未来に向けて活動ができること。そのためには、参加者が納得し、共有できる「共通の未来」を作ることが必要になる。

共通の未来を作るためには、それぞれの考え方、価値観を理解・共有する必要がある。それぞれの価値観を理解、尊重し、そのうえで参加者すべてが納得できる未来を作る必要がある。自分の中で納得していない未来を提示され、「強制

図表9-2❖関係性の種類

モデル	クライアントの状態	クライアントの期待
情報ー購入モデル	問題も解決策も明確	専門家として問題、解決策の情報を提供する
医師ー患者モデル	問題は意識している。解決策が不明確	問題分析し、それにふさわしい解決策を適用する
プロセス・コンサルテーションモデル	問題も解決策も不明確	クライアントが主導的に行動。助けになるプロセスに関わらせる
イコールパートナーシップ	問題も解決策も不明確	クライアントとコンサルタントの関係ではなく、同じ当事者として問題に関わる

的に」受け入れさせられたら、その人はその問題について「自分のこと」として取り組まない。そうなるとその人に自主的かつ自律的に行動することを期待することは難しく、結果として、誰かが指示をしないと動かなくなる。そうなると、多様的な価値観で問題解決に取り組むということができなくなってしまい、指示を出している人の価値観だけになってしまう。

個々の参加者が納得できる共通の未来を作るアプローチとして、フューチャーサーチに代表されるホールシステムアプローチがある。ホールシステムアプローチとは、特定の課題やテーマに関わるすべてのステークホルダー（利害関係者）、またはその代表者たちが一堂に集まって話し合い、全体の文脈を共有しながら、創造的な意思決定や、アクションプランを生成する方法論の総称である。

フューチャーサーチでは、ステークホルダーが一堂に会し、対話を行うことで、共通の未来（コモングラウンド）を共有する。フューチャーサーチでは、最初にヒストリーと呼ばれるワークショップを行い、課題に自分がどのように関わってきたのかという過去の活動を振り返る。その活動の中で、一つの課題について、その課題に関わる人たちが、それぞれどのような活動をしてきたのか、その中でどのような問題、気持ち、価値観があったのか、俯瞰的に課題を見たときに自分の活動がどのように位置付けられるのかを、お互いに考え、共有する。その後、その共有した現状認識、問題認識をもとに、すべてのステークホルダーが共有できる未来を設計し、その未来に向けての活動を検討する。

多様な価値観・考え方、バックグラウンドを持つステークホルダーが共通の未来を持つためには、それぞれの活動をお互いに俯瞰的に捉えて共有することが大切である。その共通の認識を持ったうえで、課題の本質的な問題は何か、すべてのステークホルダーが共有できる未来は何かを考える必要がある。そのときに一番大切なのは、お互いの違った価値観を尊重する姿勢である。自分の価値観や考えだけが正しいと思い、相手に強制している限りは、イコールパートナーにはなれない。自分と違う相手の価値観・考え方を尊重し、受け入れることができて初めてイコールパートナーになれる。この違う価値観を尊重し、受け入れる姿勢が多様性を維持するための基礎となる。この基礎がなければ、その上にあるオープンイノベーションは生まれない。

複雑な問題は多様性がないと解決しない。複雑な問題を解決するためには、問題に対して、関係のあるすべてのステークホルダーが一堂に会し、そして、問題解決に向けてイコールパートナーになることが大切である。最初はその名のとおり利害が対立するかもしれない。しかし、問題を解決したい気持ちが同じであれば、対話を行うことでお互いの理解を深め、対立をなくしていくことは可能である。問題解決という大きな目的の前では、個々の対立は小さな問題なのかもしれない。しかし、そのような対話をしても、自分の意見だけを押し付ける、他人の意見、立場、価値観を尊重しない人はいる。そのような人は、その問題を解決することには関心が薄い。結果として、自分でリスクをとり、問題解決のためには行動しないので、無理に参加させるよりは、お引き取りいただくほうが、チームにとってもその人にとっても良い結果となる。その人が、改めて、問題解決にコミットして行動したいと思ったら、そのときにチームに迎え入れればいい。そのために、門戸を開いておくのは大切である。

共通の未来を作るためには、すべてのステークホルダーを参加させ、そのうえで、そのメンバーでどのように未来を共有できるのかを考える。多様性がない参加者で共有した未来では、仮に共有できたとしても、複雑な問題を解決できない。

「開かれた」部分を作る

オープンイノベーションの反対は、「密室での少数精鋭による検討」である。価値観の近い、同じ組織の少数精鋭で検討を進めることは一見、効率的でかつ質の高いアイデア、問題解決案が生まれるように思える。しかし、もしそうなのであれば既存事業、既存の仕組みがうまくいっているはずで、そのような企業は特にイノベーションを必要としない。もし、イノベーションを起こしたいと考えているのであれば、そのためには多様性を維持・確保することが必要となる。多様性を企業の新規事業創出プロセスに組み込むための仕組みとして、新規事業創出プロセスの一部を「開く」ことが考えられる。新規事業創出プロセスの中に、自社以外の人が関わる部門を作るのである。

複雑な問題には、多くのステークホルダーがいる。複雑な問題の解決策は、ステークホルダーとの問題認識の共有、解決の方向性の検討の中しか生まれない。一部の人だけの検討では、その問題解決策は、その場しのぎの表面的な解決でしかない。多様性のあるステークホルダーとの対話の中で、解決の方向性が決まり、各ステークホルダーが果たすべき役割、貢献すべきことが自然と決まる。そのようにして決まった「果たすべき役割」、「貢献すべきこと」が、その問題について、企業として新たに求められていることで、それこそが新規事業領域である。複雑な問題の解決策を考えるためには、広範囲のステークホルダーとの合意が必要になる。そしてそのような合意がされていない解決策は机上の空論になりかねない。それは、新規事業の事業リスクになる。そのリスクを回避するためには、企業の新規事業創出プロセスの問題定義のフェーズを密室で考えないことが重要である。問題定義のフェーズは積極的に開き、広範囲のステークホルダーにできるだけ参加してもらい、多様な意見を聞く必要がある（図表9-3）。

現在、様々なテーマ、様々な場所、様々な人で対話を行う場が増えている。その場では、テーマに関わる多様な

図表9-3❖「開く」プロセス

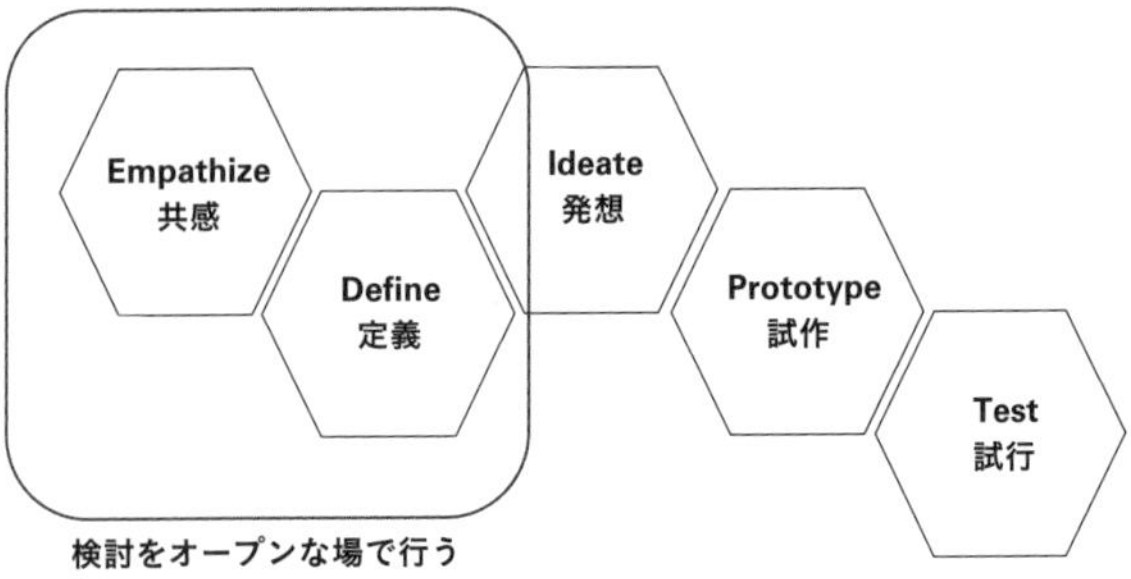

人が集まり、問題認識の共有、解決のアイデアの検討、問題解決チームの組成などが行われている。そして、そのような場所に関心を持つ企業、人、そのような場所を企画・デザインし実施する企業、人も増えてきている（図表9－4）。企業は新規事業を考えるときに、一度そのような開かれた場の議論に参加し、その中から自分たちの期待されている果たすべき役割、貢献すべきことを把握し、それをビジネスチャンスとして捉える必要がある。

オープンイノベーションで、企業に期待されていることは、「果たすべき役割」、「貢献すべきこと」をきちんと認識し、そして実行することである。特に実行することは期待されているとともに、新規事業創出の視点でも大切である。

「開かれた」場では、問題認識の共有、問題の全体像は把握できるものの、施策を実行することは難しい。実際、多くの問題は、問題認識を持った企業、組織が継続的な仕組みとして提供できるサービスに落とし込まれたとき、すなわちビジネス化されたとき初めて解決される。その意味では、企業

図表9-4❖多様性のある対話の場

- **OUR FUTURES**
  株式会社フューチャーセッションズが運営する、多様な人の対話の場である“フューチャーセッション”のプラットフォーム。様々な場所、テーマで行われているフューチャーセッションの紹介を行っている。
  https://www.ourfutures.net
- **企業間フューチャーセンター**
  様々なテーマについてのワールドカフェを定期的に実施。様々な企業、団体との共催企画も実施。
  http://www.eafc.or.jp

は、開かれた場で得られた問題認識、課題を吸い上げ、「閉じられた」環境に引き継がせる仕組みを持つ必要がある。その仕組みで、問題を定義し、その解決に必要なリソース（ヒト、モノ、カネ）を集め、ビジネス化に向けた検討を開始できる環境を整える。問題を引き継ぐ仕組みを持つことで、多様的な検討が可能になる新規事業創出プロセスを持つことが可能になる（図表9-5）。

この「引き継ぐ」仕組みの構築には、既存組織の役割・予算制度の見直し、開かれた場との関係性構築、アイデア採用のルール作りなど、既存の組織・仕組みを見直す必要がある。既存の組織を見直すときには、従来型のビジネスを遂行している組織に十分な配慮をする必要がある。企業がオープンイノベーションに向かうことには社会的なニーズもあるし、企業としても取り組むべき課題であることは誰も否定はしない。しかし、それがうまくいく前提は既存の組織の協力が得られることである。その意味では、従来型のビジネスを遂行している組織は、複雑な問題を解決するための重要なステークホルダーでもある。既存の組織とオープンな取り組みをどのようにつなぐのか、特に、既存の組織が「気持ちよく」オープンイ

図表9-5❖社会と企業をつなぐ

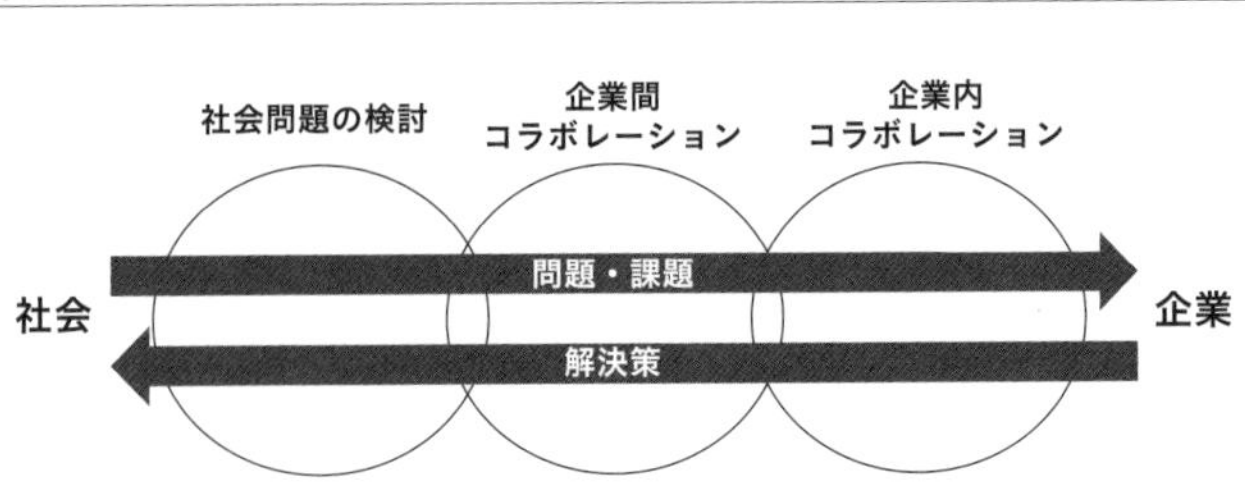

ノベーションに参加できる仕組みを作るのかが重要となる。

検討のルールを決める

オープンイノベーションでは、企業が安心してかつ本気に取り組むために、検討のルールを書面にし、合意することが大切である。オープンイノベーションは、すべての知的財産がオープン、フリーになることではない。オープンイノベーションでは、企業が安心して全力でその解決策のアイデアを作成する必要があり、そのためには、検討の前に、生み出されたことの取り扱いについて合意しておく必要がある。このことは先に述べた、既存組織が気持ちよく参加するための条件になる。

オープンイノベーションの場で、しばし言われることは、これから共同で検討しようとする段階で、その得られる成果、権利について議論し、書面に残したいと言うことは、せっかく一緒に考えていこうと盛り上がった雰囲気に水をさすことだということである。しかし、それはおかしな話で、うまくいった後の話ができない相手と、たとえその後、話が進展してもイコールパートナーシップが組めるのかということである。ある講演で弁理士の方がお話されていた話で印象的だったのは、世の中のイノベーションに関わる権利の話は、全くうまくいかなくて権利の話がいらないケースか、非常にうまくいって権利の話でもめるケースが多いと言われていたことである。共通の目的を持ち、その解決を一緒に進めていくのであれば、その権利について事前に検討をし、書面にまとめておくことは、信頼関係を強めることはあっても、信頼関係を損ねることではない。書面にできないという状態ではそもそもイコールパートナーになれないし、ましてや、その後の大変な新規事業創出のプロセスを一緒に歩めない。その意味では、健全な関係性を作るためには書面にすることで、相手が信頼できるイコールパートナーになりえる存在であるのかを見極めることが望ましい。

書面には、検討で作成した成果物をどのように扱うのか、事業がうまくいったとき、うまくいかなかったときのことを決めておく。検討を開始する前の合意なので、細かいことは決められないかもしれないが、その方向性だけでも合意する必要がある。特に、うまくいかなかったときのことを決めておくことは重要である。新規事業創出のプロセスでは、考えたアイデアのほとんどは実現されない。しかし、実行されないアイデアの中には、他

図表9-6❖検討ルールを決める

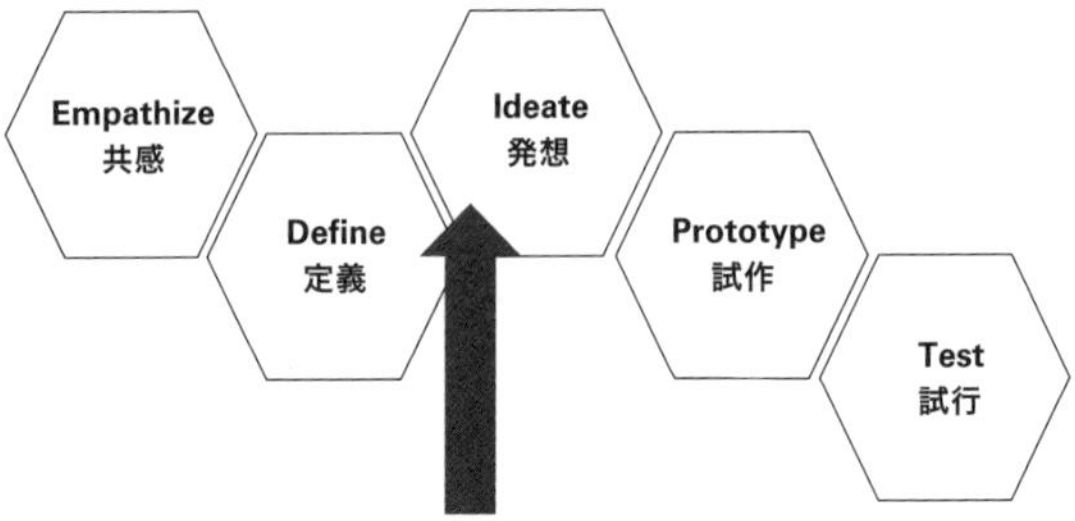

の所に持っていけば実現可能なアイデアもある。うまくいかなかったときにそのアイデアを他の場所で活用できる道を作っておくことは大切である。日々、いろいろな場所で、様々なアイデアが生まれて、そして、その多くのアイデアが企業に死蔵されている。うまくいかなかったときのことを書面にすることは、アイデアに「次の機会」を与えることになり、そのことの社会的な意義は大きい。

書面にして合意するのは、新規事業創出プロセスを「閉じる」タイミングが考えられる。すなわち、デザインシンキングの「定義」の後のタイミングである。問題の全体像を把握したうえで、取り組むべき課題が明確になり、解決策を考える段階になったら、書面を作成し合意をする。この合意の後からは、限られたメンバーで、ビジネス化を目指し検討を始める(図表9-6)。

3 ＩＴ部門に期待されていること

イノベーションとは新しい体験を作ることとも言える。そして、新しい体験を作ることはＩＴが得意とするところでもある。今までも様々なＩＴで、様々な新しい体験が作られてきた。ＩＴ部門には、企業がオープンイノベーションに取り組むときに、全社を横断的に見ることができる部門として「イノベーションを起こせる社内の多様性のあるチームの編成」、ＩＴの専門家として「イノベーションを牽引するテクノロジーチームのリーダー」の二つの役割が期待されている（図表9-7）。

イノベーションを起こせる社内チームの編成

オープンイノベーションの実現には、社外も含めた多様性のあるチームの編成が必要となる。しかし、その前に、社内で多様性があるチームを作ることが必要となる。そして、その役割がＩＴ部門に期待されている。ＩＴ部門は、企業内の数少ない、部門横断的な組織である。しかも、ビジネスとＩＴがわかる部署はＩＴ部門以外にない。ＩＴ部門には、業務部門と調整し、問題に社内関連部署を集め、チームを組むことが期待される。

　その期待に応えるために重要になってくるのが、業務部門とイコールパートナーの関係を築けるのかということである。業務部門とイコールパートナーの関係が築けていないと、社内で多様性のあるチームを編成することはできない。オープンイノベーションでは、多様な人・組織とイコールパートナーを結び、共通の目的に向かって自律的に動くことが重要になる。業務部門とのイコールパートナーの関係が築かれているということは、業務部門の戦略・施策立案時にＩＴの専門家として呼ばれ、議論に参加し、自分たちの役割を切り出し、その目的への貢献をコミットし、自らリスクをとって実行しているということである。業務部門の言うことをそのまま実行する、御用聞きの関係ではないということである。業務部門と同じ視点で考え、主体的かつ自律的に行動できているのかが重要になる。も

図表9-7❖IT部門の役割

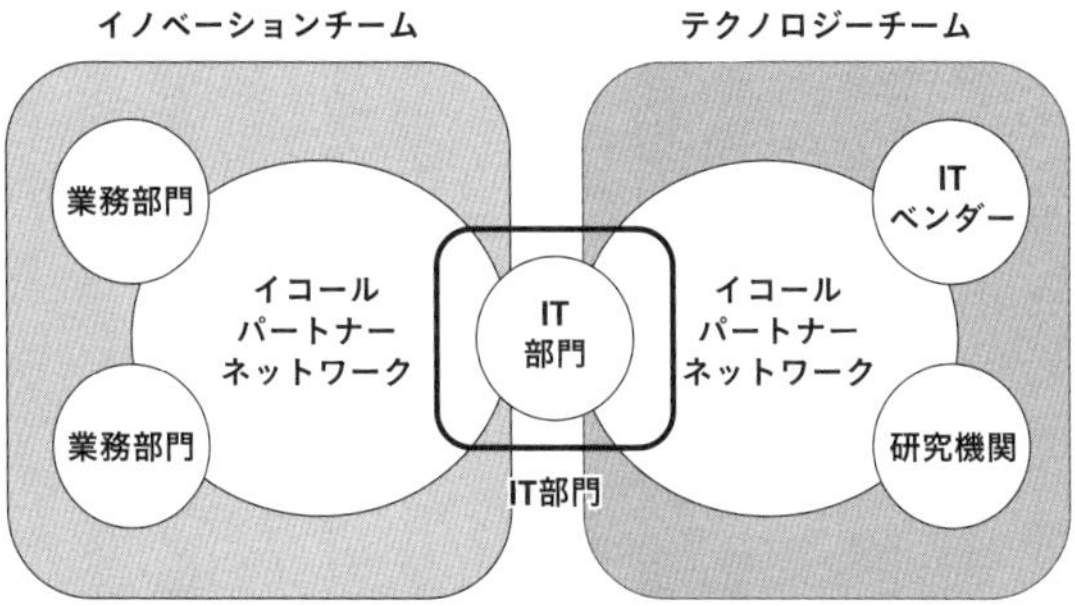

し、業務部門とそのような関係を築けていないのであれば、企業としてオープンイノベーションを起こす場合に、ＩＴ部門はその期待に応えることができない。

イノベーションを牽引するテクノロジーチームのリーダー

オープンイノベーションの実現に向けてＩＴ部門には、イノベーションの実現を技術で支えるテクノロジーチームのリーダーとしての役割が期待される。イノベーションを起こすためには、技術が必要である。業務部門は、ＩＴ部門にイノベーティブな新規事業を創出する社内イノベーションチームに技術の担当者として参加してほしいと考えている。一方、複雑な問題を解決するためには、他社との協業が必要になる。そのときにＩＴ部門は、ＩＴベンダー、研究開発機関とイコールパートナーシップを結び、イノベーションチームに多様な技術を紹介すること、技術を活用した解決策のアイデア作成を期待されている。

その期待に応えるためには、ＩＴベンダー、研究開発機関とどのような関係性を築くのか、その中で自分たちはどのような役割を果たすのかを設計し、ＩＴベンダー、研究開発機関と「共通の未来」を共有し、イコールパートナーシップを築く必要がある。

オープンイノベーション実現への課題

オープンイノベーションを実現するためには、ＩＴ部門はビジネスとＩＴをつなぐ重要な役割を担うことが期待されている。そして、その実現には、業務部門とのイコールパートナーシップの構築、ＩＴベンダー・研究機関とのイコールパートナーシップの構築が期待されている。その役割を果たすためには、新しいビジネスを作るためのサービスデザイン設計／ビジネスモデル設計、イコールパートナーシップを構築・維持するためのコミュニティ企画・運営といった、従来とは違う機能・役割・行動が求められる。そのような機能をどのように部門の中に作っていくのか、それを実施する人材をどのように育成していくのかを検討する必要がある。

オープンイノベーションを起こすために、企業のＩＴ部門に対する期待は大きい。そして、その期待に応えるためには、ＩＴ部門は、業務部門、ＩＴベンダーとイコールパートナーシップを築く必要がある。そのためには、ともかく「外」に出ることが大切だと考える。外に出て、様々な人々に出会い、問題に触れることがその近道になる。その意味では、「外」で活動する比率をいかに増やすのか、そのためにはどのような組織・仕組みを作るのかが、オープンイノベーションを支える組織を作るためのポイントになる。ともかく「外」に出る。このことがＩＴ部門がオープンイノベーションをリードする組織にシフトする鍵になる。

第10章 ITで顧客接点を高度化する

1 求められる新たな顧客経験価値の提供

ＩＴにより顧客接点の高度化

これまでＩＴを活用して付加価値向上を目指すことの重要性やイノベーションの創出に関する方法論を見てきた。

この章では、ＩＴによる付加価値向上の典型例として顧客接点の高度化についてとりあげたい。

現在、消費者は、スマートフォンに代表されるネットワークに接続された様々なデジタル機器を自由自在に使いこなし、自らの経験を多数に発信し、共有することで、大きな力を持つようになってきている。

以前から、消費者が商品等を使ってみて、感想を共有する仕組みはあった。例えば、ＥＣサイト等のレビューである。今や、物を買うときに、カカクコムやアマゾン等のサイトに投稿されているレビューのお世話にならない人は少数派ではないだろうか。ただ、ここに投稿されているレビューは、商品を利用した人の投稿ではあるが、あくまで顔の見えない人による投稿である。その人がどのような嗜好の持ち主で、自分と似通った感性の持ち主かどうか、また、その投稿されている内容がどの程度、信用できるものかどうかの判断は難しかった。多くのレビューを見て、総合的に判断するというのが、最もオーソドックスな利用方法ではないだろうか。

新たに登場したフェイスブックやツイッターといったSNSは、以前のレビュー等とは異なる特徴をいくつか備えている。一つは、友人という「顔の見える人」による投稿がメインとなることである。自分に似通った特徴を持つ友達が、商品や、サービスに関して投稿したメッセージは、企業が発するメッセージや、顔の見えない人が投稿するメッセージより、はるかに大きな影響を及ぼすことは間違いない。図表10-1は、経済産業省の調査による、ソーシャルメディアの影響力を示すデータである。様々なシーンで、ソーシャルメディアの活用が、消費者に「効果あり」と評

図表10-1❖ソーシャルメディアの影響力

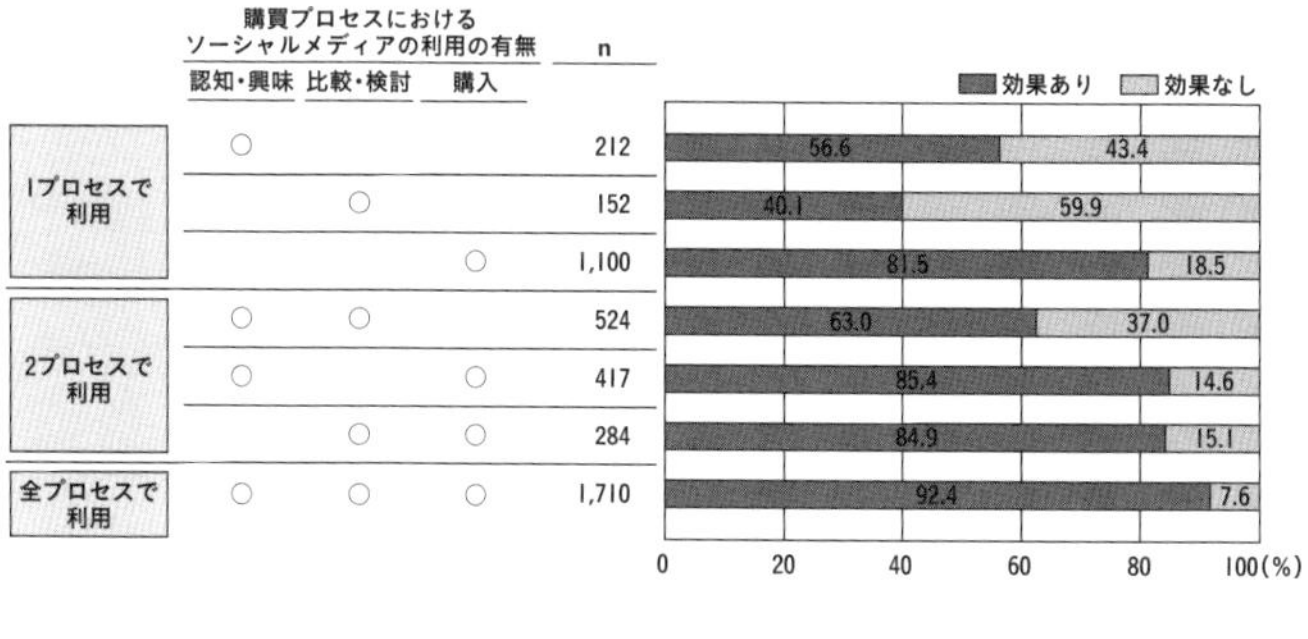

出典：経済産業省「平成24年度我が国情報経済社会における基盤整備（電子商取引に関する市場調査）報告書」（2013年9月）

価されており、影響を持っていることがわかる。

ソーシャルメディアのもう一つの特徴は、リアルタイムに投稿される点である。消費者が何かを経験し、共有したいと思うと、その場ですぐに、情報を投稿し、共有することができる。リアルタイムであるがゆえに、その投稿は臨場感あふれるものとなり、その消費者の経験を、生々しく伝える。また、文章だけでなく、写真等も併せて共有することで、その表現力は、大いに高まる。日常的な経験の中で、リアルタイムに発信可能なソーシャルメディアで共有されるのは、単なる知識でも、感想でもなく、その消費者の経験そのものである。

顧客経験価値の向上に向けて

顧客のロイヤリティを向上させ、顧客から得る生涯価値を最大にするためには、顧客に提供する「経験」の価値を向上させなくてはならないと言われて久しい。様々な商品や、サービスが提供され、既に消費者の周りには、「ニーズ」を満たすものがあふれている。このような中で、選ばれる商品、サービスとなるためには、「ニーズ」を満たすだけでは駄目で、購入から使用に至る様々なシーンにおける「経験」で競争をしなくてはならない。

ニーズに対応するという観点では、企業はニーズを満たす商品の提供に注力していればよかった。しかし経験ということになれば、その対応範囲は非常に広くなる。メーカーを例にとれば、経験を提供する最も重要なシーンは、製品を利用するシーンであろう。単に製品の品質や、機能を向上させるだけでなく、製品を使用するシーンを想定して、製品を補完する様々なサービスを併せて提供することで、新たな経験を提供することが可能となる。

例えばナイキはジョギングシューズなどを提供するメーカーであるが、併せて走った距離や時間等のログを表示するサービスを提供することで、トレーニングという経験に関して、新たな価値を提供することに成功した。

経験価値を重視すれば、自ずから、メーカーが提供すべき製品は、製品単独ではありえないということがわかるだろう。その製品を利用して顧客が本来経験したいこと、経験してほしいことを、トータルにサポートする仕組みが必要となる。いわゆる製品とサービスの組み合わせ提供が必須となってくるのである。

今後、顧客に対する新たな価値を提供するべく、企業は試行錯誤を繰り返さなくてはならない。その際、重点的

図表10-2❖新たな顧客経験価値提供の視点

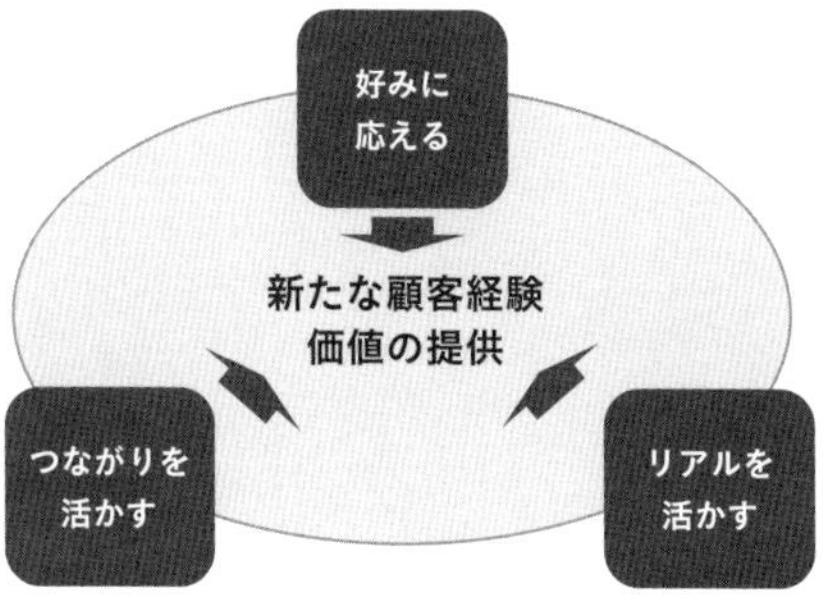

に考えるべきポイントが三つあると我々は考えている。図表10-2を見ていただきたい。「好みに応える」こと、「リアルを活かす」こと、そして「つながりを活かす」こと、この三つである。ある意味、当たり前のことかもしれないが、近年、ＩＴの発達により、これらの実現性が増しており、これまで以上に高度な形での実現が可能となってきている。本章では、これらを紹介する。

2

好みに応える

究極のパーソナライズ

一つ目の「好みに応える」とは、究極のパーソナライズを意味する。消費者の嗜好は多種多様である。欲しい物、欲しいサービス、そして欲しい経験は皆異なる。最適な経験を与えてくれる製品・サービス、購買チャネルが、第一に選ばれるのは当然であろう。これにいかにして応えていくかは、従来から大きなテーマであり、今後も大きなテーマであり続けることは間違いない。

ここでは、最も重要と考えられる製品・サービスのパーソナライズと、これらを周知し、推奨するレコメンデーションのパーソナライズについて、考えてみたい。

製品・サービスのパーソナライズには、大きく二通りの方向性が考えられる。「モジュール化」と「スマート化」である。

「モジュール化」は、読んで字のごとく製品やサービスを適切な単位でモジュール化して提供することで、顧客が自由に自分の好きなパーツを取捨選択して、組み合わせることができるというものである。

従来であれば、ＰＣが代表的な例であろう。ＰＣを購入する際、購入者は自分のニーズ、使い方に合わせて、必要なスペックを決め、これを実現するパーツ（ＣＰＵ、メモリ、グラフィックボード等）を選択して購入することが可能である。製品を構成するモジュールのインターフェイスが標準化された、組み立て型の製品では、このようなカスタマイズが容易であるため、消費者はパーソナライズのメリットを享受できる。

このような方向性のパーソナライズに取り組んでいる代表的な例として、グーグルが推進している、Project Araという取り組みがある。このプロジェクトでグーグルは、購入者が好きなパーツを組み合わせ、自分の好みに応じたスマートフォンを作り上げることが可能な製品を開発している。スマートフォンは、ＰＣと同様に、モジュール化が容易なデジタル製品であり、先に示したＰＣのパーソナライズの延長線上にある取り組みと言えよう。

最近、この方向性の取り組みを大きく拡大する製品が出てきた。３Ｄプリンターである。３Ｄプリンターが広まれば、顧客はモジュール化されたパーツの設計図（データ）を入手し、これを自ら３Ｄプリンターで「印刷」し、組み合わせることで、自分の好きな形に製品をカスタマイズして利用できる。従来は企業によって提供されることが多かったパーツ（モジュール）自体を自ら作り上げることも可能となる。

現在、アマゾンは３Ｄプリンターで「印刷」する商品の販売を開始している。購入者は、サイズ、色、素材、デザインの一部などを、好きなようにカスタマイズすることが可能である。販売されている商品は、宝飾品や電気製品、おもちゃ等多岐にわたっており、今後の展開が注目されるところである。

製品・サービスのパーソナライズに関するもう一つの方向性は、製品が賢くなり、利用者の状況を検知して、最適な機能やサービスをカスタマイズして提供する、「スマート化」である。

現在、実現されている「スマート」な製品として、最も我々の身近にあるものと言えば、家電製品、中でもエアコンであろうか。現在のエアコンは、室内にいる人の動向を様々なセンサーで検知し、最適な運転方式を自ら判断するようになっている。

最近、「ＩＯＴ(Internet Of Things)」というキーワードが至るところで聞かれるようになってきている。様々な製品にセンサーが搭載され、製品の置かれた状況や、利用者の状況を感知し、最適な動作をするよう設計することが可能となる。今、まさに求められている機能をリアルタイムに把握し、選択的に提示することが可能となるだろう。

レコメンデーションの高度化

パーソナライズのもう一つの大きなテーマである、レコメンデーションのパーソナライズは、現在もＥＣサイト等で、盛んに行われている。過去の購買履歴に応じ、併せて買われる可能性が高い商品が、画面上に推奨商品として表示されたり、購入を勧奨するメール（通常クーポン等がついている）が送信されたりといった形が最もなじみ深いものであろう。

パーソナライズは、過去に蓄積された様々な顧客情報をもとに、将来的に購入する可能性の高い製品・サービスを推定して行われるケースが多い。現在、主として利用されているのは、顧客の購買履歴（ECサイトの購買履歴や、POSデータの購買履歴等）と基本的な顧客の属性情報（性別、年代、住所等）の組み合わせではないだろうか。

この方法には、大きく二つの欠点がある。一つは、購買者個人の情報に限定されていること、もう一つは、属性情報等のいわば静的な情報に大きく頼っていることである。

一つ目の欠点について考えてみよう。過去の購買履歴は、通常購入した人に紐付く情報である。我々は購買履歴から、その人の趣味、嗜好が読み取れると考える。もちろんそういう商品もあるだろう。本や、音楽等が典型的な例である。通常、自分が好きなものを自分で決めて、購入する。この場合、過去の購買履歴から、購入者の趣味・嗜好を読み解き、受け入れられそうな商品をレコメンデーションすることに特に問題はない。

しかし、商品によっては、購入者の意思が購買行動に反映されていないケースも多々あるだろう。購買行動は、購入者と、購買の意思決定者、またこれらに影響を与える影響者等、様々な関係が複雑に絡み合って起こる行動である。スーパーで買い物をする顧客のうち、大きな割合を占める家庭の主婦について考えてみよう。主婦は、家族の好みや、栄養のバランス等、様々なことを考えながら買い物をする。その購買履歴から読み取れるのは、購入者その人自身の意志や、好みではなく、世帯の意志や事情に応じて決定された購買結果である。この場合の分析は、購買者自身の意志が大いに反映される商品の分析に比べて格段に複雑になる。真に理解するためには、その世帯の構成メンバーの情報を入手し、分析する必要があるだろう。

アパレル商品はどうだろうか。買う服を決めるのは当然購入者であり、最終的には購入者の意志が反映されているだろう。しかし、その購入者の意志を決めるのは誰だろうか。その服が似合うかどうか、意見を言う友達や家族等、購買者とは異なる他者の意見が大きな影響を持っているのではないだろうか。その場合、真に分析対象とすべきは、購買者の趣味・嗜好ではなく、購買者の知人の趣味・嗜好かもしれない。レコメンデーションする先も、本人ではなく、その知人に向けて行うほうが有効な可能性もある。例えば、購入を進めるターゲットの誕生日が近づいたら、その知人に向けて、ターゲットに似合う可能性のある洋服のクーポンを送信し、「あなたのお友達の誕生日が近づいています、誕生日の贈り物にいかがですか」と推奨する。仮に知人が贈り物として買わなかったとしても、「こんな服似合うんじゃない」と勧めるぐらいのことは、してくれるかもしれない。

現在のレコメンデーションのもう一つの欠点である、顧客属性等の静的な情報に基づくレコメンデーションについても考えてみよう。確かに、その人の基本的な属性から、ある程度、その人が好きなもの、やりたいこと等は推察できるかもしれない。しかし、よく考えてみると、同じ人が、いつも同じものを欲しがるとは限らない。いくらハンバーガーが好きな人でも、三度三度、ハンバーガーを食べ続けるわけにはいかない。昼に食べてしまえば、夜は避けるのが普通であろう。

また、誰と一緒にいるかによっても、その望む行動は変わってくる。友人と一緒にいるときと、家族と一緒にいるときでは、欲しい物や、購買行動のパターンも当然変わってくると考えられる。

消費者に対するインタビュー調査等を行うと、残念ながら多くの人が、企業からのレコメンデーションをやっかいなものと捉えていることがわかる。スマートフォンや、PCのメールで届く多くの「お知らせ」は、常に歓迎されているわけではない。ただ、唯一、レコメンデーションをありがたいと感じるケースがある。まさに、欲しいと思っているとき、欲しいと思っている物やサービスを推奨された場合である。レコメンデーションの効果を今以上に促進するためには、いかにリアルタイムに、消費者の置かれているコンテキスト（場所や、誰といるか、何をしているか等）を把握して、消費者のコンテキストに応じたレコメンデーションを行えるかにかかっていると言っても過言ではない。

ビッグデータの力

これまでに見てきたような、パーソナライズを進める際、大きな力となるITは、ビッグデータと呼ばれる技術である。

今後は、あらゆるモノがインターネットにつながり、様々なデータを生み出すというＩＯＴという考え方が実現すれば、世の中には大量のデータがあふれ、これをうまく活用することで、製品・サービスのパーソナライズや、レコメンデーションのパーソナライズを高度化することが可能になると期待される。

データ（情報）を活用することの重要性は、以前から言われており、そのためのツールやシステムは世の中に数多く存在する。今のビッグデータ時代と、以前から言われているデータ活用の違いを、簡単に整理してみよう。

大きく三つの点が異なると筆者らは考える。一つは網羅性である。網羅的に粒度の細かい大量のデータを集めることで、従来以上に複雑な統計モデリングに耐えうる情報が集まってくる。複雑な因果関係や、相関関係をあぶり出し、データの背後に潜む意味ある情報を的確に利用できるようになる。

もう一つは多様性である。最近はＩＴを活用することで、多様な情報を収集できる。例えば顧客が店頭の棚の前で、商品を選択する際の、「最後の迷い」を把握することすら可能となりつつある。意味するところの異なる、多様な情報を収集することで、個々の顧客に関する「個客情報シェア」を高め、個客の様々な行動を把握し、予測することが可能となる。

最後の一つは、リアルタイム性である。情報をリアルタイムで取得、分析し、即座にアクションにつなげることが可能となる。人を取り巻く環境や、人の気分は、言うまでもないが刻一刻と変化する。ビッグデータを活用することで、リアルタイムに変化する最適なアクションを打つことができる。

一人一人の個客に関して、網羅的、かつ多様な情報を集めることができれば、確実に個客に関する理解は進む。ＳＮＳの情報をうまく活用すれば、以前はアンケート調査等に頼らざるをえなかった個客の感情や、意向の情報も入手可能となるだろう。さらに、個客同士のつながりの情報を分析して、活用することも可能となる。

この行動全般の理解から、個客に提供すべき「経験」とは何かが見えてくる。個客の日常生活における行動に求められる経験が、面白さなのか、安らぎなのか、そしてこの経験に即した商品、サービスが、どのような顧客接点で提供されるべきかを明らかにし、アクションとして展開することができる。

また、リアルタイムで個客の情報を把握することができれば、その時々に合わせた、最適なアクションをとることもできるようになる。個客はいつも同じものを食べたいと考え、同じところに行きたいと思っているわけではない。個客が置かれた背景（コンテキスト）に応じて、洋食が食べたいのか、和食が食べたいのか、山に行きたいのか、海に行きたいのか、すべて変わってくる。従来の静的な分析では、このような状況に対応することは難しかった。リアルタイムに幅広い情報を集めることで、コンテキストを考慮したアプローチが可能となるだろう。

もちろん、分析だけでは効果を得ることはできない。最終的な顧客へのアプローチにつなげて、初めて効果は得られるのである。分析の結果に応じて、顧客へのアプローチも高度化する必要がある。逆にアプローチを見据えて、分析を実施する必要性が、従来以上に高まってきていると言えるかもしれない。

3

リアルを活かす

オムニチャネルの展開

顧客経験価値を高めるための取り組みとして、現在、多くの企業が検討を進めているのが、「オムニチャネル」と呼ばれる施策である。オムニチャネルは、顧客を取り巻く様々な顧客接点をスムーズに連携させ、革新的な顧客経験を提供する方法の一つと言える。

図表10-3は、顧客接点チャネルの進化を表した図である。かつて顧客が商品を購入するチャネルは、大半が「店舗」という一つのチャネルであった。シングルチャネルの時代である。続いて電話や、ネットによる販売(いわゆるEC)が現れ、消費者は多様なチャネルで、商品を購入することができるようになってきた。これをマルチチャネルの時代と呼ぶ。このころはまだ、複数のチャネルを同時に利用する顧客はそう多くなく、通販やECを利用する人、しない人は分かれており、通販、ECを利用する人も、商品によって使い分けている時代であった。

次第に、通販やECが日常的な購買チャネルとして浸透し、購入される商品も多様化してくるにつれ、複数のチャネルをいかに連携させるかが課題となってきた。情報収集をネットで行い、最終的に店舗で購入するといった消費者が増えるにつれ、複数のチャネルを利用した購買の流れを、いかにスムーズにするかを企業は検討するようになってきた。これをクロスチャネルの時代と呼ぶ。ただ、この段階では、連携するプロセスは一部に限定され、バックヤードの仕組み（在庫や、受注システム等）は、分断されていた。

そして、最終的に行きつく姿とされているのが、現在、言われている「オムニチャネル」である。オムニチャネルでは、クロスチャネルがさらに進化し、消費者は一連の消費行動を、自分の好きなチャネルで、シームレスに進めることが可能となる。この段階では、これを支えるバックヤードの仕組みも統合されており、だからこそ、消費者はシームレスに各チャネルを渡り歩くことがで

図表10-3❖チャネル連携（概念）の進展

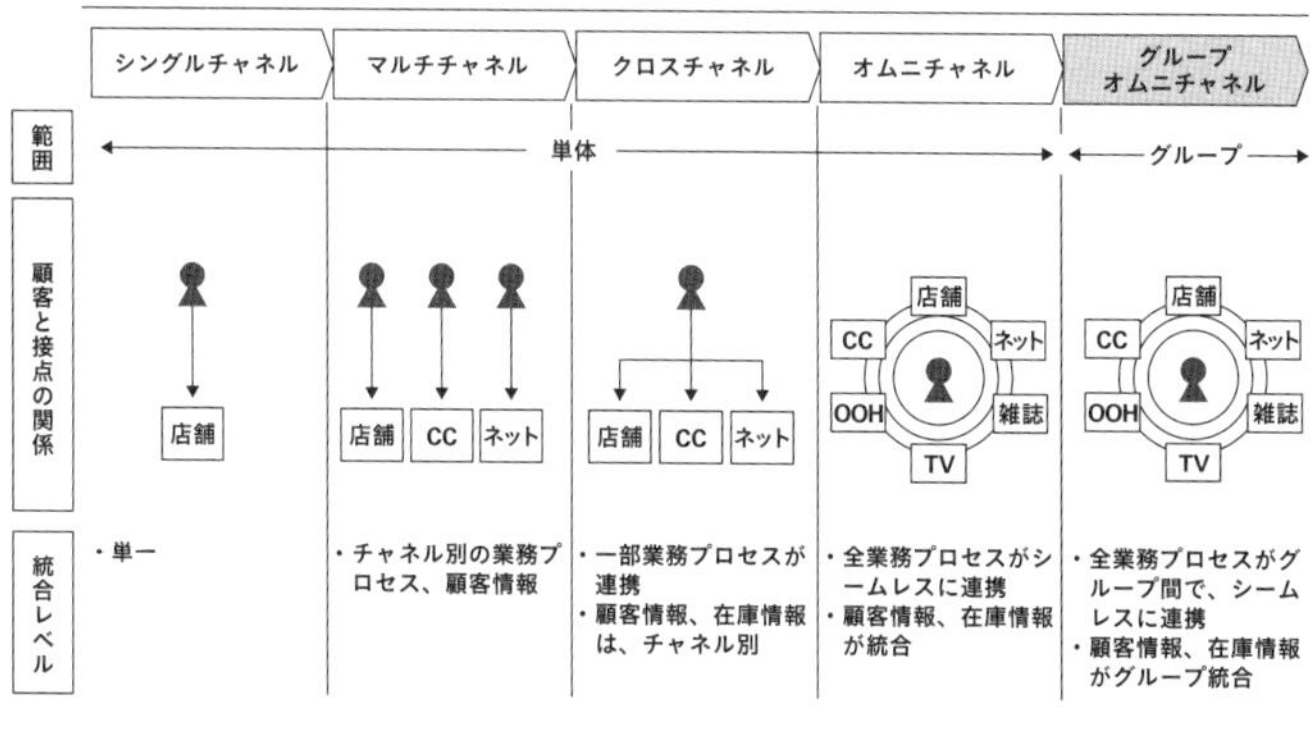

注：CCはコールセンター、OOHはアウトオブホーム（交通広告、屋外広告等）。

きるのである。

オムニチャネルの効果を最大限に享受できるのは、言うまでもないが、様々なチャネルを持っている業界、企業である。最たる例は、店舗を持つ、小売店であろう。現在、日本では小売業を中心に様々な企業が、オムニチャネルの実現に向け、取り組みを進めている。代表的な例は、グループ全体でオムニチャネル戦略を推進することを公表した、セブン＆アイ・ホールディングス、店舗におけるＩＴ利用を促進しているイオン等であろう。

既存店舗を主体とする小売業が、オムニチャネルを実現する際に注力するテーマは、リアルの顧客接点（店舗）とバーチャルの顧客接点（ネット）の融合である。現在でも多くの企業が、対人チャネル（店舗や、営業店等）と、ＥＣ・ネットチャネルを分けて、企画し、販売管理も個別に行っている。しかし、顧客にとって、企業の都合によるチャネルの区分には何の意味もない。顧客は、ＬＩＮＥやフェイスブックを利用して、情報を共有し、企業ともコミュニケーションを図る。もっと詳しく知りたいことがあれば、店舗に出向くかもしれないし、コールセンターに電話をかけるかもしれない。リアル顧客接点には、リアルの良さがあり、バーチャル顧客接点には、バーチャルの良さがある。これをうまく組み合わせて使うことで、それぞれの接点の「いいとこどり」をした、新たな接点を提供することが可能となる。

店舗での買い物を考えてみよう。店舗で買い物をする際には、ある程度確立された、基本的な流れが存在する。店舗を訪れ、買うものを決め、お金を払い、買ったものを持って帰る。店員と会話するのは、何かわからないことがあるときだけ。買いたいものがなければ、手ぶらで帰る。多くの人にとって、店舗での買い物とはこのようなものではないだろうか。

ITを活用することで、これらの一連の流れを入れ替えたり、なくしたり、より楽しいものにすることが可能となる。ネット上での店舗在庫検索の機能は、店舗に行って、買いたいものを選ぶ、という順序を逆転させた。今後は、まずお金を払って、その後に買うものを決める、という流れも出てくるかもしれない。定額制で月々いくらとお金を払い、その範囲内で、買いたいものを決めるといった流れである。

また、店舗を訪れる消費者には、様々な目的がある。単に商品を買いに行くだけではないだろう。スポーツ店に行くのは、自分がやっているスポーツが上達するコツをならいに行くため。店員は皆その道のプロで、懇切丁寧に相談に乗ってくれる。商品に関して、わからないことは、店員ではなくスマートフォンに聞き、ネットで購入するという時代が来るかもしれない。

このようなリアルとバーチャルの融合においても、ITは様々なシーンで活用可能である。特に最近、注目を浴びているのが、店舗内での「行動ログ」の取得と分析であろう。

店舗では、ネットと異なり、いわゆる行動ログがとれないため、店舗での顧客の行動を緻密に分析し、マーケティングに役立てるということが、最近まではできなかった。しかし、近年、店舗Wi-Fiや、音波、iBeacon等といった、店舗内での行動履歴の捕捉手段が広まってきたため、店舗内における顧客の回遊状況や、行動パターンを利用した、店舗内における興味関心の分析等が可能になってきている。図表10－4では、これらの技術を適用する場合の、一般的なパターンを示した。

まずは、行動ログから、回遊のパターンを識別する。特定の目的があって、店舗に来たのか、複数の目的があってきたのか、特に目的はないのか。目的を識別したらまずはその目的に応じた誘導や案内を行う。

顧客が来店した当初の目的を達成することができたら、今度は、いかにさらなる買い回りを促進するため、回遊範囲の拡大を行うかである。移動中に興味関心を持った商品のクーポンを送り、店舗内でどこに売っているかを案内したり、顧客が興味を持ちそうな、イベント、キャンペーンの開催を案内したりすることで、回遊範囲の拡大を促すことが可能となる。どのような商品に関心を持ったかは、移動の速度を分析することによって、ある程度推定可能である。目指す商品の棚に近づいたとき、何か目を

図表10-4❖店舗内回遊分析の活用イメージ

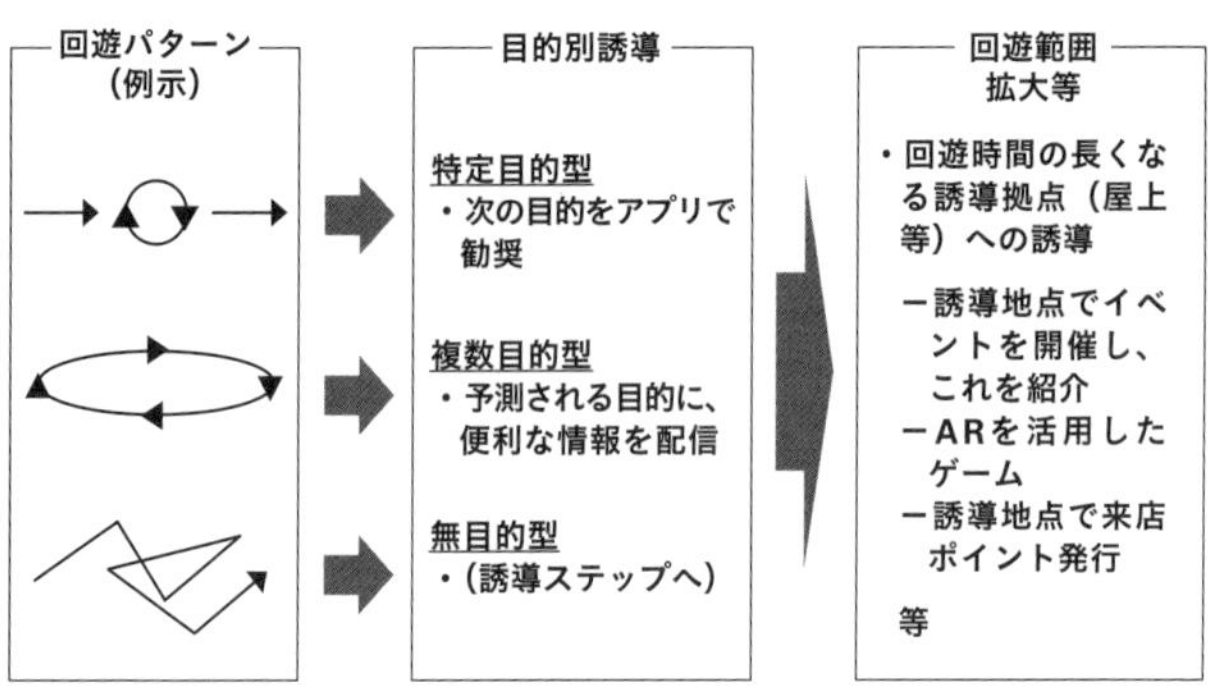

惹かれる商品やPOP広告があったとき、人の移動速度は緩やかになる。そこに何があるかを識別することができれば、その人が移動中に何に興味を持ったかを知ることができる。また、特別なスマートフォンアプリをダウンロードしてもらい、店舗内の様々な箇所に、その場に行くことでポイントが貯まるような仕組みを導入し、このポイントの獲得を目的に回遊を促すこともできる。さらにAR（拡張現実）という技術を利用すると、店舗内にある商品等、物理的に存在するモノにスマートフォン等をかざし、カメラを通じて見ることで、実際のモノに、様々な情報を重ねて表示することができる。店舗内で、特定の人に、ゲーム感覚で、ARを見ながら店舗内の回遊してもらい、一定のルートをたどり終わったら特典を提供するといった、新たなプロモーションを実現することも可能となる。

リアル店舗で行動のログがとれるようになったという点は、ある意味、リアルがネット特有のアドバンテージを獲得しつつあると言える。リアル店舗をうまく活用することで得られる大きなアドバンテージの一つとして挙げられるのが、顧客への効果的なアプローチである。

リアルの活用で効果的なアプローチ

ネットでの顧客アプローチ（レコメンデーションの提示や、商品・サービス紹介等）による顧客へのリーチの力は年々、低下してきている。メールマガジンはそのままゴミ箱フォルダに行き、スマートフォンアプリによるポップアップは、インパクトはあるが、多くの企業が利用すればするほど、「邪魔」と感じる顧客も増えてきて機能を止められる可能性が高い。

やはり最終的に大きな効果を持つのは、「人」とのコミュニケーションを介したアプローチである。店舗には、店員がおり、顧客に話かけ、コミュニケーションをとることができる。スマートフォンに配信されたメッセージは無視することができても、話しかけてくる店員を無視することは難しいし、店員が話しかけてくる内容が、「たまたま」自分が今日、欲しいと思って来店した商品に関することであれば、なおさらである。

リアル店舗の場合、分析により、特定の顧客に推奨すべき商品を推定した結果を、単にスマートフォンやメールを介して案内するのではなく、店舗の店員等、人を介してアプローチをすることができる。店員に情報を示して、勧奨を行うのである。そして店員であれば、そのレコメンデーションの情報をきっかけに、来店者に話かけ、その対応を行いながら、より最適な提案を行うことも可能であろう。

4 つながりを活かす

企業と消費者のつながり

ここでは、「つながりを活かす」ということについて、考えてみたい。ここでいう「つながり」には大きく二つのつながりがある。一つは、企業と消費者のつながり、もう一つは消費者同士のつながりである。

一つ目の企業と消費者とのつながりでは、近年、注目されている新たな経験価値として、「共創」経験がある。顧客は単に購買者としての位置にとどまらず、自分が気に入った企業の取り組みに協力し、一緒に何かを創り出す経験を求めている。企業とのつながりを重視する顧客は、商品企画に参加し、商品の宣伝を自ら買って出る。企業の活動に参画することで、ますますその企業の商品・サービスの対する愛着が深まり、高いロイヤリティを示すようになる。この好循環サイクルをいかにうまく回していくかが、今後の知恵を使いどころと言えよう。

現在、多くの企業が、ネット、特に自社で運営するSNS等をコミュニケーションのプラットフォームとして、顧客と共同で商品を企画する試みを推進している。商品・サービスに関するニーズを市場調査で捉えるのではなく、顧客を巻き込み、ニーズに応える商品・サービスを具体化する過程で、顧客とコラボレーションする。

もちろん、すべての商品をこのような形で提供することが良いわけではない。企業自体が意志を持って、顧客が気付かないような価値を提供するため、商品を企画して上市することも重要であろう。特に飛躍的なイノベーションを必要とするような商品は、顧客の真のニーズを洞察し、これに最新の技術を組み合わせることで、初めて生まれるものであり、顧客とのコラボレーションがうまく機能するとは限らない。

しかし、通常企業が提供する商品・サービスは、すべてがすべて、そのような革新的なイノベーションに基づくものばかりではないだろう。いわゆる商品・サービスのポートフォリオをうまく管理し、自社の商品・サービスのうち、顧客とのコラボレーションが有効なのはどのようなものかをしっかりと検討したうえで、コラボレーションを推進する必要がある。

今後、このような顧客とのコラボレーションは、様々な領域に拡大していくことが想定される。企業は商品企画以外にも様々な機能を持っている。プロモーションの領域は、アフィリエイトといった形で、既に一部を消費者が担っている。さらに販売や、商品の受け取り等、様々な領域で、うまく消費者を巻き込み、消費者の力を活用することができないか、常に検討する必要がある。

消費者同士のつながり

一方、消費者同士のつながりをうまく活用することも重要である。現在、多くの消費者は、何らかのソーシャルネットワークを利用し、相互につながっている。企業が顧客との間で行った様々なやり取りは、たちまちのうちに消費者の間で共有され、企業からのメッセージとして、伝播する。ある顧客からの問い合わせへの対応に難があっただけで、その経験は、リアルタイムにその顧客の知り合いに、極めて信頼性の高い情報として伝わる。仮に「顧客第一」を標榜し、テレビCMでそのようなメッセージを流していても、それ以上に強い影響を持つメッセージ媒体として、SNSが機能するのである。

このような顧客のつながりを、自社のメッセージを顧客に伝える媒体として、うまく活用していく必要がある。その際に留意すべき点は、SNSを媒体として利用する場合、「伝えたい」メッセージではなく、「(実際に)伝わったメッセージ」が拡散するという点である。企業が自社が伝えたいメッセージを「言葉」としてコントロールすることは不可能であり、顧客は自身の体験から得た企業からのメッセージを、自分の言葉で伝える。

SNSを活用して企業がメッセージを伝える際に、最も重要な点は、「どのようなコンテンツを、どのようなSNSに投稿するか」ではなく、あらゆる顧客接点における顧客の「経験」が、自社が顧客に理解してほしいメッセージに沿っているかどうかをチェックすることである。

このような活動を支えるＩＴ技術として、ＳＮＳの投稿を解析するテキストマイニングや、ＳＮＳ上での顧客のつながりを可視化する、ソーシャルグラフといったものがある。

ソーシャルグラフを利用することで、消費者の中に発生しているコミュニティ（つながりの単位）や、そのコミュニティの中心となる消費者の存在を確認することができる。コミュニティの中核となるような影響力を大きい消費者を、インフルエンサーと呼ぶが、様々な研究結果によれば、インフルエンサーの影響力というのは、特殊な場合を除いて、さほど大きくはないということも言われている。言い換えれば、やはりすべての消費者は等しく大きな影響力を持ちうるのであり、インフルエンサーへの対応だけに注力するよりは、あらゆる消費者に対する顧客接点で誤ったメッセージが伝わらないよう、チェックすることが重要であるということになる。

そのような消費者のコミュニティの中を、どのようなメッセージが、どのように変化しながら伝播するのか、企業は今後注意してモニタリングする必要がある。伝言ゲームのように形を変えるメッセージが、最終的にどのようなものになるかをきちんと把握し、これに適切な手を打たなくてはならない。メッセージが自社にとって不都合な方向に変わった場合は、その根源となった自社の要因を改善するのは当然として、そのことを再度、消費者のコミュニケーションネットワークに届けなくてはならない。

個々のＳＮＳは流行り廃りが激しいため、どのＳＮＳでアプローチするか等は、今後も継続的に変わっていくのであろうが、企業と消費者のコミュニケーションが双方向かつ、多数の間で共有される構造は、今後も変わらないであろう。企業は、今後、これらの消費者とのコミュニケーションの根本的な変化に対応し、新たな顧客経験を創り出していく必要がある。

5

新たな顧客経験価値を貫く方針――ブランドとの融合

CRMとブランディング

新たな顧客価値を探り、創出していく際に、留意すべき点がある。先に述べた価値創出のポイントは、すべて「個客」への対応が重視されるものである。パーソナライズという形で、個々のニーズに対応し、リアル店舗の活用においても、そこで具体的に行われる活動は個を意識したものになる。つながりを活かす場合も、個々の顧客の特性を見極め、それに即したつながりを活かす形になるだろう。

これら「個」を重視する施策を検討する際、陥りがちなのは、「個」に応じて対応するのだからと、いわば八方美人的な施策を打ちがちな点である。これが行き過ぎると、焦点のぼけた、効果の曖昧な様々な施策を、同時に実施することになる。ひどい場合は、ある施策で狙う効果と、他の施策で狙う効果が背反し、それを平気で同時に展開するといったケースも散見される。

このような「個」を重視するマーケティングの思想は、CRM(Customer Relationship Management)

と呼ばれる領域で主に議論されてきたことであり、逆に企業が市場に対して打ち出すべき統一的な方針、メッセージの重要性はブランディングという領域で主に議論されてきた内容である。

この二つの概念は、ともにマーケティングにおける重要な概念でありながら、同じ文脈の中で検討されることは少なく、それぞれが独自の方向に進展してきた。我々は、今後、個に応じた新たな顧客価値を提供しつつ、企業がその独自性を失わないためには、これら概念の双方をうまく融合させることが重要だと考える。

CRMとは企業と顧客の関係を一律に考えるのではなく、顧客の特徴に応じた最適な「付き合い方」をするべきだという考え方であり、その究極の姿が顧客に個別の対応を行うOne-To-Oneマーケティングである。顧客ごとの対応を考える際には、セグメントの軸として各顧客が自社にもたらす収益を主体に据えるのが通常であるが、今日の優良顧客を明日も優良顧客であり続けさせるためには、各顧客のニーズに対応したカスタマイズサービスを展開し、顧客を「囲い込む」必要がある。多種多様な顧客のニーズに対応するためには、様々な顧客接点チャネルを用意し、顧客との接点を記録に残すことが重要となる。

その実現手段(ツール)として顧客データベースの整備、ポイントカードの発行等があったわけであるが、近年のパッケージ主導のCRMを見ていると、その「ツール」を導入すること自体が目的となっているケースが散見される。その結果「CRMプロジェクトの大半は思うような効果が得られていない」と言われることも多い。

一方、ブランディングについては、従来、製品ごとのイメージを訴求する製品ブランドが重視されていた。しかし、近年、企業価値向上の必要性や、無形資産としてのブランドの評価が高まったためか、会社としてのブランド、すなわちコーポレートブランドも重視されるようになってきた。この場合のブランドとは、単に製品のイメージではなく、企業が顧客に提供を約束した価値そのものであり、顧客は「この企業であれば、常にこのような価値を提供してくれるはず」という信頼のもと、企業の製品を買ったり、サービスを受けたりする。この場合、顧客が評価するのはその企業とのあらゆる接点(これは当該企業の商品を購入し、それを使用するということも含まれる)であり、そのブランドを浸透させるためには、単に広告を打つだけでは意味がなくなってきた。

このように個別の進展をたどり、現在それぞれに問題を抱えているブランディングとCRMであるが、双方を組み合わせ、融合させることで、今後目指すべき新しい顧客経験価値は、一本筋の通った、それでいて様々な顧客のよくする経験に対応可能なものになると考える。

今後は、ブランディングとCRMをともに顧客接点という軸で統合し、マーケティングにおける車の両輪と捉え、双方がうまくかみ合って回るように構想・設計して初めて効果的なマーケティングが可能となるのではないだろうか。

CRMとブランディングの融合

ブランディングとCRMの融合に向けて、まず考えるべきことは、自社が提供する根本となるブランド（＝提供価値）を明確にすることである。図表10-5に示すように提供価値には「迅速さ」、「便利さ」、「確実さ」、「楽しさ」等、様々な価値があるが、最も自社に期待されているものは何か、そして自社が最も社会に提供したい価値は何かを、徹底的に議論し、考える必要がある。ここで考えた価値が、後のCRM戦略、および各種顧客接点チャネルにおけるオペレーションを設計するうえでの基礎となる。

提供価値が決まれば、その後はその価値を自社が提供していることを、いかに訴求していくかという具体的な方策を検討することとなる。

広く世間にイメージとして訴えかける場合は、従来どおりのマスメディア広告を使用する。しかし、最も重要なのは店舗や、ウェブサイト、コールセンター等の具体的な顧客接点にお

図表10-5❖CRM視点とブランディング視点との融合

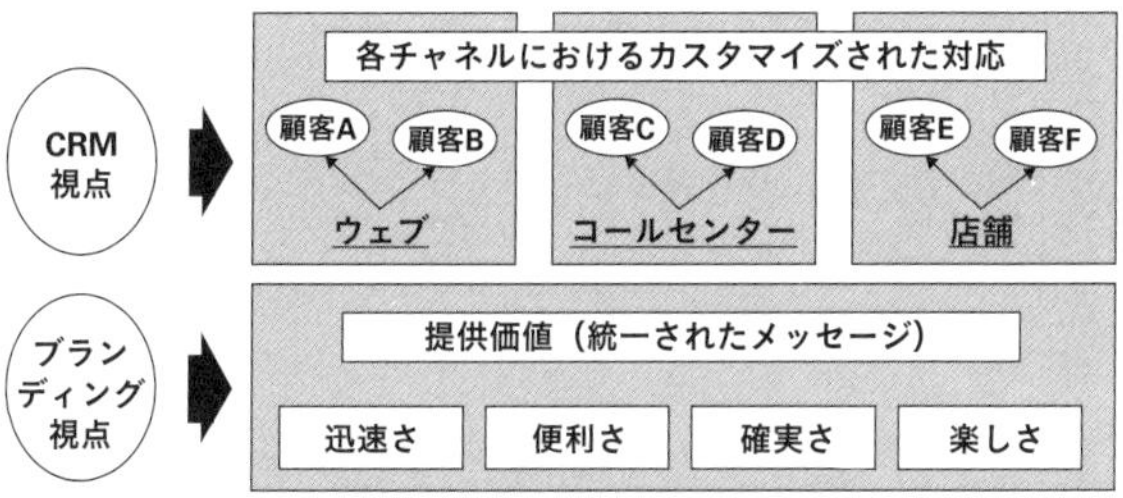

いても、基本的な提供価値を訴求することである。この場合、ことさらに「自社は、この点に取り組んでいます」と標榜するのではなく、その価値を守っていることを、顧客への対応を通して、自然に示していかなくてはならない。「便利さ」を価値として提供している企業が、顧客対応にあたって、硬直的な企業都合の対応しかできないようであれば、その時点で顧客は不満を持ち、本来訴求したいブランドイメージは崩れ去ってしまうかもしれない。

すべての顧客接点で誠実にブランドイメージを守るためには、通常業務オペレーションや、人材、情報システム等、様々な側面から既存の仕組みを見直す必要があり、極めて包括的で全体的な構造改革につながることも多い。

仮に「確実さ」を提供するブランド価値として約束した企業にとって、顧客からの納期回答に正確に答えることは重要な対応であろうが、これがなかなか一筋縄にいかないケースが多いことはご存知の方も多いであろう。時にはサプライチェーンの見直しにつながることもある、このようなテーマを一つずつ解決して、初めてブランド価値を守ることができるのである。

この際、無駄な投資とならないように、自社の顧客接点におけるどの部分が顧客に不満を与えているか、自社のブランド価値を阻害しているかを、調査などにより明確に識別しておく必要がある。思い込みや社内の意見だけで改善ポイントを絞り込むことは危険である。

例を挙げよう。あるメンテナンス会社では、自社の提供価値として高い技術力を標榜していた。確かにその会社の技術力は一流であり、メンテナンス技術者が保守の現場に到着してから、修理を完了するまでの時間は非常に短かった。しかし、実際に調査してみると顧客からの技術力に対する評価は、満足のいくものではなかった。なぜであろうか。顧客にとってメンテナンス会社に求めるものは機器のダウンタイムの短縮である。顧客はメンテナンス会社の技術力を、トータルのダウンタイムの短さで見ていたのである。その会社は保守技術にかけては自信があったが、技術者の配置・体制の問題から現場に到着するまでの時間が長くなることが多かったため、トータルとしては顧客に「技術力が高い」と評価してもらえなかったのである。

このように会社側の思い込みで自社の提供価値は十分であると決め込むことは危険であり、自社が提供する価値を顧客はどのような点で判断しているか、しっかりと調査したうえで改善に乗り出す必要がある。仮に前出の会社が、技術力の評価が低いからと、さらなる保守作業の時間短縮に乗り出したとしても、決して良い評価は得られなかったであろう。改善点を絞り込む際に、顧客へのアンケート調査等を行うことで、顧客が自社に感じている価値と、様々な要素の相関等を知ることができる。

一方、新たな経験価値を提供するべく、CRM的な視点で顧客接点を見直している際、常に問題となるのは顧客からの様々な要求にどこまで応えていくかという問題である。顧客は「個客」であり、各自が異なるバラエティに富んだ要求を持っている。そのすべてに応えることは通常コストの問題から不可能に近い。その際、どの顧客からの要求に応えるかという視点で考えると、自社に利益をもたらす顧客の要求に応えるということになるが、この場合、自社の施策としての一貫性が失われる、もしくは施策同士の相乗効果が得られないケースが多い。

ここで事前に検討したブランド（＝提供価値）をもとに、応えるべき要望を選別、優先順位付けすることで、施策の根底を流れる一貫性を保ちつつ、施策同士の相乗効果も期待することができるのではないだろうか。

新たな顧客経験を設計する際の基本は、確かに緻密な顧客の観察であり、詳細なデータ分析に基づく顧客の期待経験の識別である。これらをしっかりと理解したうえで、自社の持つ価値観・ブランドと組み合わせ、どのような経験を提供すべきなのか、そのグランドデザインをしっかりと、検討しなくてはならない。新たな経験価値の提供は、決してボトムアップでの、「望ましい・おもしろそうな」施策の積み重ねからは生まれないのである。

今後、新たな経験価値を提供することは、極めて重要なテーマである。ＩＴは、これら経験価値のあるべき姿の検討から実現まで幅広い範囲で活用できる。その巧拙は企業の競争力を左右するものになるのではないだろうか。

従来ＩＴ活用の中心テーマであったコスト削減、効率化から一歩進んで、様々な領域における付加価値創出にＩＴを活用される際、本書が一助になれば幸いである。

刊行によせて

「攻め型」への変革

ＩＴ組織を「攻め型」に変革していくことは、ビジネスの成功のために必然である。しかし、「保守型」から「攻め型」への変革は、仕事のやり方を一八〇度方向転換することに等しく、容易なことではない。毎日の仕事に忙しく追われている現状の中で「変革」していくことも、並大抵なことではできない。

私の経験から、「変革」を進めるためのポイントを二点だけコメントさせていただくので、何かの参考にしていただければ幸いである。

一点目は、「変革」のリーダーシップは、トップが行うことが必須ということである。変革の方向性を具体的な形で指示すること、変化のために必要な人的リソースをどこからどれだけ確保するのかを明確に指示することが必要である。現場の責任者は、毎日の業務を円滑に進めることが最大の優先順位になっているので、彼らに「変革しなさい」と包括的に指示しても、それは無理というものであり、トップからの具体的な指示がどうしても必要となる。

また、同様に、「各現場で変革を考えなさい」という指示も、実質的には機能しない。「変革」

は多くの方向性があり、個人の思いにはばらつきがあるので、具体的な方向性はトップが示し、それを各現場がブレークダウンする際には、各現場での創意工夫を促すというスキームが望ましいのではないかと考える。トップの発想力、行動力が大きな要因を占めると言える。

二点目は、マインドの「変革」というテーマである。「攻め型」への変革は、社員のマインドの持ち方の変革なくして成功しない。そして、意外とこのマインドへの配慮が不足することが多く、トップが変革を推進するうえで重要な要素であると認識するべきだと考える。

マインドの変革については、以下の三点が挙げられる。

①受身的発想から自分で考える姿勢に変革すること

ＳＥが今までやってきたことは、ユーザーが決めた要件に基づいてシステムを開発し運用することであり、ユーザーに要件を決めてもらうことからスタートしており、どうしても、「決めてください病」に陥りやすい体質を構造的に持っている。一方、「攻め型」でビジネスに深く関与していくことになれば、当然、ユーザーと一緒に考えるという立場に置かれることになり、「決めてください」では仕事にならないし、ユーザーからの期待も、テクノロジーに詳しい人からの提案を求められることになり、自分で考えて勇気を奮って提案することになる。そういう一八〇度異なるマインドに、社員をどうやって変革していくのかが、大きなテーマである。

②従来の延長での発想から、新しい創造の世界へと変革すること

ビジネスの成功は、新しい価値を顧客に提供できるか否かにかかっているわけで、新しい価値を創造していくことが求められる。そのためには、「デザイン思考」的な発想法を学んだり、まったく別の業界の勉強をしたり、海外での見聞を広めたり、今までとは違うトレーニングが必要になる。その変革を、会社として意識して実践できるかが問われることになる。これも、発想の大きな転換が必要である。

③新しい技術を学ぶことが、今までのやり方ではできなくなってきている

例えば、クラウド技術を勉強しようとしたときに、今までのやり方ではうまくいかなくなってきている。今までは、社内の研修に参加するとか、先輩の仕事ぶりを見ながらＯＪＴで学ぶというやり方で学んできたが、この方法では、クラウドは学べない。最新の技術情報は社内の研修にはない、そして、最新の技術なので詳しい先輩がいない、という状況が現実である。つまり、外へ出て行かないと学べないということである。この状況変化に合わせて、技術教育のやり方も、一八〇度考え直す時期に来ている。社外のコミュニティに参加することや、社外の有料の研修に参加すること、海外に出て行って勉強すること、そういう学びにシフトしていく仕組みや予算手当てなど、社内のスキームを考え直さないとついていけない状況になっていると思われる。

以上、老婆心ながら皆様への変革応援メッセージを書いてみました。皆様のトランスフォーメーションの成功を祈ります。

東京海上日動システムズ株式会社　顧問
一般社団法人　情報サービス産業協会（ＪＩＳＡ）副会長
横塚　裕志

ウエポンとしてのＩＴへ

情報システムにとって第二の変節点

一九八〇年後半に米国で始まったオープン化やダウンサイジング化の波は、それまでシステム構成の中心にあったメインフレームの位置付けを大きく揺るがし、ＵＮＩＸやＰＣ、ＲＤＢ、そしてＬＡＮといったＩＴを利用することによって、これまでの集中型一辺倒だった情報システムに、分散型のアーキテクチュアが積極的に採用されるようになった。

このことは当時のＩＴ部門にとって開発言語や、稼働後のシステム運用に際しても大きな変革が求められ、またメーカーやシステムベンダーの勢力地図にも大きな影響を及ぼした。このような変化は、企業でコンピュータ利用が始まった一九六〇年後半以来の初めての大きな変節点だった。

そして今、ＣＰＵ速度の大幅向上、記憶装置のビット単価の大幅低下、インターネットの本格的な普及、そしてデータ通信帯域の急速な拡大など、情報技術が指数関数的に発達し、ＳＭＡＣ（Smart, Mobile, Analytic, Cloud）などと言われるように、先のオープン化の変革から約二〇年ぶりに再びメーカーやシステムベンダーの勢力地図が塗り替えられており、情報システムのあり方に第二の変節点が来ているものと考えられる。

ツールからウエポンへ！

ＥＲＰなどバックエンドのシステム整備の際には、ＩＴはツールと言われてきた。第二の変節点と考えられる現在、ＩＴの位置付けはビジネス展開するうえで非常に重要なウエポン（Weapon）であると言っても過言でない。

このような背景から、ＩＴ部門のミッションが省人・省力化による効率化やコストダウンに加えて、ビジネスモデルの変革をも期待される部門となりつつある。当協会の「企業ＩＴ動向調査２０１４」でも、ビジネスモデルの変革をＩＴ部門のミッションとして明示している企業が四割、特に大企業では六割近いことは、まさにこのことを示している。

しかし、そのミッションにまだまだ応えられていないことも事実であり、攻めのＩＴ経営やビジネスモデルの変革は簡単なことではなく、かつＩＴ部門だけのミッションではないことは明らかである。

ビジネスモデルの変革や新たなビジネスモデルの創造とは、これから先の経営戦略そのものであり、最も重要なことは経営トップの想いやビジョンである。その意思を受けて具体的な施策を動かすためにＩＴは必須であり、かつ本書でも説いているように組織横断的に変革すべき項目が非常に多い。

ＩＴ部門は施策実行の中心的な責任部署の一つとして、先導的な役割を果たすことを強く期待されている。

攻めのＩＴとは

デフレを脱し、二〇年間の空白の時代の閉塞から打って出るために「攻めのＩＴ」という言葉の出現率が高まっている。しかし、その定義や具体的な施策となるとまだまだ曖昧な面も多いが、ＩＴなるウエポンの活用を従来の延長線で考えることではない。情報技術は急速にコモディティ化が進んでおり、従来のやり方やミッションに固執していると、企業として間違った利活用の形をとりかねず、なおさらＩＴの専門部署の責任は大きい。

世界で最も生産人口減少が進む日本にとって、生産性の意味がこれまでと異なる。従来はコストダウンを計るために、省人化や省力化を計ることをＩＴ化の目的としてきたが、これからは少ない労働力でいかに同じ生産量、もしくはより多くの生産量を可能にするといったように、アプローチも異なってくる。加えてＩＴを利活用することによって、既存ビジネスのトップラインを上げる、新しいビジネスモデルを創出するなど、よりマーケティング領域での利活用が急速に進んでいる。このことはシステム化で培われた論理的な思考に加えて、クリエイティブな思考も同時に求められることである。

経営トップや事業部門もＩＴの威力をより正しく認識し、ＩＴ部門も事業戦略策定や実行に能動的に関わり合う時代となった。このことは企業経営の中でＩＴのプレゼンスが高まったことであり、むしろ歓迎すべきである。

日本企業がより積極的にＩＴの利活用を行い、「稼ぐ力」をより盤石なものとするために、ＩＴ関係者は前面に立って活躍をしていただきたい。

一般社団法人　日本情報システム・ユーザー協会（ＪＵＡＳ）
専務理事　　金　修

❖参考文献・参考資料

第1章

・一般社団法人日本情報システム・ユーザー協会「企業ＩＴ動向調査報告書２０１４」二〇一四年四月。

・マイケル・Ｅ・ポーター『競争優位の戦略――いかに高業績を持続させるか』ダイヤモンド社、一九八五年。

・米国連邦政府ＣＩＯ協議会「ＦＥＡＦ（Federal Enterprise Architecture Framework）」一九九九年。

・各府省情報化統括責任者（ＣＩＯ）連絡会議「電子政府構想計画」二〇〇三年。

第2章

・アルフレッド・Ｄ・チャンドラーJr.『組織は戦略に従う』ダイヤモンド社、二〇〇四年。

第3章

・Lewin, K., *Field Theory in Social Science*, New York: Harper and Row, 1951.

・クニエ／ＮＴＴデータ経営研究所「ＩＴ組織の成功要因に関する調査」二〇一二年一一月。

・一般社団法人日本情報システム・ユーザー協会「企業IT動向調査報告書２０１４」二〇一四年四月。

第4章

・クニエ／NTTデータ経営研究所「IT組織の成功要因に関する調査」二〇一二年一一月。
・NTTデータ・NTTデータ経営研究所「ITケイパビリティ」二〇〇四年九月。

第5章

・閣議決定「世界最先端IT国家創造宣言」二〇一三年。
・閣議決定「日本再興戦略——JAPAN is BACK」二〇一三年。
・高度情報通信ネットワーク社会推進戦略本部「創造的IT人材育成方針」二〇一三年。
・独立行政法人情報処理推進機構（IPA）IT人材育成本部「IT人材白書２０１４　『作る』から『創る』へ、『使う』から『活かす』へ——価値を生み出すプロの力」二〇一四年四月。
・一般社団法人日本情報システム・ユーザー協会「企業IT動向調査報告書２０１４」二〇一四年四月。
・内山悟志「これからのIT部門コア人材とその育成——6つのコアスキルと多面的育成」『ITR Review』ITR、二〇一一年。
・手計将美「激変するITの仕事——IT産業のこれからと人材」『Business Labor Trend』（二〇一三年二月号）独立行政法人労働政策研究・研修機構、二〇一三年二月。

第6章

・一般社団法人日本情報システム・ユーザー協会「企業IT動向調査報告書2014」二〇一四年四月。
・NTTデータ／クニエ／NTTデータ経営研究所「グローバルITマネジメントに関する国内アンケート調査結果」二〇一四年。

第7章

・一色博「札幌オリンピック・データ通信システム」『情報処理』情報処理学会、一九七二年。
・総務省「ICTの経済分析に関する調査報告書」二〇一三年。
・篠﨑彰彦「情報技術と経済成長」（情報未来研究会講演資料）、二〇〇九年。
・電子情報技術産業協会「ITを活用した経営に対する日本企業の相違分析」調査、二〇一三年。
・高度情報通信ネットワーク社会推進戦略本部「世界最先端IT国家創造宣言」二〇一四年。
・安岡美佳「デザイン思考――北欧の研究と実践」『智場』国際大学グローバル・コミュニケーション・センター、二〇一三年。
・ITと新社会デザインフォーラム（NTTデータ、野村総合研究所）編『ITプロフェッショナルは社会価値イノベーションを巻き起こせ』日経BP社、二〇一三年。
・三谷慶一郎・村田佳生「ITサービス産業の復興を考えるITに作り手の想いを デザイン思考で革新を生む」『日経コンピュータ』二〇一二年。
・玉樹真一郎『コンセプトのつくりかた』ダイヤモンド社、二〇一二年。

・イノベーション経営カレッジ「日本の競争力向上研究会 中間報告：ＩＴを日本再生のエンジンとして活用する」二〇一三年。
・中根千枝『タテ社会の人間関係――単一社会の理論』講談社、一九六七年。
・小川進『ユーザーイノベーション――消費者から始まるものづくりの未来』東洋経済新報社、二〇一三年。
・山口周『世界で最もイノベーティブな組織の作り方』光文社、二〇一三年。
・デイブ・グレイ／トーマス・ヴァンダー・ウォル著、野村恭彦監訳、牧野聡訳『コネクト――企業と顧客が相互接続された未来の働き方』オライリー・ジャパン、二〇一三年。

第8章

・マーク・スティックドーン、ヤコブ・シュナイダー 編著、長谷川敦士・武山政直・渡邉康太郎監修、郷司陽子訳『THIS IS SERVICE DESIGN THINKING. Basics - Tools - Cases――領域横断的アプローチによるビジネスモデルの設計』ビー・エヌ・エヌ新社、二〇一三年。
・前野隆司『システム×デザイン思考で世界を変える――慶應ＳＤＭ「イノベーションのつくり方」』日経ＢＰ社、二〇一四年。
・ベラ・マーティン、Bruce Hanington著、小野健太監修、郷司陽子翻訳『Research & Design Method Index――リサーチデザイン、新・１００の法則』ビー・エヌ・エヌ新社、二〇一三年。
・紺野登『ビジネスのためのデザイン思考』東洋経済新報社、二〇一〇年。
・スタンフォード大学ハッソ・プラットナー・デザイン研究所「デザイン思考家が知っておくべき３９のメソッド」一般社団法人デザイン思考研究所 (http://designthinking.or.jp/index.php?39)。

第9章

・アダム・カヘン著、株式会社ヒューマンバリュー訳『手ごわい問題は、対話で解決する』ヒューマンバリュー、二〇〇八年。
・エドガー・H・シャイン著、稲葉元吉・尾川丈一訳『プロセス・コンサルテーション――援助関係を築くこと』白桃書房、二〇〇二年。
・マーヴィン・ワイスボード&サンドラ・ジャノフ著、香取一昭・株式会社ヒューマンバリュー訳『フューチャーサーチ――利害を越えた対話から、みんなが望む未来を創り出すファシリテーション手法』ヒューマンバリュー、二〇〇九年。

第10章

・Project Araホームページ (http://www.projectara.com/)。
・総務省『情報通信白書』平成二五年版・平成二六年版。
・株式会社セブン&アイ・ホールディングスホームページ (http://www.7andi.com/)。
・イオン株式会社ホームページ (http://www.aeon.info/)。
・B・J・パインII、J・H・ギルモア著、岡本慶一・小高尚子訳『新訳 経験経済――脱コモディティ化のマーケティング戦略』ダイヤモンド社、二〇〇五年。
・"Mobile Retailing Blueprint 2.0" (National Retail Federation).

カ行

サ行

索引

❖編著者紹介

NTTデータ経営研究所

株式会社NTTデータ経営研究所は、一九九一年、システム構築の上流工程を担う企業として、株式会社NTTデータ（当時のNTTデータ通信株式会社）によって設立されたコンサルティング会社です。以来、公的分野、民間分野双方に対し、IT活用に関わる調査研究、コンサルティングを中心に、「新しい社会の姿を構想し、ともに『情報未来』を築く」をミッションとして、企業経営や環境等広範なテーマ分野において、独自に、あるいはグループ企業と連携し、多様な調査、コンサルティング・サービスを提供しています。

❖執筆者一覧

三谷慶一郎 ❖パートナー
情報戦略コンサルティングユニット長
• 第7章「イノベーション創出に向けたIT戦略」

瀬川将義 ❖アソシエイトパートナー
ITマネジメントコンサルティンググループ長
• 第1章「攻め型への変革が求められるIT部門」
• 第3章「攻めに向けたITマネジメント態勢を構築する」
• 第4章「ステークホルダーとのコミュニケーションを活性化する」

木村俊一 ❖シニアマネージャー
ITイノベーションコンサルティンググループ長
• 第10章「ITで顧客接点を高度化する」

植田順 ❖マネージャー
• 第9章「オープンイノベーションに取り組みマネジメントを行う」

矢吹友憲 ❖マネージャー
• 第5章「攻めに向けた人材を育成する」

斎藤 勝也❖シニアコンサルタント（執筆当時）
・第3章 「攻めに向けたＩＴマネジメント態勢を構築する」
・第6章 「グローバルへ拡大するＩＴマネジメント」

田島 瑞希❖シニアコンサルタント
・第8章 「ＩＴ組織のための付加価値創造のハウ・ツー」

和田 慎平❖シニアコンサルタント（執筆当時）
・第2章 「ビジネス貢献に向けたＩＴ戦略を策定する」

NTTデータ経営研究所
情報未来叢書
03

攻めのIT戦略

二〇一五年二月一七日　初版第一刷発行

編著者　NTTデータ経営研究所
発行者　長谷部敏治
発行所　NTT出版株式会社
〒一四一-八六五四　東京都品川区上大崎三-一-一　JR東急目黒ビル
営業担当　TEL　〇三-五四三四-一〇一〇
FAX　〇三-五四三四-一〇〇八
編集担当　TEL　〇三-五四三四-一〇〇一
http://www.nttpub.co.jp/
編集協力　アジール・プロダクション
装幀　米谷豪
印刷・製本　中央精版印刷株式会社

ISBN 978-4-7571-2344-1 C0034
定価はカバーに表示してあります。乱丁・落丁はお取り替えいたします。

情報未来叢書

刊行の辞

二十一紀は情報世紀である。第二次大戦中に産声を上げたコンピュータが今日のように産業界のみならず、社会生活、個人生活の隅々にまで浸透するとはまさにSFの話でしかなかった。それが八〇年代中頃にPCが台頭、九〇年初頭にインターネットが開放されるに至った。その頃から情報革命や情報通信時代の到来が専門家などの話題になり始めた。

NTTデータ経営研究所(略称「経営研」)が産声を上げたのはそうした時代的雰囲気が漂い始めたときだ。「経営研」の設立は一九九一年四月で、その設立目的は来るべき二一世紀の情報世紀を射程に各種の事業会社、金融機関、行政体、公益法人などの経営戦略に関わるコンサルティングを行うものである。その「経営指針」は「情報未来の水先案内人」に置かれた。情報が今後の経済や経営にとって鍵概念になるのは確実と考えられたからだ。九〇年代中頃にITという用語が人口に膾炙され始め、その後「2000年問題」を経ていまや誰もが「二一世紀は情報世紀である」と確信するに至っている。

それ故に、「情報世紀の現代」にあっては企業や組織経営にとってITマネジメントを基軸としての情報戦略、事業戦略、人材戦略、マーケティング戦略、財務戦略、環境戦略など、革新的かつ実践的な知的装備が必須の要諦なのである。

ここに刊行するシリーズ『情報未来叢書』は「経営研」でコンサルティング業務を日頃遂行するスタッフたちが各種の戦略主題のもとに様々な知見やデータを総括し、経営とITに関わる諸問題について斬新かつ実効性ある分析やアドバイスをまとめ上げたものだ。本叢書が多くのビジネスパーソンに「情報未来の水先案内」として、少しでもお役に立てば大変に幸いである。

二〇〇七年十二月

株式会社NTTデータ経営研究所　所長　斎藤精一郎